고린도후서

고린도후서

초판 1쇄 인쇄 2022년 11월 1일
초판 1쇄 발행 2022년 11월 6일

지은이 앤터니 티슬턴
옮긴이 최승락
펴낸이 유동휘
펴낸곳 SFC출판부
등록 제104-95-65000
주소 (06593) 서울특별시 서초구 고무래로 10-5 2층 SFC출판부
Tel (02)596-8493
Fax 0505-300-5437
홈페이지 www.sfcbooks.com
이메일 sfcbooks@sfcbooks.com
기획·편집 편집부
디자인편집 최건호
ISBN 979-11-87942-73-3 (03230)
값 18,000원

잘못 만들어진 책은 언제든지 교환해 드립니다.

고린도후서

해석학적 & 목회적으로 바라 본 실용적 주석

앤터니 티슬턴 지음

최승락 옮김

SFC

지은이 앤터니 티슬턴 Anthony C. Thiselton

노팅엄 대학교와 체스터 대학교 기독교 신학 명예교수이며, 레스터, 서델, 노팅엄 세 성당의 명예 정
경신학자다. 그는 런던대학교 킹스칼리지 선임연구원(FKC)이며, 영국 학술원 회원(FBA)이다. 그는
로마서와 고린도전서, 데살로니가전후서에 대한 주석을 썼고, 해석학과 철학, 조직신학 분야에서도
많은 책들을 내었다. 그는 지금도 주일에는 노팅엄 아텐버러 지역의 성 마리아 교회에서 설교 사역
을 감당하고 있다.

옮긴이 최승락

앤터니 티슬턴 교수의 지도 아래 노팅엄 대학교에서 박사학위를 받았으며, 지금은 고려신학대학원
의 신약학 교수로 섬기고 있다.

일러두기

이 한국어판 책의 영어판 원문에서 기준으로 삼은 성경 본문은 미국기독교교회협의회(NCCUSA)의
NRSV(New Revised Standard Version)이며, 이 한국어판에서는 대한성서공회의 개역개정판을 인용하였
습니다.

56년의 결혼기간 동안 쉼 없는 도움으로 함께해준
아내 로즈마리에게,
그리고 현명한 조언과 철자, 문법, 문체의 꼼꼼한 교정으로 큰 도움을 준
스튜어트 다이어스 목사에게

목차

머리말

　이 책의 제목『고린도후서: 해석학적 & 목회적으로 바라본 실용적 주석』은 필자의 이전 책『고린도전서: 해석학적 & 목회적으로 바라본 실용적 주석』과 짝을 이루려는 의도가 있습니다. 고린도전서의 이 짧은 주석은 그 이전에 나온 NIGTC 고린도전서 주석(*The First Epistle to the Corinthians: A Commentary on the Greek Text*, 2000)의 뒤를 이어 기획된 책입니다. 고린도후서의 경우, 필자는 헬라어 본문에 기반을 둔 더 큰 주석을 내고자 시도하지 않기로 하였습니다. 왜냐하면 상세하고 좋은 주석들이 이미 많이 나와 있기 때문입니다.

　고린도전서를 두고 오랫동안 씨름하면서 필자는 언젠가 고린도후서에 대한 주석을 써서 고린도 교회에 대한 바울의 서신 교류 전체를 통괄해보고자 하는 소망을 늘 품고 있었습니다. 바네트Paul Barnett가 지적하는 것처럼 고린도후서가 기록되기까지 바울과 고린도 교회의 관계는 7여 년간 지속되었습니다. AD 50-52년 사이에 바울은 1년 반 동안 고린도에 머물며 교회를 설립하였습니다. 55년이나 56년 사이 어느 시점에 바울은 교회 안에 일어난 긴급한 처리 문제를 다루기 위해 흔히 '고통스러운 방문'이라 불리는 두 번째 방문의 기회를 얻었습니다. 56년 또는 57년 사이에 그는 세 번째로 고린도를 방문하였고(고후

13:1), 석 달 동안 그곳에 머물렀습니다.

바울과 고린도와의 관계는 항상 행복한 것만은 아니었습니다. 하지만 이 관계는 다른 지역의 교회들보다 훨씬 강렬하고 지속적인 관계였습니다. 고린도후서에는 마음 깊은 곳에서 우러나오는 감정적 표현들이 참 많습니다. 동시에 이 서신 속에는 그리스도 안에서와 그분의 부활에 근거한 확신, 나아가 자신의 사도직과 사역에 대한 깊은 성찰이 풍성히 담겨 있습니다. 뿐만 아니라 이 서신은 능력과 권세가 인간의 약함과 겸손을 통해 나타난다는 것을 보여줍니다. 바네트가 쓴 짧은 연구물 중의 하나는 부제가 '약함 속의 능력'인데, 이것이 이 주제를 잘 요약하고 있습니다.

고린도후서는 강렬한 감정을 담고 있는 서신이지만, 그럼에도 불구하고 이 서신은 로마서와 고린도전서 못지않게 '신학적'이며 '교리적'인 글입니다. 필자는 고린도전서 주석에서 고린도전서에 있는 하나님의 자유로운 은혜에 대한 강조가 너무 자주 로마서에 의해 가려지는 현상을 두고 안타까움을 표한 적이 있습니다. 고린도후서의 주요한 신학적 주제들을 대할 때도 동일하게 이런 탄식을 하게 됩니다.

필자의 『고린도전서: 해석학적 & 목회적으로 바라본 실용적 주석』이 의도했던 것처럼 고린도후서에 대한 이 짧은 주석도 수백 페이지에 달하는 상세한 연구를 낱낱이 훑을 만한 여유가 없는 분들을 대상으로 삼고 있습니다. 보다 폭넓은 연구를 원하시는 분들은 바울 서신에 대한 필자의 다른 주석들을 참고하시기 바랍니다. 여기에는 고린도전서에 대한 두 권의 주석과, 로마서에 대한 중간 규모의 주석(SPCK and Eerdmans, 2016), 그리고 데살로니가전후서에 대한 수용사 관점에서의 주석(*1 and 2 Thessalonians through the Centuries*, Wiley-Blackwell, 2011)이 포함됩니다.

아울러 필자가 왜 고린도후서에 대한 길고 상세한 주석 대신 보다 짧은 주석을 쓰는 것이 좋겠다고 판단하였는지에 대해서도 간단한 설명을 드리고 자 합니다. 이는 다음과 같은 상세하고 탁월한 주석들이 이미 그 가치를 충분 히 빛내고 있기 때문입니다. 우선 마가레트 트롤(Margaret Thrall)의 두 권짜 리 NICC(New International Critical Commentary) 주석(T&T Clark, 1994, 2000, 977 페이지)은 알프레드 플러머의 탁월한 ICC 주석(1915)을 능가합니 다. 웨일즈에 위치한 방고르 신학교의 성경학 교수를 역임한 그녀는 신약 헬 라어 분야의 잘 알려진 전문가입니다. 조지 거스리(George H. Guthrie)의 주 석(Baker Academic, 2015, 710 페이지)과 폴 바네트(Paul Barnett)의 주석 (New International Commentary, Eerdmans, 1997, 662 페이지)은 둘 다 매 우 목회적이면서 또한 뛰어난 가치와 혜안을 가지고 있습니다. 필자의 이 작 은 주석은 그들의 작업에 빚진 바가 큽니다. 또 다른 네 권의 상세한 주석들을 언급할 필요가 있습니다. 랄프 마틴(Ralph P. Martin)의 주석(Word Biblical Commentary, 1991, 529 페이지)과, 머레이 해리스(Murray J. Harris)의 주석 (NIGTC, Eerdmans, 2015, 989 페이지), 빅터 퍼니쉬(Victor P. Furnish)의 주 석(Anchor Bible, Doubleday, 1984, 619 페이지), 그리고 필립 휴즈(Philip E. Hughes)의 주석(Marshall, 1961, 508 페이지)이 그것입니다. 이상의 주석들 은 현안의 석의적, 해석학적 문제들에 대해 차고 넘치는 빛을 비추어주고 있습 니다. 이 일곱 권의 메이저급 주석들이 이미 가용한 점을 고려할 때, 출판되던 2000년까지만 해도 영어권 주석들 중에서는 독특한 선구적 작업으로 평가받 았던 고린도전서에 대한 필자의 주석에 버금가는 또 다른 길고 상세한 주석을 시도한다는 것이 불필요할 뿐만 아니라 주제넘은 일로 보였습니다.

이 짧은 목회적 주석이 가지는 또 다른 특징 중의 하나는 '묵상을 위한 질 문'입니다. 이는 오늘의 시대를 살아가고 있는 그리스도인들이 이 서신을 읽으 면서 생각해보아야 할 실제적인 질문들을 던지기 위해 고안되었습니다. 이 주석의 제목에 '목회적'이라는 말을 쓴 것도 이런 질문들과 연관이 있습니다.

필자는 위에서 언급한 일곱 권의 주석과 바울 신학에 대한 많은 전문가들의 연구에 빚지고 있을 뿐만 아니라, 특별히 나를 도와준 아내 로즈마리에게 많은 빚을 지고 있습니다. 아울러 꼼꼼하게 원고를 읽어주고 많은 조언을 아끼지 않은 스튜어트 다이어스(Stuart Dyas) 목사의 도움에도 감사를 표합니다.

앤터니 티슬턴(Anthony C. Thiselton), D.D., FKC, FBA

노팅엄 대학교와 체스터 대학교 기독교 신학 명예교수

레스터 성당, 서델 성당, 노팅엄 성당 명예 정경신학자

제1부

고린도후서 개론

A. 바울과 고린도

바울이 고린도후서에 앞서서 고린도전서를 쓴 것은 AD 54년 초의 일이다. 고린도전서는 부분적으로만 성공적인 결과를 이루어내었다. 고린도 교회 안에서 일어나고 있던 일부 문제들은 잘 해결이 된 것으로 보인다. 예를 들어, 죽은 자들의 부활에 대해서나 우상에게 바쳐진 제물을 먹는 문제에 대해서는 고린도후서 속에서 더 이상의 언급이 나타나지 않는 것을 볼 수 있으며, 지식과 지혜에 관한 언급도 덜 나타나는 것을 볼 수 있다. 고린도후서는 새로운 문제들을 유발시킨 요인이 **바깥으로부터** 고린도에 유입된 상황을 반영한다.

폴 바네트Paul Barnett가 잘 지적하는 것처럼, 고린도 교회는 바울이 돌보았던 교회들 가운데 가장 성가신 교회였다. 고린도전서에서는 바울이 비교적 객관적 관점에서 자신감을 가지고 편지를 쓰고 있는 모습을 볼 수 있지만, 고린도후서에서는 극단적인 감정의 표출이 심심찮게 나타나는 것을 볼 수 있다. 두 편지 모두에서 그는 자신의 가르침을 변호하지 않을 수 없는 자리에 내몰리고 있음을 볼 수 있다.[1]

로마서의 구성이 보다 조직적이고 그 내용을 따라가기가 한결 쉽다는 점 때문에 고린도 서신들이 역사 속에서 그늘에 가려져 있었던 점은 매우 유감스러운 일이다. 이 서신들 속에도 하나님의 주권적 은혜에 의한 칭의의 가르침이 나타나고 있고, 또 그 가르침이 실제 상황 속에 철저히 적용되고 있다는 점을 생각한다면 더욱 그러하다. 바울은 고린도 교회를 향하여 "네게 있는 것 중에 받지 아니한 것이 무엇이냐"라고 물으면서, "네가 받았은즉 어찌하여 받지 아니한 것 같이 자랑하느냐"라고 질책한다(고전4:7). 고린도 서신들은 그 자체의

---

1. Barnett, *The Message of 2 Corinthians*, 13-14.

고유한 방식으로 신학적인 풍성함을 보여주고 있으며, 우리는 이런 점을 잘 포착할 필요가 있다.

B. 로마식 고린도

고린도후서에 대한 서론은 아무리 짧게 쓴다 할지라도 고린도라는 도시가 가지고 있었던 독특한 양상에 대한 주의 깊은 설명 없이는 적절하다고 할 수 없다.[2]

1. 번성하고 북적거리던 국제도시로서의 고린도

고린도는 로마 시대의 그리스 도시들 가운데서 가장 활기차고 흥미롭고 또한 도전적인 도시 가운데 하나였다. 고린도는 육지 사이를 깊이 파고 들어온 양 바다 사이의 좁은 목 부분에 자리하고 있었으며, 각각의 바다를 잇는 두 개의 항구를 끼고 있었다. 동쪽에 위치한 겐그레아 항구를 통해 바다를 건너면 로마령 아시아 속주와 에베소에 이르게 된다. 서쪽으로는 레캐움 항구를 통해 이태리 반도와 로마에까지 이를 수 있게 된다. 양쪽 바다 사이의 지협地峽은 가장 좁은 곳이 9킬로미터 정도였다. 이런 지리적 이점 때문에 고린도는 로마 세계의 동쪽과 서쪽을 잇는 국제적인 무역 중심지가 될 수밖에 없었다.

이와 같은 동서 무역 중심지로서의 이점 외에도 고린도는 그리스 남쪽과 북

---

2. 나는 고린도전서에 대한 나의 이전 주석들(2000년과 2006년)에서 언급한 내용들을 이곳에서 다수 반복하게 될 것이다. 특히 이 부분에서 나는 2006년판 고린도전서의 짧은 주석에서 언급했던 것에 더하여서, 도널드 엥겔스(Donald Engels)의 *Roman Corinth*(1990)의 몇 가지 논평들을 참조하였다. 그의 책은 논지가 선명하고 적실성이 큰 매우 좋은 자료이다.

쪽을 잇는 길목의 이점을 가지기도 하였다. 북쪽으로는 아가야 주가 자리 잡고 있었고, 더 북쪽으로 올라가면 데살로니가와 빌립보를 포함한 마게도냐에 이르게 된다. 그리고 남쪽으로는 펠로폰네소스 반도가 놓여 있는데, 그 가장 남단에 말레아 곶이 놓여 있다. 이런 방식으로 고린도는 동서와 남북을 가로지르는 상업과 무역의 중심의 자리에 놓여 있었다. 바울 시대에 고린도는 번잡하고 바쁘게 돌아가는 국제적인 상업 중심지였다. 이에 비해 아테네는 지난날의 큰 영광의 꿈에서 헤어나지 못하는 잠자는 대학도시 격이었다고 보면 된다.

로마령 아시아를 떠나 서방으로 여행하는 사람들은 먼 말레아 곶을 돌아가는 여행 경로보다는 고린도의 두 항구를 찾을 수밖에 없었다. 그리스 남단의 말레아 바다는 바람과 파도가 거세기로 유명했고, 특히 겨울에는 더욱 그러했다. 이에 비해 고린도의 두 항구를 택하면 여행거리를 엄청나게 단축하는 것은 말할 것도 없고, 특히 무역을 하는 사람들은 작은 배와 선원들을 두 항구를 잇는 디올코스diolkos라 불리는 포장 육로를 통해 끌어서 옮길 수 있었다. 그렇지 않으면 한 항구에서 화물을 내려 디올코스를 통해 다른 항구로 옮길 수도 있었다. 어떤 경우이든 여기서 나오는 통행료나 운반비는 고린도와 그 관료들의 주요한 수입원이 되고 있었다.

고린도는 관광업과 상업과 제조업을 통해 큰 수입을 거두고 있었다. 여행객들은 특히 매 2년마다 개최되는 유명한 지협경기대회Isthmian Games를 보기 위해 고린도로 몰려들었다. 올림픽 경기대회에 필적하는 이 지협경기대회는 그리스 전체에서 개최되는 세 개의 큰 경기대회 중의 하나였다. 이 경기대회를 위해 로마에서 아시아에 이르는 로마제국 전역의 경기 참여자들, 관람객들, 기타 방문자들이 고린도를 찾았다. 고고학자들은 이 경기대회를 찾은 국제적 규모의 방문객들을 입증하는 동전들을 발굴한 바 있다.

바울이 고린도에 처음 발을 들여놓았을 때, 어쩌면 그는 AD 49년에 개최되었던 지협경기대회의 잔여물들을 보았을지도 모른다. AD 51년의 대회 때에는 그 진행 과정들을 직접 다 보았을 수도 있다. 1세기 중반 무렵에 와서 이 경기 대회에는 여러 가지 다양한 경쟁 종목들과 볼거리들이 추가되었다. 마차 경기를 포함하여 육상 종목들, 트럼펫, 플루트, 수금 연주, 시낭송 시합 등이 그것이다. 특히 고린도의 지협경기대회에서는 여성들을 위한 육상 시합이 도입되기도 하였고, 아포바티콘apobatikon이라 불리는 종목이 도입되기도 하였는데, 이는 기수가 한 무리의 말에서 다른 무리의 말로 옮겨 타기를 하는 종목이다. 고린도는 이 지협경기대회를 주관하는 도시였고, 이를 통해 막대한 수입을 거두어들일 수 있었다.

이처럼 수많은 경기 참여자들과 관람객들, 상업과 무역 종사자들, 또한 사업에 재주와 관심을 가진 사람들이 새로운 거래처와 투자처를 찾아 이 기회의 땅으로 몰려들고 있었기 때문에, 고린도에는 늘 새로운 일거리가 끊이지 않았다. 개인 대 개인 간의 신속한 거래나 합의가 이루어지고 있었고, 국제적 차원의 잠재적 구매자들이 항상 준비되어 있는 도시였다. 이런 방문객들은 방을 대여하고, 필요나 기호에 맞는 물품을 사기 위해 돈을 들고 이 도시를 찾았다. 이들은 또한 하역 노동자들, 짐꾼들, 비서들, 재정 관리자들, 안내인들, 경호인들, 대장장이들, 목공들, 요리사들, 가정부들, 장부 정리를 하거나 잡일을 하는 노예들 등을 필요로 했다. 그밖에도 이들은 관리인들이나 공예인들, 수레나 텐트, 배, 마차 등을 수리하는 사람들 등을 필요로 했다. 우리는 바울이 이룬 고린도 교회를 생각할 때, 이런 부류의 사람들이 그 공동체를 이루었던 평균적인 구성원들이었을 것으로 추정해볼 수 있다.

바울은 레캐움 가도 부근이나 아니면 포럼Forum이나 **아고라**Agora 북단의 해가 잘 드는 쪽에 위치한 자신의 일터에서 많은 고된 시간을 보내었을 것으로 보인다. 고고학자들은 상단에 잠자는 공간이 있는 가로 약 3.3미터, 세로 약 2

미터 정도의 가게 또는 작업장들을 발굴한 바 있는데, 아굴라와 브리스길라는 이런 공간을 그들의 작업장으로 사용했을 것으로 보인다(행18:3).

2. 로마 식민도시로서의 고린도

고린도는 로마의 식민도시로서 새로운 정착자들을 환대하였다. 고린도가 가진 국제 무역 중심지로서의 지리적 이점과 상업 및 경제적 번영의 매력 때문에 이 도시는 이미 경쟁적, 자기충족적, 기업가적 문화가 지배하는 도시로 자리매김하고 있었다. 오늘날의 소비지상주의와 이에 수반되는 유명인사 떠받들기의 집단정신에 비견될 만한 성공에의 야망이 이 문화의 특징을 이룬다.

번창하는 도시의 그림 위에 두 가지 정도의 특징을 더 언급할 필요가 있다. 고린도의 역사는 그리스 도시 국가로서의 초기 시대를 훨씬 더 거슬러 올라가지만, BC 2세기에 와서는 스파르타와 나아가서 로마와의 관계로 인해 정치적 갈등의 소용돌이 속에 빠져들었다. 급기야 BC 146년에 로마는 고린도를 초토화시켰고, 그 후 100년이 넘도록 이 도시는 거의 폐허 상태에 머물러 있었다. 하지만 고린도가 가진 방어진지로서의 가치와 무역 및 경제적 잠재력을 생각할 때 이런 상태가 영구적일 수는 없었다. 율리우스 카이사르는 자신이 암살당하였던 해인 BC 44년에 자기 군대의 퇴역 군인들을 위해 고린도를 로마의 식민도시colonia로 재건하였다.

새로 건립된 고린도에는 주로 로마의 군인들과 자유를 얻은 로마인들, 그리고 로마 노예들이 처음 이주해갔지만, 이내 로마 세계 여러 곳으로부터 무역가들과 기업가들이 이곳으로 이주하여 터를 잡았다. 이 새 도시의 행정과 법률은 전적으로 로마식이었다. 퇴역 군인들이 이곳에 기틀을 마련한 만큼 로마에 대한 충성은 이 도시의 기반을 이루었고, 충성스러운 로마의 시민권자들은 미래에 있을지도 모르는 파르티아나 다키아 정벌을 대비하여 고린도를 확고한 전략적 기지로 삼으려는 생각을 가지고 있었다. 이 새 도시의 이름은 율리우스 카이사르를 기리는 차원에서 공식적으로는 콜로니아 라우스 율리아 코린티엔시스Colonia Laus Julia Corinthiensis라 불렸으며, 통상 고린도로 불렸다. 도시 중심에서 약 570미터 정도 떨어져 산처럼 높이 솟아 있는 아크로코린트AcroCorinth는 초기 그리스 시대 이후로 천연 방어진지 역할을 하였고, 지금도 필요하다면 언제든지 그런 역할을 하기에 충분한 지형을 갖추고 있다.

고린도는 새롭게 잘 정비된 식민도시로서 많은 사람들이 돈을 벌기 위해 이주해 오기를 꿈꾸던 도시였다. 모든 조건이 완벽했다. 로마의 든든한 행정력이 뒷받침하는 국제 무역의 중심지로서 두 개의 항구를 통해 로마나 동쪽 에베소 등지로 오가기 좋은 여건을 가지고 있었으며, 풍부한 천연자원의 공급을 통해 질 좋은 생산물을 만들어낼 수 있었고, 활기찬 상업 정신은 빠른 성공(물론 실패도 일어나겠지만)을 꿈꿀 수 있게 하는 문화적 토양을 배태하였다. 경쟁과 후견인제도, 상업중심주의, 여러 층으로 구성된 성공의 단계들 등이 1세기의 고린도 시민들이 숨 쉬고 있던 사회적 공기였다.

3. 산업과 후견인제도, 상업 중심지로서의 고린도

앞서 언급한 고린도의 여러 이점들이 아직도 충분하지 않은 듯, 고린도는 상품 생산을 위한 천연자원의 면에서도 대단한 혜택을 누리고 있었다. 그중에서도 가장 두드러진 것은 거의 무한대로 공급되는 수자원을 들 수 있다. 피레니우스 샘에서 공급되는 풍부한 물은 크게 번창하는 도시의 식수원이 되었을 뿐만 아니라, 벽돌, 도자기, 지붕 기와, 테라코타 장식물, 가정용품 등을 만드는 데도 부족함이 없었다. 뿐만 아니라 이회토와 점토 같은 좋은 흙 공급이 무궁무진하였고, 대규모 건축에 사용되는 가벼운 사암과 도로포장 등에 알맞은 보다 단단한 석회암의 공급도 풍부하였다.

초기 그리스 시대부터 고린도는 '부요한 도시'로 불리고 있었다. 1세기의 로마식 도시로서의 고린도에서도 경제적 부와 상업적 번성은 그치지 않았다. 글로에(고전1:11) 같은 상업인은 중간 관리인을 고린도에 보내어 자신을 위한 대리 업무를 수행하게 하였던 것으로 보인다. 아굴라와 브리스길라는 AD 49년에 클라우디오스 황제가 유대인들을 로마에서 축출할 때 이곳 고린도로 건너왔는데, 그들이 볼 때 고린도는 가죽 제품이나 천막을 만들어 공급하기에 최적의 장소로 보였을 것이다. 이미 그리스도인이었던 것으로 보이는 이 부부는 바울보다 약간 앞서 고린도에 도착했으며, 그들의 작업장을 포럼 북단이나 아니면 레캐움 가도의 상점 거리에 마련하였을 것으로 보인다.

1세기의 고린도를 지배하던 문화가 일종의 **자기만족**의 문화요, **경쟁과 성공의 동기**가 지배하는 문화였다는 것은 결코 놀라운 일이 아니다. 고린도의 문화는 **자기 홍보**의 문화였다. 바울이 복음을 들고 고린도에 처음 들어왔을 때 그가 "두려워하고 심히 떨었노라"(고전2:3)라고 말한 것은 결코 놀라운 일이 아니다. 수모를 당하고 십자가에 못박힌 그리스도의 복음은 **성공**을 좋아하고 **승리**를 사랑하던 사람들에게는 걸림돌일 수밖에 없었다. 바울은 이런 사람들 앞에서 전문적인 교사나 웅변가의 모습을 취하기를 거부하였다. 고린도후서에서도 바울은 자신이 값없이 복음을 전하는 사람이라는 것을 강조한다. 고린도전서 2:2에서 밝히는 것처럼, 고린도 사람들 속에서 그가 전하는 복음은 다만 "예수 그리스도와 그가 십자가에 못 박히신 것"뿐이다.

4. 교회 속에 침투한 도시의 정서, 그리고 오늘날의 되풀이

고린도전서와 후서 모두를 연구해 보면 고린도의 그리스도인들은 그들이 그리스도인 되기 이전에 몸담고 있던 문화의 특성들 가운데 많은 부분을 그들의 교회 생활에 그대로 가지고 들어온 것이 분명하다. 그리스도인은 항상 새로워지고 성화되는 **과정 속에** 놓여 있다. 여기서는 옛 삶의 모습들도 나타나고 새 삶의 모습들도 나타난다. 어떤 작가는 이런 상황을 바깥 추운 곳에 있다가 따뜻한 방 안으로 들어온 한 사람의 모습에 비유한다. 방 안의 따뜻한 열기의 영향 속에 이미 들어와 있지만, 이 사람 속에는 바깥 추운 곳에서 가지고 온 얼음이 곳곳에 남아 있을 수 있다. 따뜻한 열기가 결정적 영향력이 있음에도 불구하고 추운 곳의 흔적이 여전히 상존하는 것이다. 고린도 교인들의 경우, 그들이 이미 결정적으로 그리스도인의 삶 속으로 들어와 있음에도 불구하고, 경쟁의식, 자기 업적, 자기 홍보, 자기 축하, 자기만족의 흔적들이 일부는 그대로 남아 있는 것이 보인다.

경쟁과 성공의 추구는 고린도의 문화 곳곳에 배여 있다. 지협경기대회는 말할 것도 없고, 상업과 무역, 사회적 지위, 경제적 권력 등이 다 그렇다. 기업가들은 영향력 있는 사회적 그물망을 늘 이용하려 했고, 고린도에서는 이것이 로마식 후견인제도의 양상으로 나타났다. 적합한 후견인을 잘 만나면 개인적 자질보다는 그 후견인의 영향력을 통해 급속한 신분상승을 이루는 것이 가능했다. 고린도후서에 등장하는 바울의 대적자들은 이런 문화를 잘 활용하는 사람들이었다. 그들은 다른 사람들을 쉽게 비하하고 자기 자신들의 업적을 자랑하고 내세우기를 좋아했다. 이 거짓 사도들은 십자가에 못박히신 그리스도보다 승리주의 복음을 앞세우는 사람들이었다. 우리는 오늘 우리 시대의 문화 속에서도 동일한 현상이 일어나고 있음을 주의 깊게 살펴보아야 한다. 소비지상주의, 아이돌이나 유명인 떠받들기, 자기 홍보의 문화 같은 것들이 못박혀 죽으시고 부활하신 그리스도를 밀어내는 현상을 발견한다.

C. 고린도후서의 주된 내용과 논증

1. 대략적 개요

고린도후서는 세 부분으로 뚜렷하게 구분이 된다. 1-7장은 주로 바울의 사도적 사역의 성격이 어떤 것인지를 밝히는 내용으로 구성된다. 8-9장은 예루살렘 교회를 돕기 위해 이방인 교회들이 어떻게 모금 활동을 벌이고 있는지를 보여준다. 10-13장은 고린도 교회 안에 바울의 사도권을 부인하는 사람들이 들어옴에 따라 이에 맞서서 바울의 사도권을 강하게 변호하는 내용이 주를 이룬다. 이 세 부분이 잘 구분되는 것은 사실이지만, 그렇다고 해서 우리는 각각이 독립적인 주제를 다룬다고 보지는 않는다. 오히려 각각의 부분들이 하나의 통합적인 전체를 이루는 뼈대 역할을 하고 있는데, 여기에 대해서는 데이비드 홀 David R. Hall이나 그보다 앞서 비슬리-머레이George Beasley-Murray가 잘 논증을 한 바 있다.[3]

고린도후서는 바울의 주요 서신들 가운데서 가장 홀대를 당해왔던 서신이라고 볼 수 있다. 어쩌면 보다 짧은 그의 인기 있는 서신들보다 더 무시를 당해왔다. 이런 점은 "이 편지가 바울이 우리에게 남긴 문서들 가운데서 가장 감동적인 문서"라는 점을 생각하면 매우 기이한 일이다.[4] 이런 홀대에 비추어 이 서신에 대한 상대적으로 짧은 개론이 필요하다. 어떤 개론은 너무 지나치게 복잡하기도 한데, 그 이유는 바레트가 잘 지적하는 것처럼 순환론적 접근의 위험이 작용하기 때문이다. 다시 말해서 역사적 재구성에서 문학적 추론으로 나아가고, 다시 문학적 추론에서 역사적 재구성으로 되돌아가는 식의 순환 논리가 작

---

3. Hall, *The Unity of the Corinthian Correspondence*; Beasley-Murray, "Introduction," 1-3.
4. Beasley-Murray, "Introduction," 6.

용할 수 있다.[5]

2. 고린도후서의 통일성

수 세기에 걸쳐서 많은 학자들은 고린도후서 1-9장을 고린도후서 10-13장과 하나의 편지로 보기를 거부했는데, 어떤 면에서 이는 이해할 만한 일이다. 1-7장(또는 1-9장)에서 바울은 자신과 고린도 교회와의 갈등이 봉합된 데 대한 기쁨을 표현하고 있다. 심지어 불의를 행한 자에 대해 너무 심한 벌을 주지 말도록 권고하기까지 한다(2:7-8). 이에 비해 10:1에 가면 "나 바울 [자신]은"원문에는 '자신'이라는 단어가 가장 먼저 나와서 강조되고 있다—역주이라고 각을 세우면서 "[어떤] 자들에 대하여"(10:2) 공격하기 시작하는데, 이들을 두고 바울은 "이런 사람"(10:11), "기회를 찾는 자들"(11:12), "거짓 사도"(11:13), "자기를 의의 일꾼으로 가장하는……사탄의 일꾼들"(11:15) 등으로 부르고 있다.[6]

고린도후서가 원래 두 개의 별도 편지였던 것이 하나로 합쳐진 것이라고 보는 기본적인 분절 이론partition theory은 제믈러J.S. Semler가 이를 제안한 이후 적어도 1776년 이래로 지금까지 계속 강한 흐름을 이어오고 있다. 보다 최근에는 빈디쉬Windisch, 헤링Héring, 맨슨T.W. Manson 등이 이 이론을 지지하고 나선다. 하지만 여기에 대해서는 강한 반론이 제기되기도 한다. 일단 단락 이론들에 대해 어떤 입장을 취하든지 간에, 대부분의 주석가들은 고린도후서 전체가 바울의 편지라는데 대해서는 의견의 일치를 모으고 있다. 트롤은 "이 서신이 진정한 바울의 서신인 것은 확실하다"라고 못박는다.[7]

좀 더 복잡한 분절 이론들도 존재한다. 트롤 등은 예루살렘을 위한 헌금 문

---

5. Barrett, *The Second Epistle to the Corinthians*.
6. Kümmel, *Introduction to the New Testament*, 211-12.
7. Thrall, *The Second Epistle to the Corinthians*, 3.

제를 다루는 8장과 9장이 한 번에 쓰였다고 보기에는 지나치게 반복이 많다는 점을 지적한다.[8] 또 어떤 학자들은 2:14-7:1이 고린도후서의 나머지 부분들과 같은 시점에 기록된 것인지에 대해 의문을 표한다. 하지만 이런 다양한 형태의 분절 이론들에 맞서서 보다 온건한 입장을 취하는 학자들은 고린도후서의 단일성을 지지하고 있다. 여기에는 바레트C.K. Barrett, 프란세스 영Frances Young 과 데이비드 포드David Ford, 폴 바네트Paul Barnett, 조지 거스리George H. Guthrie, 데이비드 홀David R. Hall 등이 포함되며, 특히 홀은 그의 책『고린도 서신의 단일성The Unity of the Corinthian Correspondence』에서 이 문제를 집중적으로 다루고 있다.[9] 홀이 고린도후서의 단일성을 뒷받침하기 위해 고린도전서에 주목하는 것은 매우 중요한데, 이런 점은 나 자신이 고린도후서의 단일성을 강하게 지지하는 주된 이유 가운데 하나이기도 하다.

홀은 고린도전서와 후서에 동일하게 등장하는 지배적인 주제 가운데 하나가 "부풀어져 있음puffed-upness, 헬라어의 뉘앙스를 살리면 '허풍스러운 교만'을 의미한다—역주"이라고 잘 지적한다. 그는 이렇게 말한다. "이솝 우화에 나오는 개구리가 자기도취에 빠져 잔뜩 배가 부풀어 있는 것 같은 모습이……(고린도전서) 4장에 세 번, 5-16장에 세 번 나타난다."[10] 뿐만 아니라 1-4장에서 경쟁적인 방식으로 '지혜'를 추구하는 행태에 대한 질책과 5-16장에서 유사한 태도의 문제를 다루는 면에서도 연속적 측면이 드러난다. "4:18-19에서 바울의 권위를 부정하는 어떤 사람들(헬, 티네스)의 부풀어져 있음에 대한 지적과 5:5에서 교회 전체가

---

8. Thrall, *The Second Epistle to the Corinthians*, 4.
9. Barrett, *The Second Epistle to the Corinthians*, 6-36; Young and Ford, *Meaning and Truth in 2 Corinthians*, 36-44; Barnett, *The Second Epistle to the Corinthians*; Guthrie, *2 Corinthians*, 23-38; Hall, *The Unity of the Corinthian Correspondence*.
10. Hall, *The Unity of the Corinthian Correspondence*, 32.

제1부 고린도후서 개론   **25**

부풀어져 있음을 지적하는 것 사이에도 연속성이 나타난다."[11] 6:13에는 육적인 것과 영적인 것 사이의 분리 현상이 나타나는데, 이는 5:1-5에 나타나는 것과 같은 현상이다.[12] 홀은 8-10장의 우상제물 먹는 문제도 다루고 있다. 그는 고린도전서의 사회적 배경과 관련하여 게르트 타이센Gerd Theissen, 제롬 머피-오코너Jerome Murphy-O'Connor, 데일 마틴Dale Martin 등의 접근에 주목하고 있다.[13]

고린도후서와 관련하여 홀은 1-9장과 10-13장 사이에 나타나고 있는 커다란 심리적 차이를 무시하지 않는다.[14] 그는 플러머의 말을 인용하여 바울이 "갑자기 폭풍 같은 질책과 조소어린 자기변호와 엄한 경고를 쏟아 내는데, 이는 첫 일곱 장 속에 나타나는 화해의 효과를 해치는 일임에 틀림없다"라고 언급한다.[15] 홀은 또한 제롬 머피-오코너의 유사한 언급을 인용하기도 한다.[16] 그러나 분절 이론에 대한 그의 입장은 분명하다. 그는 이렇게 답한다. 첫째, "바울의 비판은 주로 고린도 교회 자체보다는 외부에서 들어온 교사들에 대한 것이다."[17] 이를 잘 보여주는 본문의 증거 외에도 홀은 이를 지지하는 바레트와 휴즈의 입장을 인용하고 있다. 휴즈는 고린도후서 10:1의 시작이 돌발적이기보다는 "그리스도의 온유와 관용"에 근거한 간청이라는 점을 잘 지적하고 있다.[18] 바울은 고린도 교회를 향하여 재판자가 아니라 그들의 아버지로 다가가고 있다.

둘째로, 홀은 고대 그리스-로마 세계의 수사학이 상반되는 내용의 대립적

---

11. Hall, *The Unity of the Corinthian Correspondence*, 34.

12. Hall, *The Unity of the Corinthian Correspondence*, 37.

13. Hall, *The Unity of the Corinthian Correspondence*, 51-85.

14. Hall, *The Unity of the Corinthian Correspondence*, 87-89.

15. Plummer, *A Critical and Exegetical Commentary*, xx1x-xxx; Hall, *The Unity of the Corinthian Correspondence*, 88.

16. Murphy O'Connor, *The Theology of the Second Letter to the Corinthians*, 10-11.

17. Hall, *The Unity of the Corinthian Correspondence*, 88.

18. Hughes, *Paul's Second Epistle to the Corinthians*, xxiii.

접근을 허용하거나 권장하기도 하였다는 점을 지적한다. 단커는 데모스테네스의 연설 속에서 이런 예를 찾아내고 있다.[19] 영과 포드 역시 이런 논증을 지지하고 있으며, 휴즈는 키케로의 연설 속에서 유사한 예를 찾고 있다.

셋째로, 홀은 10-13장 배후에 놓여 있던 역사적 상황이 1-9장의 그것과는 다르다는 점을 지적하면서, 이런 상황의 차이는 서로 다른 반응을 요구하는 것이 당연하다고 말한다. 그가 볼 때 이 서신의 마지막 세 장은 바울의 대적들과의 직접적인 대결을 배경으로 한다.[20]

홀은 또한 8-9장과 관련된 논점들을 다룬다. "고린도후서의 단일성에 대한 또 다른 반대는 헌금에 대한 호소가 이 서신의 중앙에 놓여 있다는 점이다. 영과 포드의 견해와는 달리 고린도후서는 법정적 변호의 형식을 가진다. 머피-오코너는 '돈에 대한 호소가, 아무리 그것이 남을 위한 것이라 할지라도, 변호 apologia의 자리에 놓을 수는 없다'라고 항변한다." 홀은 이에 대해 이렇게 답한다. "하지만 이런 사실 때문에 바울이 넓은 관점에서는 이 편지를 변호로 의도하면서도 그 속에 여러 가지 다른 항목들을 던져 넣고 있다는 사실이 부정되지는 않는다."[21] 홀은 디도와 관련된 사항들을 그 예로 들고 있다. 그는 또한 그 어떤 편지라도 완벽한 단일성을 기대하는 것은 적합하지 않다는 콜린스R.F. Collins의 말을 인용하고 있다.[22] 홀의 결론은 이것이다. "8장과 9장의 전반적 어조는 고린도후서 전체와 조화를 이룬다."[23] 홀은 한스 베츠Hans D. Betz의 입장을 논박하는 또 다른 한 장에서 이 주제를 다시 거론하고 있다.[24] 홀은 고린도

19. Danker, "Paul's Debt to the De Corona of Demosthenes."
20. Hall, *The Unity of the Corinthian Correspondence*, 88, 92-100.
21. Hall, *The Unity of the Corinthian Correspondence*, 100; cf. Murphy-O'Connor, *Theology*, 11.
22. R.F. Collins, "Reflections on One Corinthians as a Hellenistic Letter," 60.
23. Hall, *The Unity of the Corinthian Correspondence*, 101.
24. Hall, *The Unity of the Corinthian Correspondence*, 114-19.

서신이 '혼합된' 주제들을 다루는 것으로 보는 벤 위더링턴Ben Witherington의 입장에 동의하고 있다.[25]

마지막으로, 홀은 어휘의 문제를 지적한다. 바울이 10:1에서 복수 대신 단수를 사용하는 것("나 바울 [자신]은")은 이 서신의 분절 이론을 뒷받침하는 입증 자료가 되지 못한다. 바울이 특히 그의 대적들을 대면할 때 단수로 자신을 지칭하는 것을 본다.[26] 바울이 흔히 사용하지 않는 어휘들이 나타난다는 지적 역시 바울이 그의 대적들의 언어를 차용하고 있다고 볼 때 전혀 문제가 되지 않는다.[27] 이 문제와 관련된 홀의 결론은 이것이다. "10-13장을 고린도후서의 다른 부분과 분리시키기 위해 흔히 사용되는 그 어떤 논리도 검증을 통과할 만큼 견고하지 못하다. 따라서 우리는 이 서신을 하나의 단일체로 제시하는 초대 교회의 사본 증거들을 그대로 받아들이지 않을 수 없다."[28]

홀의 논증은 매우 견고하다. 특히 고린도전서에 대한 그의 주의 깊은 관찰이 매우 돋보인다. 우리는 여기에다 바레트, 프란세스 영과 데이비드 포드, 조지 거스리, 폴 바네트 등의 논증을 덧보태어 훨씬 더 설득력 있는 결론을 도출할 수 있다. 본 주석이 취하는 입장은 고린도후서를 하나의 단일한 일관된 편지로 읽는 것이다.

---

25. Witherington, *Conflict and Community in Corinth*.
26. Hall, *The Unity of the Corinthian Correspondence*, 102-6.
27. Hall, *The Unity of the Corinthian Correspondence*, 199-222.
28. Hall, *The Unity of the Corinthian Correspondence*, 106.

D. 전체적인 틀 이해를 위한 질문들

1. 바울의 대적들의 정체

　"고린도후서를 기록할 당시 바울이 대면해야 했던 그의 대적들이 어떤 사람들이었는지에 대해서는 그 어떤 명확한 합의도 도출된 바 없다"라는 것이 일반적으로 인정되고 있다.[29]

　이와 관련하여 홀은 이렇게 말한다. "고린도후서 11:22('그들이 히브리인이냐 나도 그러하며')을 두고 볼 때 바울의 대적들이 그들의 유대 혈통을 자랑하였던 것은 분명하다. 이런 점을 근거로 그들을 팔레스틴 유대화주의자들Judaizers로 보려는 입장이 종종 제기되기도 한다. 그러나 이런 견해에는 의문의 여지가 많으며, 오히려 그들의 배경을 헬레니즘적 유대교에 둘 만한 강한 근거가 있다."[30] 이들을 유대화주의자들로 보기 어려운 이유는 첫째, 바울이 다른 곳에서 유대화주의자들과 싸울 때 사용하는 사상이나 어휘들이 거의 나타나지 않는다는 점이다. 예를 들어 갈라디아서에서 보이는 것처럼 할례나 율법의 역할 등에 대한 논박이 나타나지 않는다. 둘째, 에른스트 케제만Ernst Käsemann이 예루살렘 사도들의 승인에 대해 이야기하지만, 추천서가 꼭 승인의 수단으로만 사용되는 것은 아니다. 셋째, "지극히 크다는 사도들"(헬, 호이 휘페르리안 아포스톨로이, 11:5)이라는 문구가 꼭 예루살렘 사도들을 가리키는 것은 아니다.

　이 대적자들이 순회 설교자들이었던 것은 보다 분명해 보인다. 이들은 이방인 지역의 디아스포라 회당에서 나돌던 헬레니즘 성향의 선전문을 되풀이하고 다녔던 것으로 보인다.[31] 고린도후서 3장에서 바울이 성경과 모세를 논하는 것

---

29. Furnish, "Corinthians, Second Letter to the," 225.
30. Hall, *The Unity of the Corinthian Correspondence*, 129.
31. Hall, *The Unity of the Corinthian Correspondence*, 132.

이 좋은 단서가 된다. 바울이 선포하는 복음의 사역은 영구적이고 영광스러운데 반해 외부에서 들어온 사람들의 사역은 '모세적'이다. 율법 조문은 죽이는 결과를 낳는다(헬, 토 그람마 아포크테이네이, 3:6). 이런 점에서 볼 때 대적들은 '율법주의'의 성격을 가졌다기보다 오히려 눈이 먼 자들이다.[32] "수건"(3:14)은 이런 눈먼 상태를 상징한다. 우리는 홀을 따라 바울의 대적들을 헬레니즘적 유대교와 연결시키는 데까지는 갈 수 있지만, 더 정확하게 이들이 어떤 사람들이었는지를 특정하는 데에는 한계가 있다. 바울은 이들을 "하나님의 말씀을 혼잡하게" 하는 사람들이라 보았으며, 다른 예수, 다른 영, 다른 복음을 전하는 자들이라 보았다. 그들은 바울이 대면하면 약한 자라 비난하였고, 사람들을 조작하고 노예로 삼는 자들이며, 히브리인의 혈통과 아브라함의 후손임을 자랑하고 앞세우는 자들이었다.

2. 눈물의 편지

고린도후서 2:4에서 바울은 이렇게 적고 있다. "내가 마음에 큰 눌림과 걱정이 있어 많은 눈물로 너희에게 썼노니 이는 너희로 근심하게 하려 한 것이 아니요 오직 내가 너희를 향하여 넘치는 사랑이 있음을 알게 하려 함이라." 바울이 여기서 언급하는 눈물의 편지가 고린도전서 이후에 기록되었으며, 이것이 보존되지 않고 사라졌든지 아니면 고린도후서 10-13장에 부분적으로 보존되었다고 보는 것이 오늘날 널리 받아들여지고 있는 입장이다. 그러나 홀은 "전통적으로 (그리고 내가 볼 때는 옳게) 이 편지를 고린도전서와 동일시해왔다"라고 말한다.[33] 그가 볼 때 바울은 학문적인 교수 유형의 사람이기보다는 오히려 매우 감정적인 사람이다. 그는 또한 이렇게 덧붙인다. "고린도전서에는 그

---

32. Hall, *The Unity of the Corinthian Correspondence*, 139.
33. Hall, *The Unity of the Corinthian Correspondence*, 223.

와 같은 감정적 반응[이를테면 눈물의 편지에서 볼 수 있을 법한]을 자아낼 만한 논제들이 다수 포함되어 있다." 예를 들어, 분열의 문제(1:10-13), 영적이지 못한 생각들(3:1-3), 바울의 부재중에 왕처럼 행세함(4:8), 바울이 매를 가지고 가야 할 정도로 교만에 의해 부풀려짐(4:18-21), 근친상간의 문제를 두고도 자랑에 빠져 있는 모습(5:1-6), 동료 교인을 세상의 법정에 송사하는 문제(6:1-11), 창녀와 교합하는 일(6:12-20), 주의 만찬에서의 분열(11:20-22, 27-30), 성령의 은사 '사용'에 있어서의 경쟁적 혼란(14:27-33), 부활의 부정(15:2, 12) 등이 그것이다.[34] 홀은 이런 문제들에 대한 바울의 "접근이 불가피하게 고린도 교인들을 아프게 하였을 것"이라 보고 있다. "그들 대다수는 바울을 통한 회심자들이며, 정서적으로 바울과 긴밀하게 결합되어 있는 사람들이다."[35] 홀의 결론은 이것이다. "고린도후서에서 말하는 눈물의 편지는 고린도전서를 가리키는 것으로 보는 것이 적합하다."[36]

3. 교리적 주제들

폴 바네트는 고린도후서의 메시지를 다루는 한 짧은 책에서 이 서신에 나타나는 다양한 교리적 주제들을 유용하게 잘 정리한 바 있다.[37] 그는 다음과 같은 항목들을 제시하는데, 우리는 필요한 곳에 약간의 설명을 첨가하면서 이를 다시 진술해보고자 한다.

---

34. Hall, *The Unity of the Corinthian Correspondence*, 224-45.
35. Hall, *The Unity of the Corinthian Correspondence*, 226.
36. Hall, *The Unity of the Corinthian Correspondence*, 235.
37. Barnett, *The Message of 2 Corinthians*, 16-17.

1) **하나님의 약속**. 하나님께서는 그분의 오랜 약속을 지키는 신실하신 분이라는 사실을 그리스도의 새 언약과 성령을 통해 입증하셨다(1:8-20, 3:3-6, 14-18). 또한 하나님께서는 그리스도께 속한 자들을 신실하게 붙드시며 구원하신다(1:3-11, 22, 4:7-9, 7:6).

약속은 단순히 언어적 선언이 아니라 하나의 행위이다. 약속하는 자가 성실하고 신실한 사람이라면, 그 사람은 자신이 약속한 말에 자기 자신을 던져서 그 약속을 행위로 실현시킨다. 하나님께서 사람에게 약속을 하신다는 것은 가장 큰 은혜의 행위이다. 왜냐하면 하나님께서는 그분께서 약속하신 그 행위를 행하는 데 묶이시기로 스스로의 선택지에 제한을 가하시기 때문이다.

2) **새 언약**. 하나님께서는 옛 언약을 능가하고 교체하는 새 언약을 세우셨다(3:7-11). 이 새 언약은 인간의 필요를 그 가장 연약한 지점에 이르기까지 온전히 채우는 힘이 있다. 여기에는 나이 듦과 죽음도 포함되며(4:16-5:10), 죄로 인한 하나님으로부터의 단절의 문제도 포함된다(5:14-21). 초대 교회 속에서 가장 일찍 나타났던 이단 중의 하나인 마르시온이 구약과 신약이 동일한 한 은혜의 하나님, 예수 그리스도의 아버지께로부터 나왔음을 부인한 사실을 종종 잊어버린다. 이처럼 구약을 그 본래의 자리에 두고 보려 하지 않고 아예 폄하하고 무시하는 입장을 우리는 버려야 하는데, 고린도후서는 우리에게 그 이유를 잘 보여준다.

3) **선재하신 하나님의 아들로서의 그리스도**(1:19, 8:9). 그리스도께서는 하나님의 형상이요(4:4), 주님이시며(4:5), 모든 이를 심판하실 분이시다(5:10). 그분께서는 모든 사람을 대리하고 대표하는 분으로 죄 없이 속죄의 죽음을 죽으셨고, 그를 통해 하나님으로 하여금 세상과 화목하시도록 만드시는 분이시

다(5:14-21). 고린도후서는 그리스도의 죽음에 관한 가장 포괄적인 진술을 간직하고 있다(5:14-21). 여기에 기독론(그리스도의 지위와 인격에 관한 진술)과 바울의 속죄론(그리스도의 사역에 관한 진술)이 적절하고도 긴밀하게 서로 결합되어 있다.

4) **새 언약 사역의 진정성**. 이 주제는 고린도후서의 핵심 주제 가운데 하나이다. 진정한 사역은 좋은 추천서나 사역자 자신의 신비한 능력에 의해 성립되거나 승인되는 것은 아니다. 오히려 사람들을 참 믿음으로 나아오게 하는 신실한 선포와 그 효력을 통해 평가된다(5:11-12, 3:2-3). 고린도에 있는 그리스도인의 존재 자체가 바울의 사역이 그리스도의 살아 있는 편지임을 나타내는 증거이다. 그리스도의 희생의 모습이야말로 사역자의 삶의 모습이 어떠해야 할 것인지를 보여주는 모범이요 표준이다(4:10-15, 6:1-10, 11:21-23). 고린도후서의 가장 큰 기여 가운데 하나는 진정한 사역의 바른 표준을 정해준다는 것이다.

5) **그 인격과 편지의 기록을 통해 이방인을 위한 그리스도의 사도로 세워진 바울**. 부활하신 주님께서는 다메섹 도상에서 바울을 부르시던 역사적 현장에서 그에게 그분의 권세를 주셨다(10:8, 13:10). 이후 바울의 사도적 사역은 오늘날 정경의 한 부분을 이루는 그의 서신들을 통해 왔고 오는 세대들 속에도 지속적인 효력을 가진다. 고린도후서가 특별히 중요한 이유는 이 서신 속에서 바울이 당대뿐만 아니라 현대의 도전자들에 맞서서 자신의 사도권을 변호하고 있기 때문이다.

6) **그리스도인 상호간의 나눔과 섬김**. 성도간의 나눔과 섬김은 하나님께서 우리를 향해 그리고 우리 안에서 행하신 은혜의 행위에 대한 응답이다. 어떤

형태가 되었든, 기쁘게 그리고 관대하게 줌을 통해 주는 자는 크고 풍부한 수확을 거두게 된다. 특별히 고린도후서 8장과 9장이 이 주제를 집중적으로 다루는데, 이 부분은 이 서신의 핵심부 가운데 하나이다.

7) **하나님의 말씀 곧 복음**. 하나님의 말씀은 사람들이 거기에 어떤 것이든 더하거나 빼서는 안 되는 한정되고 제한된 내용을 가지고 있다(4:2, 11:4). 이 복음은 거역하는 인간을 하나님의 통치 아래로 이끌어 오는 강력한 힘이 있다 (4:6, 10:4-5).

4. 바울: 사도, 선교사요 목회자, 깊은 감정의 사람

다른 어떤 서신들보다 고린도후서에서 우리는 바울이 자신의 내면을 생생히 드러내는 모습을 접하게 된다. 그는 우리에게 요동치는 자신의 내적 자아의 모습을 들여다보게 한다. 고린도 교회는 그가 설립한 교회이며, 그는 그 회심자들을 아끼며 자랑스럽게 여기고 있다. "거짓 사도들"이 그 교회를 뒤흔들어 놓으려 했을 때 바울이 분개하고 심지어 시기하기까지 한 것은 충분히 이해할 만한 일이다. 그는 그 교회를 위하여 그토록 많은 것을 주었고, 그토록 많은 고난을 겪었건만, 이 침입자들은 바울이 그 교회로부터 거부당하는 느낌을 받도록 만들었다. 그들은 그리스도와 그분의 십자가의 가치를 뒤집어 놓으려 하였다. 바울은 가슴이 찢어지는 아픔을 느꼈다. 그는 무엇을 할 수 있으며 또 해야 할 것인가?

때로 우리 또한 바울이 느꼈던 아픔을 경험한다. 침입자들은 그들의 교만과 십자가에 못박힌 그리스도의 메시지를 뒤집어 놓음을 통해 바울에게 큰 상처를 남겼다. 그럼에도 불구하고 바울은 예수 그리스도에 대한 열정과 그리스도의 사도로의 부르심에 대한 열정을 불태운다. 그는 성도들을 깊이 아끼고 돌보는 목회자이며, 그리스도의 복음을 위해 어디든 나아가고 고난받을 준비가 된 선교사이다. 이런 점에서 우리는 크리소스토무스가 강조했던 것처럼 바울을 가장 높이 존경하고 그 가치를 인정하지 않을 수 없다.

그러나 우리는 고린도후서가 바울을 하나의 사람으로, 그것도 요동치는 감정과 내적 갈등에 의해 찢긴 한 인간 존재로 그리고 있는 점을 잊어서는 안 된다. 이 서신은 바울을 이상화된 모습으로 제시하지 않는다. 그의 있는 모습 그대로를 보여준다. 그는 십자가에 못박히고 부활하신 그리스도의 신실한 종이며, 동시에 깨어지기 쉬운 한 인간 존재이다. 때로 우리는 그리스도인 지도자들에게 너무 많은 것을 기대하는 경향이 있다. 그들은 결코 종이나 나무로 만들어 놓은 성자가 아니라, 살과 피를 가진 그리스도의 종일 뿐이다. 그들의 생각과 감정과 행위는 우리의 그것과 다르지 않다.

제2부

고린도후서 본문 해설

I. 서신의 서론

1:1-11

1. 문안 인사(1:1-2)

> 1 하나님의 뜻으로 말미암아 그리스도 예수의 사도 된 바울과 형제 디모데는 고린도에 있는 하나님의 교회와 또 온 아가야에 있는 모든 성도에게 2 하나님 우리 아버지와 주 예수 그리스도로부터 은혜와 평강이 있기를 원하노라

바울은 하나님의 뜻에 따라 사도가 된 사람이다. 모든 그리스도인은 자기 추구의 산물로서가 아니라, 하나님의 목적에서 비롯되는 저마다의 역할을 가지고 있다. 바울의 사도권은 고린도후서의 핵심 이슈 가운데 하나이다. 제프리 크래프턴Jeffrey Crafton은 이 주제를 다룬 그의 훌륭한 책에서 사람agent 중심의 사도권(고린도의 거짓 사도들에게서 볼 수 있는 것과 같은)과 사도적 기구agency(바울의 입장)를 잘 구분하고 있다. 후자의 입장에서 볼 때 사도는 **투명한 창**과 같아서 사람들이 이를 통해 **그리스도 안에 나타난 하나님**만을 볼 수

있게 한다.[1] 하나님의 종으로서 우리는 어디에 초점을 맞추며 살아가고 있는가? 자기중심적인 삶을 살기보다 하나님을 위한 투명한 창이 되어 이를 통해 사람들이 하나님을 볼 수 있게 하는 삶을 살아가고 있는가?

두 번째로, 폴 바네트Paul Barnett가 잘 지적하는 것처럼, 바울은 자신이 **하나님의 뜻으로 말미암아** '사도'가 되었다고 밝힌다. 이는 10-13장에서 다루고 있는 '거짓 사도들'의 잘못된 주장과 명백한 대조를 이룬다. 이 서신의 시작에서부터 바울은 이 문제를 염두에 두고 있다는 조짐이 나타난다. 다시 말해서 사도권의 문제는 하나의 부록이나 별도 편지의 주제가 아니라, 이 서신의 시작에서부터 바울의 주요한 주제가 되고 있다.[2]

세 번째로, 우리는 바울이 **협력 사역**을 중시한다는 것을 볼 수 있다. 디모데는 바울의 동역자로 데살로니가전후서, 빌립보서, 골로새서, 빌레몬서 등에서 그 이름이 언급되고 있다. 그는 바울의 첫 번째 선교여행 때 루스드라에서 회심을 한 사람이다. 실라와 더디오도 이 서신의 다른 곳에서 언급되고 있는데, 그들 역시 바울의 동역자이며 때로는 비서처럼 섬기기도 하였을 것으로 보인다. 편지 대필 등의 역할을 하는 비서 사용의 예는 그리스 헬레니즘 세계에서도 자주 목격되는 일이다. 마가레트 트롤은 "형제 디모데"라는 표현을 '동료 그리스도인' 또는 '선교 동역자'의 의미로 이해하고 있다.[3] 우리는 서론에서 바울이 디도를 그의 신임받는 대리자로 고린도에 보냈던 것을 언급한 바 있다. 때로 우리는 다른 사람들이 우리를 대리하도록 신임할 수 있어야 한다. 외로운, 고립된 그리스도인이라는 말은 그 자체가 모순적인 용어이다. 플러머가 잘 지적하는 것처럼, '형제'(헬, 호 아델포스)는 '그리스도인 형제의 한 사람'을 가리

---

1. Crafton, *The Agency of the Apostle*, 특히 63-102.
2. Barnett, *The Second Epistle to the Corinthians*, 59; Barnett, *The Message of 2 Corinthians*, 24.
3. Thrall, *The Second Epistle to the Corinthians*, 82.

킨다.[4] 바울처럼 우리 그리스도인들은 협력적일 수밖에 없는 사람들이다. 우리는 모두 교회에 속하며, 또 서로를 필요로 한다.

네 번째로, 많은 주석가들은 바울이 자신을 사도로 부르는 것을 "권위를 얻기 위함"(칼뱅Calvin)이나, 자신이 "권위를 부여받았다는 것"을 보여주기 위함(세르포Cerfaux)이라고 보았다.[5] 또 다른 사람들, 예를 들어 교부 시대의 크리소스토무스에서부터 현대의 라이트푸트J.B. Lightfoot나 어니스트 베스트Ernest Best 등에 이르는 주석가들은 바울의 "그리스도를 닮은 약함"이나 "자기 비하의 느낌"을 강조한다.[6] 크리소스토무스는 이렇게 말한다. "여기서는 부르시는 분이 전부다, 부름 받는 이는 아무것도 아니다."[7] 이 논란의 양쪽 입장 모두가 진실한 부분이 있다. 바울은 결코 권위주의에 사로잡힌 사람이 아니다. 오히려 그는 이 서신에서 그리스도 중심의 "약함"을 통해 자신의 권위를 나타내고 있다. 여기에 더하여 우리는 사도직에 대한 또 다른 요소도 생각해볼 필요가 있다. 바울에게 있어서 '사도'는 '사역자' 이상의 의미가 있다. 사도는 그리스도의 부활의 증인이며, 그런 점에서 사도는 교회의 초석을 이룬다. 바울은 자신이 사도로 세워진 일에 대하여 갈라디아서 1:1, 고린도전서 1:1, 로마서 1:1 등에서 언급하고 있다.

바울은 이 편지를 "하나님의 교회" 곧 하나님께 속하는 교회(헬라어 속격은 소유의 속격)에 보내고 있다. 이 문구는 교회가 어느 인간 지도자에게 속한 것이 아니라, 교회를 친히 구원하시고 구속하셔서 자기 소유로 삼으신 하나님께 속한다는 것을 보여준다. 우리는 '교회'를 종교적 건물로 생각해서는 안 된다.

---

4. Plummer, *A Critical and Exegetical Commentary*, 3.
5. Cerfaux, *The Church in the Theology of St. Paul*, 25.
6. Best, "Apostolic Authority?"; Lightfoot, *Notes on the Epistles of Paul*, 143.
7. Chrysostom, *Second Epistle to the Corinthians*, Homily 1:1.

뿐만 아니라 교회를 단순히 인간 중심의 종교적 단체 정도로 생각해서도 안 된다(참조, 고전1:2, 살전2:14, 살후1:4).

고린도 교회는 해변에 놓인 단 하나의 자갈돌이 아니다. 바울은 고린도뿐만 아니라 아가야 지역에 산재해 있는 모든 하나님의 백성을 이 서신의 대상으로 삼는다. 바울은 그들을 "성도"라 부른다. 왜냐하면 하나님께서 그들을 구별하셨고, 또한 그분께서 구속하신 모든 사람들을 거룩하게 만드셨기 때문이다. 물론 그리스도인의 삶의 현실 속에서 실패도 일어나고 일관되지 못한 모습도 나타나지만, 그럼에도 불구하고 모든 그리스도인들은 거룩하게 하시는 성령의 능력을 경험한다. 우리 그리스도인들은 자신이나 다른 성도들이 누리는 특권적인 지위를 잊어서는 안 된다. 모든 그리스도인들은 하나님께 속한다. 하나님께서는 예수 그리스도의 아들 되심에 참여한다는 우리에게 매우 특별한 의미에서 우리를 돌보시며 우리의 필요를 공급하시는 아버지가 되신다. 우리 모두가 이런 특권을 잘 누려야 하겠고, 나아가서 바로 이런 이유 때문에 동료 그리스도인들에게 죄를 짓는 것은 하나님의 성전을 침탈하는 일과 같다는 것을 분명히 잘 알아야 한다.

바울은 수신자들을 향하여 1:2에서 통상적인 "은혜와 평강"의 인사를 전한다. 이 인사는 바울 당시에 통용되던 관습을 반영한 것인데, '은혜'는 이방인들의 인사법을 반영하며 '평강'은 유대인들의 인사법을 반영한다. "은혜와 평강"의 인사가 비록 그리스식 편지 서두의 관습을 따르는 것이긴 하지만, 바울은 여기에 기독교적 내용을 담아 이를 진정한 염원과 기도로 변환시키고 있다.

묵상을 위한 질문

① 우리는 하나님과 세상 앞에서 투명한 창과 같은 존재가 되어서 우리를 통해 사람들이 우리가 아닌 그리스도를 볼 수 있게 하고 있습니까?

② 우리는 '외톨이' 그리스도인이 되려 합니까, 아니면 늘 생기 있는 그리스도인의 교제에서 지원받고 사는 그리스도인이 되려 합니까?

③ 우리는 우리를 돌보시며 우리에게 필요한 것을 공급해 주시는 아버지이신 하나님과 친밀한 관계를 잘 유지하고 있습니까?

④ 우리는 우리의 실패와 부족에도 불구하고 하나님께서 보시기에 '성도'인 우리의 지위를 값지게 여기고 있습니까?

2. 감사와 기대(1:3-11)

바울은 문안 인사에 이어 그가 흔히 하는 대로 감사의 표현을 적고 있다. 그리스-로마 시대의 많은 편지들이 감사의 표현을 담고 있다. 바울의 감사는 두 부분으로 나뉜다. 하나는 하나님의 위로에 대한 감사이며(3-7절), 또 하나는 하나님의 건지심에 대한 감사다(8-11절).

1) 하나님의 위로에 대한 감사(3-7)

3 찬송하리로다 그는 우리 주 예수 그리스도의 하나님이시요 자비의 아버지시요 모든 위로의 하나님이시며 4 우리의 모든 환난 중에서 우리를 위로하사 우

리로 하여금 하나님께 받는 위로로써 모든 환난 중에 있는 자들을 능히 위로하게 하시는 이시로다 5 그리스도의 고난이 우리에게 넘친 것 같이 우리가 받는 위로도 그리스도로 말미암아 넘치는도다 6 우리가 환난 당하는 것도 너희가 위로와 구원을 받게 하려는 것이요 우리가 위로를 받는 것도 너희가 위로를 받게 하려는 것이니 이 위로가 너희 속에 역사하여 우리가 받는 것 같은 고난을 너희도 견디게 하느니라 7 너희를 위한 우리의 소망이 견고함은 너희가 고난에 참여하는 자가 된 것 같이 위로에도 그러할 줄을 앎이라

3절의 "복되도다Blessed"헬, 율로게토스. 개역개정에서는 "찬송하리로다"—역주는 오용으로 인해 그 의미가 많이 퇴색되었으나 옳은 번역이다. 이 바울의 용법은 유대인들과 회당 예배에서의 용례를 반영한다. 칠십인역(LXX)과 필론Philon은 이 용어를 '누군가에 대해 좋게 이야기함'의 의미로 사용한다. 구약에서는 이 용어가 사람에 대해서도 종종 사용되지만, 신약에서는 오직 하나님께만 특별히 한정되어 사용되고 있다.

하나님을 "자비의 아버지시요 모든 위로의 하나님"이라고 부르는 것은 하나님에 대한 진술적인 표현이며, 그분께서 자비의 특성이 있으신 동정심 많은 아버지시라는 것을 나타낸다. "자비"(헬, 오이크티르몬, 복수)는 불쌍히 여김을 뜻하는 오래된 동사 '오이크테이로'에서 유래되었다. 바울이 하나님을 **아버지**라고 부르는 것은 예수님께서 하나님을 아바Abba라고 친근하게 불렀던 가르침을 따른다. 그리스도인들이 하나님과 함께 누리는 친밀한 관계는 모든 사람을 향한 하나님의 일반적인 선의에 기인하기보다 예수님의 아들 되심에 기인한다. 이와 관련하여 바네트는 이렇게 말한다. "바울이 처음부터 하나님, 곧 아브라함과 이삭과 야곱의 하나님을 '우리 주 예수 그리스도의 아버지'로 못박고

있는 것은 대단히 중요하다."[8]

바울은 예수님을 그가 가장 즐겨 사용하는 호칭인 "주"로 부르고 있다(참조, 롬1:9, 고전12:3 등). 고대 그리스-로마 세계에서 '주'(헬, 호 퀴리오스)라는 용어는 노예를 소유하면서 동시에 그 종을 돌보는 책임을 지는 주인을 가리킨다. 따라서 이 용어는 종의 편에서 보면 충성과 순종, 헌신을 의미하며, 주인(물론 좋은 주인인 경우)의 편에서 보면 안전과 자유를 의미한다. 우리가 하나님 또는 그리스도를 주로 부른다는 것은 그분께서 우리를 돌보시기 때문에 우리가 자기 염려에 빠질 필요가 없다는 것을 의미한다. 이 자유는 우리가 질병이나 사망과 같은 위기에 빠지게 되는 경우에도 선하신 주께서 그 종과 가족을 돌보실 것을 아는 데서부터 비롯된다. 이와 관련하여 루돌프 불트만은 이렇게 말한다. "이 자유는 신자 곧 '구속받은 자'가 더 이상 '자신에게 속하지 않는다'(고전6:19)는 사실에서 비롯된다. 신자는 자신과 자기 생활에 대한 염려를 더 이상 짊어질 필요가 없다. 자신을 전적으로 하나님의 은혜에 맡김으로 이런 염려를 떠나보내야 한다. 신자는 자신을 하나님(또는 주님)의 소유로 인식해야 하고, 또 그분을 위해 살아야 한다."[9]

하나님을 "모든 위로(헬, 파라클레시스)의 하나님"이라 부르는 것은 요한복음에서 성령을 보혜사(헬, 파라클레토스, 어떤 영역본은 이를 "위로자"로 번역한다)로 지칭하는 것을 생각하게 만든다. '위로'는 기분을 돋우는 일, 다독거림, 안위 등을 함의한다(3절).[10] 우리를 위로하시는 하나님 그분께서는 "모든 환난 중에서 우리를 위로"하신다(4절). "환난"(헬, 뜰립시스)이라는 단어는 '압박하

---

8. Barnett, *The Second Epistle*, 68. (한역의 "우리 주 예수 그리스도의 하나님"과 달리 원문은 하나님을 "우리 주 예수 그리스도의 하나님과 아버지"라 지칭한다. - 역자 주)

9. Bultmann, *Theology of the New Testament*, vol. 1, 331.

10. Danker, *A Greek-English Lexicon of the New Testament*, 766.

다'를 뜻하는 동사에서 유래하며, 그 의미는 '압박, 스트레스, 고통, 억압, 곤궁' 등이다.[11] "우리로 하여금 …… 능히 위로하게"라는 문구는 전형적인 목적절의 형태를 띤다. 이에 대해서 바레트는 이렇게 해설한다. "그리스도인이라는 존재는 사도의 삶에서 가장 분명하게 제시되고 있는 것처럼, 환난과 위로의 역설적 조합으로 이루어져 있다."[12] 환난은 사도나 우리 그리스도인들을 다른 사람들을 위한 사역에 합당한 자가 되도록 만들어준다.

1:5은 "그리스도의 고난원문은 단수가 아닌 복수로 "고난들"—역주"을 이야기한다. 그의 고난들이 넘침(헬, 페리슈에이 에이스)은 우리로 하여금 그리스도를 따르는 자들이 되게 하기 위함이다(참조, 고후4:10-11, 롬8:17, 빌3:10, 골1:24). 바울은 여기서 그리스도와 그리스도인 사이의 절대적 연합을 표현하고 있다. 그리스도의 고난들(헬, 파떼마타)이 완전하고 한 번으로 족함에도 불구하고, 골로새서 1:24은 그리스도의 고난들을 '채운다'라는 표현을 사용하고 있다. 이는 그리스도의 고난에의 참여(헬, 코이노니아, '함께 공유함')의 의미가 있다(빌 3:10). 그리스도를 따르는 사람은 누구나 "그의 잔을 마실" 준비가 되어 있어야 한다(마20:23). 그리스도와 함께 다시 살리심을 받는 영광스러운 약속도 그와 함께 고난 당함을 통해 이루어진다. 휴즈는 "그를 떠나서는 고난이 위로가 아니라 절망에 이르는 길"일 뿐이라고 말한다.[13]

바울은 그리스도와 그리스도인의 연합에 대해 말할 뿐만 아니라, 그리스도인 상호간의 연합에 대해서도 이야기한다(6절). "우리가 환난 당하는 것", 곧 사도의 고난은 "너희가 위로와 구원을 받게 하려는" 목적이 있다(6절). 이 구절의 구문 구성에는 다소 복잡함이 있지만, 어떤 독법을 취하든지 간에 랄프 마

---

11. Danker, *A Greek-English Lexicon of the New Testament*, 457.

12. Barrett, *2 Corinthians*, 60.

13. Hughes, *Paul's Second Epistle to the Corinthians*, 14.

틴이 잘 지적하는 것처럼 "바울이 사도적 고난을 겪는 것은 교회의 유익을 위함이다."[14] 1:7은 같은 사상을 한 걸음 더 발전시켜서 수신자들을 향한 바울의 소망이 견고하다는 것을 보여주고 있다. 6-7절과 관련해서는 사본상의 이문들이 다양한 형태로 나타난다6절의 '구원' 이하 일부분이 생략되거나 다른 자리에 붙어 있는 경우를 가리킨다—역주. 하지만 메츠거와 트롤은 대부분의 번역본들에 반영되고 있는 전통적인 본문 형태를 선호하고 있다.[15]

묵상을 위한 질문

① 우리는 우리의 삶에서 누리는 모든 축복들로 인해 하나님께 합당한 감사를 돌려드리고 있습니까?

② 우리는 하나님을 다른 무엇보다 자비와 동정과 긍휼의 특성이 있는 분으로 생각하고 있습니까?

③ 우리가 예수 그리스도를 주로 삼아 "주 예수께 속한 자"로 사는 것이 실제적 차원에서 우리를 쓸데없는 불안에서 자유롭게 하고 있습니까? 우리는 모든 짐을 스스로 짊어지려 하고 있지는 않습니까? 불안과 걱정을 안고 사는 것은 우리의 책임을 의식하고 행하는 것과는 전혀 다른 차원입니다.

④ 다른 그리스도인들에게 주어지는 축복을 볼 때 우리는 나 자신이 처한 상황이 어떤 것이든 상관없이 그것으로 인해 기뻐하고 있습니까?

---

14. Martin, *2 Corinthians*, 10.
15. Metzger, *A Textual Commentary on the Greek New Testament*, 505-6; Thrall, *The Second Epistle to the Corinthians*, 113.

⑤ 우리는 자신이 당한 깊은 곤궁과 고난을 위로와 소망의 원천으로 보고 있습니까?

⑥ 우리는 어떤 경우에 우리의 곤궁과 고난을 그리스도의 고난이 차고 넘치는 것으로 여길 수 있습니까?

⑦ 우리가 삶 속에서 당하는 실패와 좌절의 상황 속에서도 우리의 소망이 견고하다고 말할 수 있는 이유는 무엇입니까?

2) 하나님의 건지심에 대한 감사: 아시아에서 탈출하다(8-11)

8 형제들아 우리가 아시아에서 당한 환난을 너희가 모르기를 원하지 아니하노니 힘에 겹도록 심한 고난을 당하여 살 소망까지 끊어지고 9 우리는 우리 자신이 사형 선고를 받은 줄 알았으니 이는 우리로 자기를 의지하지 말고 오직 죽은 자를 다시 살리시는 하나님만 의지하게 하심이라 10 그가 이같이 큰 사망에서 우리를 건지셨고 또 건지실 것이며 이 후에도 건지시기를 그에게 바라노라 11 너희도 우리를 위하여 간구함으로 도우라 이는 우리가 많은 사람의 기도로 얻은 은사로 말미암아 많은 사람이 우리를 위하여 감사하게 하려 함이라

이 단락에서 바울은 이 서신의 핵심 주제 하나를 분명하게 제시한다. 9절에 나오는 "이는 우리로 자기를 의지하지 말고 오직 죽은 자를 다시 살리시는 하나님만 의지하게 하심이라"라는 말씀이 그것이다. 필립스J.B. Phillips는 이 문구를 이렇게 번역한다. "우리는 우리의 한계에 다다르는 그런 경험을 하였는데, 이는 우리가 우리 자신이 아니라 죽은 자를 다시 살리시는 하나님을 의뢰하는 법을 배우도록 하기 위함이다." 고린도전서 15장에서 청중들에게 분명하게 말

하듯이 부활이라는 주제는 바울의 가르침에서 매우 중요한 자리를 차지한다. 이 본문은 이 가르침을 떠올리게 만든다.

바울이 8절을 시작하면서 사용하는 "너희가 모르기를 원하지 아니하노니" 라는 문구는 고린도전서와 고린도후서, 로마서, 데살로니가전서에 여섯 번 나타난다. 이 문구는 독자들이 알아야 할 내용을 상기시키는 역할을 하면서 또한 동시에 그들의 애정과 공감에 호소하는 기능도 한다. 바울은 앞 단락에서 이야기했던 것을 더 확장시켜 나가고 있다. "아시아에서 당한 환난"과 관련하여 바울은 고린도의 독자들이 이것이 무엇인지를 알고 있다고 추정하면서도 그 구체적인 부분들을 더 세밀히 밝히고 있다. 이 경험은 아마도 에베소의 시기심에 눈먼 군중들이 일으킨 소요사태를 가리키는 것으로 보인다. 고린도전서 15:31-32에서 그는 야생의 맹수에게 당하듯이 거의 찢길 뻔했음을 이야기한다.[16] 에베소에는 특히 "대적하는 자가 많"다(고전16:9).

바울과 그의 동료들은 "살 소망까지 끊어"질 정도로 "힘에 겹도록 심한 고난을 당하"였다고 말한다(8절). 바울은 자신의 인간적 능력의 한계치를 넘어설 만큼 심하게 고난을 당했다(바울이 사용하는 헬라어는 '눌림을 받았다'는 의미의 '에바레떼멘'). "힘에 겹도록 심한"이라는 표현에는 두 개의 헬라어 문구 '카뜨 휘페르볼렌'(과도하게)과 '휘페르 뒤나민'(능력을 넘어)이 중첩되어 있다. 특히 '카뜨 휘페르볼렌'이라는 표현은 "어떤 정도를 측정하는 저울의 눈금을 비정상적으로 초과하는 상태"를 가리킨다.[17] "살 소망까지 끊어"졌다는 표현 속에 나오는 '엑사포레떼나이'라는 헬라어 단어 속에도 절망의 정도가 과도하였다는 것을 보여주기 위해 방출 상태를 가리키는 두 개의 전치사 '엑스'와 '아포'가 복합되어 있다.

---

16. Plummer, *2 Corinthians*, 16.
17. Danker, BDAG, 1032.

9절에서 바울은 그의 절망의 상태를 "사형 선고를 받"은 것으로 바꾸어 표현하고 있다. 바울이 직면해야 했던 큰 문제는 그를 심한 고통 속으로 몰아넣었다. 하지만 이것이 전적으로 부정적이지만은 않았는데, 왜냐하면 이런 상황에서 그는 자신을 의지하지 않는 법을 배웠기 때문이다. 바울이 당한 상황은 필립스의 표현을 빌리자면 "우리의 한계에 다다르는" 경험이었다. 인간적 자원이 다 고갈된 상태이기도 하다. 바울은 자신의 여생이 손가락을 꼽을 정도가 되었다고 느낀 것 같다. **선고**를 가리키는 헬라어 단어 '아포크리마'는 AD 51년에 클라우디우스 황제가 내린 법정 선고에 사용된 적이 있는 단어이다. 그러나 머레이 해리스는 사형 선고에 대한 바울의 언급이 "고통스럽고 생명을 위협하는" 심한 '질병'과 관련된다고 주장한다.[18] 그러면서 그는 유대인들의 사고에서 빈발하는 질병은 곧 죽음의 가능성과 관련이 있다는 증거 자료들을 제시한다(왕하5:7, 사38:16, 히스기야의 경우). 해리스는 또한 이 문구를 고린도후서 12:7에 나오는 "육체의 가시"와 연결시키기도 한다. 그는 자신의 주장을 명백하게 증명하기는 어렵다는 것을 인정하면서도, 이런 견해가 매우 개연성이 크다는 것을 강조한다.[19] 이 쟁점은 매우 논란이 많이 일어나는 문제이다.[20]

윌프레드 아이작스Wilfred Isaacs는 9절을 이렇게 번역한다. "우리가 살 소망을 다 잃어버렸다는 사실은 우리가 우리 자신 대신 죽은 자를 생명으로 돌이키시는 하나님을 의뢰하도록 가르치는 결과를 낳았을 뿐이다."[21] 불트만은 생명을 버림이 자발적인 일이라고 주장한다. "자발적으로 생명을 버림은 하나님께서 어떤 방식으로 죽음에서 생명을 일으키시든 그것을 하나님의 손에 두는

---

18. Harris, *The Second Epistle to the Corinthians*, 170-72.
19. Cf. Harris, "2 Corinthians 5:1-10: A Watershed in Paul's Eschatology," 57.
20. Malherbe, "The Beasts at Ephesus"; Furnish, *II Corinthians*, 122-25.
21. Isaacs, *The Second Epistle of Paul to the Corinthians*, 2.

일"이라는 것이다.[22] 그는 또한(랄프 마틴이 하듯이) 유대인들의 열여덟 개 축복문 가운데 하나를 인용한다: "죽은 자를 다시 살리시는 야웨여 송축을 받으소서." 하지만 바울의 경우 그의 경험은 특별히 그리스도의 십자가와 부활에 직결되어 있다. 해리스는 고린도후서 5:1-10에 묘사되고 있는 죽음 이후의 상태를 이것과 결부시킨다. 죽은 자들은 "하나님께서 지으신 집"을 받는다(5:1). 또한 그들은 하나님의 존전에 거하며(5:8), 그리스도의 심판대 앞에 나타난다(5:10). 그는 죽음이 무엇인가와 죽음이 무엇을 야기하는가를 잘 구분해야 한다고 말한다.[23] 조지 거스리는 이렇게 말한다. "하나님께서는 절망적인 상황을 뒤바꾸어 놓는 방법을 아신다. 비관을 비전으로 바꾸시고, 가장 어두운 구덩이에서도 생명을 회복시키시며, 인생의 가장 깊은 상처들 속에서도 목적의식을 허락하신다."[24]

10-11절에서 바울은 다시 현재 상황으로 돌아와서, 하나님께서 "우리를 …… 건지실 것"이라고 말한다. '건지다'가 헬라어 동사로는 '뤼오마이'인데, 이는 구덩이에서 건져 올리는 것과 같은 상황에서 사용되는 단어이다. 이 용어는 종종 묵시 문학 속에 등장한다. 이 동사가 10절에서 과거형으로 한 번, 미래형으로 두 번 사용되고 있다. 두 번째 미래형의 경우는 '에티eti'라는 헬라어 조사와 함께 사용되어 '여전히 건질 것이다'라는 의미를 전달하고 있다. 바울은 이와 같은 자신의 소망이 든든한 기초 위에 서 있다는 것을 밝힘과 동시에 고린도 교회에 기도를 부탁한다(11절). 이를 두고 플러머는 이렇게 해설한다. "이 중보의 기도는 하나님께서 그의 사도를 죽음의 위험에서 보존하시기 위해 공

---

22. Bultmann, *The Second Letter to the Corinthians*, 28.
23. Harris, *The Second Epistle to the Corinthians*, 176-77.
24. Guthrie, *2 Corinthians*, 82.

급하신 무기의 일부이다."[25]

이와 같은 해설은 기도의 효력을 부정하는 어떤 사람들의 반론에 대한 좋은 답변이 될 수 있다. 어떤 이들은 하나님께서 우리에게 최선의 것을 주시기를 원한다면 그분께서 알아서 우리를 위한 최선을 이루어주실 것이니 우리가 기도할 필요가 없다고 말한다. 하지만 에드가 브라이트맨Edgar Brightman은 이런 논리를 세밀하게 검토한 후에 '최선의 것'이 꼭 정해져 있거나 추상적인 형태를 띠는 것은 아니라고 답한다. 그는 이렇게 말한다. "사람들이 기도할 때 얻는 최선의 것은 기도하지 않을 때 얻는 최선의 것보다 더 좋다."[26] 브라이트맨은 기도가 어떻게 하나님께서 우리를 위해 원하시는 "최선의 것"의 일부가 되는지를 보여주면서, 기도하는 공동체의 역할에 대해서도 이야기한다. 이 공동체는 온 세계를 위해 자비의 마음을 품고 탄식하며 간구한다. 바울은 "많은 사람의 기도"를 언급하고 있다. 기도가 없이는 '최선의 것'도 있을 수 없다. 바울은 또한 많은 사람들이 기도에 대한 하나님의 응답으로 인하여 하나님께 감사를 돌려드리게 될 것을 기대하고 있다.

묵상을 위한 질문

① 바울의 고난들은 살 소망까지 끊어지게 만들었습니다. 우리는 고난 너머에 아무것도 놓여 있지 않다고 느낀 적은 없습니까? 우리가 당하는 고난이 바울의 그것에 비하면 지극히 가벼운 것임에도 불구하고 우리는 불평만 늘어놓고 있지 않습니까? 우리는 그리스도인의 길이 온통 장밋빛으로 물든 길이라고 생각하지는 않습니까?

---

25. Plummer, *Second Corinthians*, 20.
26. Brightman, *A Philosophy of Religion*, 236. Cf. Brümmer, *What Are We doing When We Pray?* 5-7장, 60-113; Brümmer, *A Personal God*, 전체적으로.

② "한계에 다다르는 경험"(필립스)이 어떻게 우리의 인력으로는 닿을 수 없는 약속을 우리에게 가져다줄 수 있을까요? 우리가 이것을 그리스도의 십자가와 부활에 참여하는 것과 비교해 보아도 될까요?

③ 우리는 하나님을 전형적으로 죽음에서 생명을 일으키는 분으로 생각하나요?

④ 우리는 구원의 일부 의미가 우리 스스로 벗어날 수 없었던 상황에서 건져지는 일이라는 것을 바르게 이해하고 있습니까?

⑤ 우리의 기도는 그리스도인이 행하는 많은 일들에 더해진 하나의 '덤'인가요, 아니면 하나님께서 우리를 위해 원하시는 '최선의 것'의 필수적 부분인가요?

⑥ 우리는 "많은 사람의 기도"의 가치를 충분히 인정하고 있습니까? 우리는 보다 넓은 세계를 위하여 동정하는 마음을 품고 기도하고 있습니까?

II. 방문계획과 관련된 해명 및 근심하게 한 자
1:12-2:17

이 단락은 1:12-7:16 사이에 수록된 바울과 고린도 교회의 최근 관계의 세 국면 가운데 첫 번째 부분에 해당한다. 바울이 다루는 주제가 고린도전서처럼 분명하게 구분되어 있지는 않다. 각 단계의 흐름 속에는 바울의 강한 감정적 격류가 스며들어 있다. 그는 먼저 자신의 동기가 자기 이익에 의해 지배되지 않는다는 것을 밝힌다. 이를 두고 바레트는 이렇게 해설한다. "고린도전서를 쓴 후에 바울은 계획에 없던 '고통스러운' 고린도 방문을 감행했다(2:1) …… 그들에게 곧바로 돌아가는 대신에 그는 편지를 썼고(2:3, 2:4), 애초의 계획으로 복귀하여 마게도냐를 먼저 방문하고 그 후에 아가야로 가고자 하였다."[1] 고린도 교인들 가운데 일부가 이를 두고 바울이 변덕을 부린다고 비난했던 것으로 보인다.

---

1. Barnett, *The Message of 2 Corinthians*, 37.

1. 바울의 자랑(1:12-14)

12 우리가 세상에서 특별히 너희에 대하여 하나님의 거룩함과 진실함으로 행하되 육체의 지혜로 하지 아니하고 하나님의 은혜로 행함은 우리 양심이 증언하는 바니 이것이 우리의 자랑이라 13 오직 너희가 읽고 아는 것 외에 우리가 다른 것을 쓰지 아니하노니 너희가 완전히 알기를 내가 바라는 것은 14 너희가 우리를 부분적으로 알았으나 우리 주 예수의 날에는 너희가 우리의 자랑이 되고 우리가 너희의 자랑이 되는 그것이라

바울은 자신의 양심을 거론하면서 그가 세상적 지혜가 아니라 하나님 앞에서의 진실함으로 행함을 자랑하고 있다(12절). 퍼니쉬는 이 문구를 "우리는 여기에 대하여 자부심을 느낄 만하다"로 번역한다.[2] "자랑"(헬, 카우케시스)과 "양심"(헬, 쉬네이데시스)은 바울이 로마서와 고린도전서에서도 종종 사용한 단어이다. 고린도후서에서는 자랑이라는 단어를 29번이나 사용한다. "육체의"라는 단어는 헬라어 사르키코스sarkikos를 옮긴 말인데, 바울이 이를 총 다섯 번 사용하고 있으며(대표적으로 고전3:3), 신약의 나머지 책에서는 단 두 번 더 등장한다. 피어스C.A. Pierce는 바울이 양심이란 단어를 사람이 잘못을 범하지 못하도록 고통을 유발시키는 요소라고 주장한다. 그러나 마가레트 트롤Margaret Thrall은 우리 본문과 같은 경우 양심은 보다 긍정적인 의미를 가질 수도 있다고 시정한다.[3]

바레트는 양심이라는 큰 선물이 사람으로 하여금 자신을 스스로부터 이

---

2. Furnish, *II Corinthians*, 126.
3. Pierce, *Conscience in the New Testament*; Thrall, "The Pauline Use of *suneidēsis*"; cf. Eckstein, *Der Begriff Syneidesis bei Paulus*; Gooch, "Conscience in 1 Corinthians 8 and 10"; cf. Thrall, *Second Corinthians*, 130-32.

격시켜서 볼 수 있게 하며, 자신의 성품과 행위를 독립적으로 볼 수 있게 하는 능력이 있다고 지적한다. 이렇게 함으로써 사람은 옳은 일에서나 잘못된 일에 대해 자기 자신을 증언할 수 있게 되는 것이다.[4] 양심은 일차적으로 증인의 기능을 하는데, 이는 바울이 "양심이 증언하는 바니"라고 말하는 데서 잘 드러난다. 양심은 대부분의 스토아 철학자들이 생각하는 것처럼 윤리적 문제들에 대한 신의 음성 같은 것이 아니다. 왜냐하면 잘 계도되지 않은 양심은 그 자체가 절대적이거나 항상 옳은 것은 아니기 때문이다.

바울은 특별히 고린도 교인들에 대하여 "하나님의 거룩함과 진실함으로 행하"였다고 말한다. 헬라어 본문과 많은 영어 번역본들은 '거룩함' 대신에 '단순함simplicity'이라는 단어를 취하고 있다. 이는 헬라어 대문자 표기상 두 단어가 유사한 데서 일어나는 사본상의 차이에 따른 결과이다'단순함으로'를 뜻하는 HAPLOTETI와 '거룩함으로'를 뜻하는 HAGIOTETI가 표기상 유사한 것을 가리킨다—역주. 바울의 이중성을 문제 삼고 있는 본문의 맥락에서는 '단순함'이 더 적합해 보인다. 그리스도인들에게 있어서 하나님의 은혜는 육체의 지혜를 대체한다.

바울이 자신의 임재와 편지를 대립시키고 있는 것은(13절) 그의 편지는 힘이 있지만 그의 육신적 임재는 보잘것없다고 공격하는 사람들의 부당한 공격에서 비롯된다. 이 주제는 10장에 가서 본격적으로 다루어지고 있다. 바울은 자신이 편지에 그 어떤 숨은 뜻도 담지 않았다는 것을 분명히 한다. 초대 교회에서는 공적, 합리적 의미를 존중하는 전통(대표적으로 이레네우스)과 숨겨진 비밀한 의미를 앞세우는 전통(대표적으로 알렉산드리아의 클레멘트)이 바울의 말을 각기 다르게 받아들이기도 하였다. 바울은 14절에서 "주 예수의 날" 곧 하나님께서 심판자로 임하시고, 모든 애매함과 불확실함이 하나님의 최종

---

4. Barrett, *2 Corinthians*, 70.

적이고 결정적인 진리의 판결에 따라 다 해소될 그 주의 날에 대한 기대를 표현하고 있다.

묵상을 위한 질문

① 우리는 때로 우리 자신을 너무 부적합한 사람으로 생각하여, 하나님께서 우리를 통해 행하시는 일에 대해서조차도 자랑 또는 증언하는 것을 기피하고 있지 않습니까?

② 우리는 우리의 양심에 어떤 기능을 부여합니까? 우리는 양심을 하나님의 음성인 것처럼 높이거나, 아니면 거의 그것의 소리에 귀 기울이지 않을 정도로 양심을 무시하고 있지 않습니까? 양심에 대한 합당한 이해는 어떤 것일까요?

③ 사람들은 우리의 동기를 너무 쉽게 의심하거나 매도하는 경향이 있습니다. 우리의 동기는 항상 깨끗하며 자기 이익에 대한 생각에서 벗어나 있습니까? 우리는 깨끗한 동기를 유지하기 위해 어떻게 해야 할까요?

④ 우리가 어떤 주어진 전통이나 관습화된 신념 또는 행위를 따른다고 할 때, 이런 것들은 공적으로 토론이 가능한 것들입니까, 아니면 (일부 이단 집단처럼) 어떤 비밀스러운 해석에 전적으로 의존하는 성격의 것들입니까?

⑤ 우리는 바울과 같이 하나님께서 그분의 진리를 드러내시고 모든 애매함과 불확실함을 몰아내실 그날을 사모하며 살고 있습니까? 우리는 변개되지 않고 반드시 다가올 하나님의 심판의 날을 기쁨으로 바라보고 있습니까?

2. 의도했던 방문의 연기(1:15-22)

15 내가 이 확신을 가지고 너희로 두 번 은혜를 얻게 하기 위하여 먼저 너희에게 이르렀다가 16 너희를 지나 마게도냐로 갔다가 다시 마게도냐에서 너희에게 가서 너희의 도움으로 유대로 가기를 계획하였으니 17 이렇게 계획할 때에 어찌 경솔히 하였으리요 혹 계획하기를 육체를 따라 계획하여 예 예 하면서 아니라 아니라 하는 일이 내게 있겠느냐 18 하나님은 미쁘시니라 우리가 너희에게 한 말은 예 하고 아니라 함이 없노라 19 우리 곧 나와 실루아노와 디모데로 말미암아 너희 가운데 전파된 하나님의 아들 예수 그리스도는 예 하고 아니라 함이 되지 아니하셨으니 그에게는 예만 되었느니라 20 하나님의 약속은 얼마든지 그리스도 안에서 예가 되니 그런즉 그로 말미암아 우리가 아멘 하여 하나님께 영광을 돌리게 되느니라 21 우리를 너희와 함께 그리스도 안에서 굳건하게 하시고 우리에게 기름을 부으신 이는 하나님이시니 22 그가 또한 우리에게 인치시고 보증으로 우리 마음에 성령을 주셨느니라

바울은 그가 고린도를 방문하고자 하는 원래의 계획을 포기했다고 생각하는 고린도 교인들의 생각이 합당하지 않다는 것을 지적한다. 그는 15절에서 원래의 계획은 다른 어떤 곳보다 먼저 고린도를 방문하고자 하는 것이었다고 밝히고 있다. 처음에는 그는 두 번 고린도를 방문할 생각이었다. 마게도냐로 가는 길에 고린도를 방문하고, 또 마게도냐에서 돌아오는 길에 다시 한 번 방문하려는 것이었다(16절). 이렇게 해서 "두 번 은혜를 얻게" 하고자 한 것이다. 다시 말해서 "이중의 혜택"(NRSV) 또는 "두 번째의 축복"(Isaacs)을 얻게 하려 하였다.[5] "은혜"로 번역된 헬라어 카리스charis는 통상 하나님의 무조건적 은혜

---

5. Isaacs, *Second Corinthians*, 3.

를 가리키는 말로 바울이 가장 애호하는 용어 중의 하나이지만, 여기서는 보다 좁은 의미로 '친절' 또는 '혜택'의 의미로 사용되고 있다.

바울은 자신이 고린도 교인들에게 인정받은 충성스러운 사도로 여겨지고 있다는 데서 매우 든든함을 느끼고 있었다. 그러나 최근의 상황은 이런 자신감을 더 이상 당연한 것으로 여길 수 없음을 보여 주었다. 고린도 교인들의 입장에서는 바울이 여행 계획을 바꾼 것이 그의 변덕스러움이나 불성실함, 또는 불신실함의 증거로 받아들여졌다. 바울은 이를 두고 "이렇게 계획할 때에 내가 경솔히 하였으리요"(17절)라고 되묻는다.

만일 고린도 교인들이 생각하는 것이 옳다면 바울은 그의 계획을 "육체를 따라" 다시 말해서 '일반적인 인간적 기준으로' 행한 것이 맞을 것이다. 그러나 바울은 이를 단호하게 부정한다. 그는 한 입으로 "예 예 하면서" 동시에 "아니라 아니라 하는" 사람이 아니다(17절). 만일 그렇게 한다면 이는 언제나 한결같으신 하나님의 신실하심을 거스르는 일이 될 것이다. 고린도 교인들이 신실함을 지키지 못했다 할지라도, 바울 자신은 여전히 그의 원래 계획을 시행하려 했을 것이다. 만일 바울이 정말로 변덕스럽거나 이중적인 사람이라면, 그 결과는 곧 그를 부르신 하나님, 우리가 믿어야 할 하나님의 신실하심을 의심하게 만드는 결과로 이어지게 될 것이다. 하나님의 약속은 견고하다. 바울은 이 주제를 19절에서 더 상세히 다루고 있다. 이를 두고 바레트는 "예수께서 하나님의 아들로서 그의 아버지의 존재와 목적을 확인하시는 것"이라고 해설한다.[6] 사도행전 18:5에 따르면 바울은 고린도에서 실라와 디모데를 다시 만나게 된다. 어쩌면 이 두 사람도 바울과 마찬가지로 고린도 교인들의 의심의 대상이 되었을 수 있다.

---

6. Barrett, *2 Corinthians*, 76.

바울이 왜 하나님의 "예"와 그의 신실하심, 또는 한결 같으심에 대해 이토록 강하게 강조하는 것일까? 고린도 교인들의 관점에서 볼 때는 바울이 자기는 하나님께서 원하시는 일을 하지 않을 수 없다고 말하는 것이, 일관성 없음을 하나님 탓으로 돌리는 일로 보일 수도 있다. 따라서 바울은 하나님의 한결같으심을 더 강하게 강조하지 않을 수 없는 것이다.[7] 더 나아가서 이스라엘에게 주신 하나님의 약속이 그리스도를 통해 확인되었다. 예수 그리스도께서는 하나님의 약속을 성취하는 "예"의 응답이시다(20절). 같은 절에서 바울은 그리스도를 통해 "우리가 아멘 하여 하나님께 영광을 돌리느니라"라고 말한다. 플러머 Alfred Plummer는 이 경우에서 바울이 아멘 앞에 관사바울은 헬라어 표현상 단순히 아멘이 아니라 관사를 가진 토 아멘(to amēn, 그 아멘)이라는 표현을 사용한다—역주를 붙이는 이유는 공적 예배를 염두에 두고 '아멘'을 사용하기 때문이라고 설명한다. 우리는 그 예를 회당 예배나 구약 성경(신27:15-16, 느5:13, 8:6, 시41:14, 렘11:5)에서 찾아볼 수 있다. "아멘"은 '굳건함'이나 '신뢰할 만함'을 의미하는 히브리어 '아멘'에서 유래한 단어이다.

이 주제는 자연스럽게 21절로 연결되어, 하나님께서 "우리를 너희와 함께" "굳건하게" 세우시거나 보증하신다(헬, 베바이운)는 진술로 이어진다. 베바이오오bebaioō라는 동사는 종종 법적, 상업적 파피루스 자료에 등장하는 단어인데, 바울은 이 단어를 자신과 고린도 교인들에게 적용하여, 하나님께서 성도들을 그의 소유로 확인 또는 승인하신다는 것을 이야기하고 있다. "그리스도"(헬, 크리스토스)라는 단어와 "기름을 부으신"(헬, 크리사스) 사이에는 언어 유희가 작용한다. "인치시고"라는 표현(22절)은 우리가 하나님의 소유로 그분께 속한다는 주제의 연장이다. 인침은 소유권의 표시로서, 타인의 침해가 없이 보존되

---

7. Cf. Witherington, *Conflict and Community in Corinth*, 363.

는 의미가 있다. 인을 친 물건들은 그 소유권이 가시적인 방식으로 표시되었기 때문에 함부로 손을 댈 수 없다. 조프리 람프Geoffrey Lampe는 이 인을 성령의 인과 연결시킨다.[8] 바울은 "보증으로 우리 마음에 성령을 주셨느니라"고 말할 때 이런 연결을 염두에 두고 있다.

성령 받음을 더 많은 것을 위한 첫 지불금으로 이해하는 인식은 바울의 대표적인 주제 가운데 하나이다. 해밀턴, 티슬턴, 스위트 등은 이 주제가 나타나는 로마서 8:32, 고린도후서 1:22, 5:5, 갈라디아서 5:5, 에베소서 1:13 등의 본문을 세밀히 살피고 있다.[9] 성령은 우리가 장차 더 얻게 될 것의 첫 열매(헬, 아파르케)이면서, 또한 약조 혹은 보증(헬, 아라본)이다. 헬라어 사전에 따르면 첫 열매는 더 많이 생겨날 짐승이나 곡식, 또는 반죽의 첫 부분을 가리킨다.[10] 이 용어는 사람과 관련해서는 로마서 16:5, 고린도전서 16:15, 데살로니가후서 2:13한 역은 "처음부터"로 되어 있으나 헬라어 원문은 "첫 열매"로 되어 있음—역주 등에서 사용되었고 "처음부터"의 이문 형태로 볼 때 그렇다—역주, 성령과 관련해서는 로마서 8:23 등에서 사용되고 있다. 성령은 장차 올 것의 먼저 맛보기에 해당한다. 우리가 현재 경험하는 바대로의 성령은 더 큰 미래에 보증된 풍성한 선물을 일부 미리 맛보는 것일 따름이다. 우리는 현재 부분적으로 누리는 성령의 첫 지불금에 근거하여 미래의 그것이 무엇과 같을지를 온전히 다 판단할 수는 없다. "보증"을 가리키는 헬라어 아라본arrabōn은 "거래 대금의 일부를 미리 주는 선금" 또는 첫 지불금을 가리키는데, 이는 오늘날 우리가 상거래시 '보증금'을 걸어 놓는 것과 동일한 관행을 바탕으로 한다. '첫 열매'나 '보증' 모두 앞으로 더 올 것에

---

8. Lampe, *The Seal of the Spirit*.
9. Hamilton, *The Holy Spirit and Eschatology in Paul*, 18-40; Thiselton, *The Holy Spirit*, 73-75, 84-94; Swete, *The Holy Spirit in the New Testament*, 192-93, 205-12, 219-23.
10. Danker, BDAG, 98-99.

대한 확실한 약조의 의미가 있다.

묵상을 위한 질문

① 우리는 고린도 사람들이 바울을 곡해했던 것처럼 때로 다른 사람들의 동기를 마음대로 곡해하고 있지는 않습니까?

② 우리는 바울과 같이 주어진 환경이 바뀔 때 우리의 계획을 기꺼이 바꿀 용의가 있습니까, 아니면 혹시라도 오해가 일어날까 두려워서 융통성 없이 고집을 부리고 있지는 않습니까?

③ 우리는 공적 예배에서 "아멘"을 어떻게 사용하고 있습니까? "아멘"의 외침이 단순히 하나의 관습에 그치고 있습니까, 아니면 간구나 선포에 대한 진정한 공감과 동의의 표현이 되고 있습니까?

④ 우리가 당하고 있는 현재의 상황 속에서 우리는 하나님의 한결같으심과 신실하심을 진심으로 믿고 살아가고 있습니까?

⑤ 우리는 하나님께서 그리스도를 우리와 이스라엘에게 주신 그분의 약속의 확인이요 보증으로 알고 이를 자랑하고 있습니까?

⑥ 우리는 하나님께서 우리를 어느 누구도 손댈 수 없는 자기 소유로 인 치신 사실을 온전히 누리고 있습니까?

⑦ 우리는 성령으로 말미암은 우리의 미래 또는 천국의 경험에 대한 확고한 소망을 지금 우리의 경험을 따라 제한해버리지는 않습니까?

3. 방문 계획은 바뀌었어도 바울의 목적은 변함이 없음(1:23-2:4)

> 23 내가 내 목숨을 걸고 하나님을 불러 증언하시게 하노니 내가 다시 고린도에 가지 아니한 것은 너희를 아끼려 함이라 24 우리가 너희 믿음을 주관하려는 것이 아니요 오직 너희 기쁨을 돕는 자가 되려 함이니 이는 너희가 믿음에 섰음이라
> 2:1 내가 다시는 너희에게 근심 중에 나아가지 아니하기로 스스로 결심하였노니 2 내가 너희를 근심하게 한다면 내가 근심하게 한 자밖에 나를 기쁘게 할 자가 누구냐 3 내가 이같이 쓴 것은 내가 갈 때에 마땅히 나를 기쁘게 할 자로부터 도리어 근심을 얻을까 염려함이요 또 너희 모두에 대한 나의 기쁨이 너희 모두의 기쁨인 줄 확신함이로라 4 내가 마음에 큰 눌림과 걱정이 있어 많은 눈물로 너희에게 썼노니 이는 너희로 근심하게 하려 한 것이 아니요 오직 내가 너희를 향하여 넘치는 사랑이 있음을 너희로 알게 하려 함이라

랄프 마틴Ralph Martin은 "하나님을 불러 증언하시게 하노니"라는 문구를 약한 형태의 맹세문 양식으로 보고 있다.[11] 바울이 한 번의 방문 후에 다시 고린도에 가지 않은 이유는 그들을 아끼는 마음 때문이었다. 그의 동기는 변덕스러움이나 불신실함과는 거리가 멀다. 바울은 자신을 포함하여 모든 사람의 마음을 하나님께서 살피신다는 차원에서 하나님을 증인으로 부르고 있다. 플러머는 이렇게 말한다. "참된 것을 맹세하는 것은 죄가 아니다. 하지만 거짓으로 맹세하는 것은 매우 엄중한 죄다."[12] 바울이 "내가 다시 고린도에 가지 아니"하였다고 말하는 것은 그가 고통스러운 2차 방문을 이미 마쳤다는 것을 전제로 한

---

11. Martin, *2 Corinthians*, 34.
12. Plummer, *Second Corinthians*, 43.

다(서론 참조). 학자들 중에는 바울이 "눈물로" 쓴 엄중한 편지가 고린도후서 10-13장이라고 보는 사람이 많으며, 이것이 고린도전서와 고린도후서 1-9장 사이, 곧 2차 방문을 마친 후에 기록된 것으로 보고 있다.

24절은 바울이 뜻하는 바를 보다 분명하게 하는 것이다. 그가 고린도 교인들을 "아끼려" 하였다는 것은, 만일 그가 그 반대로 하였다면 그들을 '벌할' 수도 있었다는 것을 함의한다. 하지만 바울은 그들의 "믿음을 주관"하는 것이 그의 방식이 아님을 분명하게 밝힌다. 오히려 그는 강조하기를, 그들과 나란히 서서 일하려(즉 "너희 기쁨을 돕는 자가 되려") 함으로써 모두가 믿음에 굳건히 서는 것을 보기를 원한다. "믿음에 섰음이라"라고 할 때 "믿음"은 관사를 가진 '그 믿음'으로 표현되는데, 이 경우는 믿음이 신뢰의 자세를 나타내는 것이 아니라 그리스도인이 믿는 바의 총체적 내용을 가리키는 것으로 쓰인 몇 안 되는 용례 중의 하나이다.

1장과 2장은 논리의 단절 없이 그대로 이어지고 있다. 2:1에서 바울은 고린도에 당장 다시 가지 않기로 "결심하였"다(헬, 에크리나, 참조, 고전2:2)고 말한다. 1절의 "근심 중에"나 2절의 "근심하게 한다면"이라는 말은 앞의 "너희 기쁨"과 대조를 이룬다. "근심 중에"라는 말은 헬라어 엔 뤼페en lypē의 번역인데, 이는 '애통으로'나 '슬픔으로'를 의미하며 '즐거움'이나 '기쁨'과 대비를 이루는 말이다.[13] 플러머는 2절을 이렇게 풀어 쓴다. "여러분 고린도인들은 내 기쁨의 샘인데, 어떻게 내가 내 자신의 즐거움을 길어낼 샘에 슬픔의 짐을 지우고자 할 수 있겠습니까?"[14] 유사한 방식으로 거스리George Guthrie 또한 이렇게 해설한다. "바울은 자신이 만일 고린도 교인들을 고통스럽게 하면, 그의 방문

---

13. Cf. Bultmann, *Second Corinthians*, 45.
14. Plummer, *Second Corinthians*, 48.

시에 그를 즐겁게 할 사람이 교회 안에 아무도 없을 것이라고 지적한다."[15]

'슬픔'을 가리키는 명사 뤼페lypē와 '심각한 정신적 혹은 정서적 고통을 일으키다'(수동태로는 '슬픔이나 고통을 겪다')라는 의미의 동사 뤼페오lypeō의 다양한 문법적 형태가 2:1-5 사이에서 일곱 번이나 나타나고 있다. 홀과 그 밖의 많은 주석가들이 이 단락 속에 나타나는 뤼페(슬픔)와 카라(기쁨) 사이의 대비 관계에 주목하고 있다.[16]

거스리는 여기서 사용되는 뤼페를 "정서적 격랑"으로 옮기고 있다.[17] 바울은 이미 어렵게 변해버린 상황을 더 악화시키기를 원치 않는다. 그는 자신이 사랑하는 사람들을 어떻게 대면해야 할지 생각해보지 않을 수 없다. 거스리는 "마음에 큰 눌림과 걱정이 있어"를 나타내는 헬라어 표현(에크 폴레스 뜰립세오스 카이 쉬노케스 카르디아스)을 "속이 뒤틀리고 가슴이 찢어지는"으로 옮기고 있다.[18] 이런 감정적인 표현은 고린도후서에 여러 차례 나타난다(1:4, 8, 4:17, 6:4, 7:4, 8:2, 8:13 등). 이런 경험 속에는 정서적 격랑, 불편함, 고통, 슬픔 등이 포함된다. 바울은 직접적인 방문 대신 "많은 눈물로", 다시 말해서 눈물겨운, 또는 눈물이 홍수를 이루는 편지를 써서 그들에게 보내었음을 밝힌다.

묵상을 위한 질문

① 누군가 우리가 사랑하는 사람과 원치 않는 대립이 일어날 때 그 고통은 얼마나 클까요? 바울은 이런 상황을 어떻게 극복하고 있습니까?

---

15. Guthrie, *2 Corinthians*, 124.
16. Hall, *The Unity of the Corinthian Correspondence*, 203.
17. Guthrie, *2 Corinthians*, 123.
18. Guthrie, *2 Corinthians*, 125.

② 우리가 사랑하는 누군가가 우리의 동기를 오해하거나 곡해할 때 우리는 어떤 아픔을 경험합니까? 이런 경험이 목회자나 교사, 지도자들이 짊어져야 할 몫이 될 수밖에 없는 이유는 무엇일까요?

③ 우리의 양심은 우리의 행위가 언제나 최고로 순수한 동기에서 이루어지고 있음을 증언해줍니까?

④ 우리는 다른 사람들을 위해 "눈물의 홍수"를 이룰 정도로 염려하기도 합니까?

4. 근심하게 한 자를 용서해야 할 이유(2:5-11)

5 근심하게 한 자가 있었을지라도 나를 근심하게 한 것이 아니요 어느 정도 너희 모두를 근심하게 한 것이니 어느 정도라 함은 내가 너무 지나치게 말하지 아니하려 함이라 6 이러한 사람은 많은 사람에게서 벌 받는 것이 마땅하도다 7 그런즉 너희는 차라리 그를 용서하고 위로할 것이니 그가 너무 많은 근심에 잠길까 두려워하노라 8 그러므로 너희를 권하노니 사랑을 그들에게 나타내라 9 너희가 범사에 순종하는지 그 증거를 알고자 하여 내가 이것을 너희에게 썼노라 10 너희가 무슨 일에든지 누구를 용서하면 나도 그리하고 내가 만일 용서한 일이 있으면 용서한 그것은 너희를 위하여 그리스도 앞에서 한 것이니 11 이는 우리로 사탄에게 속지 않게 하려 함이라 우리는 그 계책을 알지 못하는 바가 아니로라

5절에서 바울은 "근심하게 한 자"가 일어나서 바울 자신뿐만 아니라 고린도 공동체 전체를 아프게 하였다고 회고한다. 죄나 악행은 결코 개인의 문제로 그

치지 않는다. 바울은 특유의 목회적 민감성을 발휘하여 문제를 일으킨 사람의 이름을 거론하지 않는다. 바레트와 불트만은 이 사람의 행위가 바울의 고통스러운 방문(2차 방문) 시에 이루어진 것으로 보고 있으며, 고린도전서 5:5에서 말하는 부도덕한 죄와는 상관이 없다고 선을 긋는다. 그들은 이 "근심하게 한자"가 바울에게 직접 공격을 가한 것으로 보고 있으며, 이 사람을 "외부인"으로 규정한다.[19] 바울이 "어느 정도"(헬, 아포 메루스)라는 제한적 언어를 사용하는 것은 공동체 전체가 다 영향을 받은 것은 아님을 나타내고 있다.

바울은 이 사람에게 준 벌이 충분하다고 말한다(6절). 따라서 "너희는 차라리 그를 용서하고 위로"하라고 권면한다(7절). 벌을 주더라도 너무 지나치게 슬픔에 빠지게 하는 것은 합당하지 못하다. 이 사람이 받은 "벌"은 아마도 그리스도인 공동체의 교제로부터 축출되는 벌이었을 것이다. 우리는 아마 오늘날의 교회 출석이나 헌신도에 대한 오만한 자세를 가진 어떤 사람들과 비슷하게 이것이 어떻게 벌로 여겨질 수 있느냐 할 수도 있다. 철저하게 비기독교적인 문화권 속에서는 같은 마음을 가진 사람들 사이의 교제는 너무나 깊고 친밀한 것이었다. 고린도의 교인들은 문제를 일으킨 이 사람과 교제를 단절했지만, 이제는 사랑을 그 사람에게 나타내어야 할 때이다. "용서"와 관련하여 우리는 흔히 사용되는 헬라어 동사 아피에미aphiēmi(신약에서 143회 사용)를 기대하지만, 특이하게도 바울은 여기서 동사 카리조마이charizomai를 사용한다. 이는 자유로이 은총을 베푸는 차원의 용서를 가리킨다. 자유로운 은총은 언제나 용서의 기초로 작용한다. "위로"(헬, 파라칼레오)는 "은혜의 안정제 같은 것"이 아니라 "사람의 마음과 정신과 영혼을 강하고 굳게 하는" 일을 가리킨다.[20]

9-11절에서 바울은 이 사람을 용서해야 할 또 다른 이유를 이야기한다. 바울

---

19. Barrett, *2 Corinthians* 90; Bultmann, *Second Corinthians*, 47-48.
20. Garland, *2 Corinthians*, 60.

이 원하는 것은 단지 문제를 일으킨 이 사람의 처벌과 용서만이 아니라, 고린도 교인들이 "범사에 순종하는지"의 증거를 "알고자"(헬, 그노gnō, 기동적 단순과거로 '알기를 시작하고자'의 의미) 하는 것이다. 바레트는 바울이 여기서 순종을 이야기하는 것은 그 자신에 대한 순종을 말하는 것이 아니라고 보고 있다. 바울은 그의 독자들이 용서하는 자를 기꺼이 용서할 것이지만, 이는 그 자신의 편리를 위해 무책임하게 행하는 일이 아니라, "그리스도 앞에서 수행된 행위"의 차원에서 행하는 것이라고 밝힌다.[21]

용서하기를 거부하는 그리스도인은 자신이 하나님께로부터 받은 엄청난 용서를 잊어버린 사람일 뿐만 아니라, 사탄에게 활동할 기회를 주어서 그를 이롭게 하는 사람이다(11절). NRSV는 11절을 "우리가 사탄의 계략을 모르는 바가 아니기 때문에, 사탄이 우리에게 간계를 부리지 못하도록"이라고 번역한다. 바울은 고린도 사람들에게 충고를 주는 것으로 만족할 뿐, 그의 사도적 권세를 사용하려 하지는 않는다. 그런 점에서 다음과 같은 거스리의 해설은 매우 적절하다. "바울은 자기를 입증하기 위한 자기중심적 동기에 사로잡히기보다, 그리스도 안에서 형제자매들인 교회를 위한 최고의 결과가 나타나기를 바라는 동기에 이끌리고 있다."[22]

묵상을 위한 질문

① 우리는 한 사람의 잘못이 다른 많은 사람들에게 영향을 미친다는 것을 충분히 인식하고 있습니까? 예를 들어, 불미스러운 일로 인해 결혼이 파탄에 이르거나 이혼이 일어나게

---

21. Barrett, *Second Corinthians*, 93.
22. Guthrie, *2 Corinthians*, 136.

될 때 이는 해당 부부의 일로만 그치지 않고 자녀들과 손자 손녀들, 사위나 며느리들, 심지어 그 부부의 친구들에게까지도 불행한 결과가 돌아갈 수 있다는 것을 알아야 합니다.

② 어떤 이들은 교회의 교제와 지원으로부터 축출되는 일을 아무것도 아닌 것처럼 여기고 있는데, 그 이유가 어디에 있다고 생각합니까? 이는 교회의 교제가 차갑고 형식적인 의례사가 되어버렸거나, 아니면 많은 그리스도인들이 기독교 신앙을 단독으로 하는 개인적인 여정으로 잘못 상상하고 있기 때문이 아닐까요?

③ 우리는 사탄이 우리의 실패를 사용하여 더 심각한 결과들을 빚어내지 못하도록 그에게 기회를 주지 말라고 말하는 바울의 경고를 신중하게 잘 받아들이고 있습니까?

④ 우리는 교회 안에서 일어나는 문제를 그리스도인 가족이라는 보다 넓은 차원에서 보려 하기보다 지나치게 개인적인 일로 받아들이고 있지 않습니까?

⑤ 우리는 바울의 예를 따라 이름을 밝히는 일을 되도록 피하는 자세를 취하고 있습니까, 아니면 기회가 있을 때마다 이름을 밝혀서 창피를 주는(name and shame) 방식을 선호하고 있습니까?

⑥ 교회 안에서 권징의 시행이 대립의 양상으로 치닫고 있지는 않습니까? 어떻게 하면 권징이 사랑과 잘 조화를 이룰 수 있을까요?

⑦ 우리가 "근심하게 한 자"가 누군지를 명확하게 알지 못한다는 것은 오히려 바울의 목회적 지혜와 민감성에 찬사를 돌려야 할 일이 아닐까요?

5. 바울이 여행 계획을 변경한 또 다른 이유 (2:12-13)

> 12 내가 그리스도의 복음을 위하여 드로아에 이르매 주 안에서 문이 내게 열렸
> 으되 13 내가 내 형제 디도를 만나지 못하므로 내 심령이 편하지 못하여 그들을
> 작별하고 마게도냐로 갔노라

바울은 디도가 고린도로부터의 소식을 가지고 돌아오기를 기다리면서 드로아로 떠난 일을 언급한다(12절). '열린 문'에 대한 바울의 언급은 그가 선교사로서의 사역을 염두에 두고 드로아를 방문했다는 것을 보여준다. 하지만 13절에서는 디도가 오기를 기다리는 동안 그의 마음이 "편하지 못하"였다("쉼을 얻지 못하였다", Isaacs)고 말한다. 디도가 고린도의 소식을 가지고 오기 전까지는 그의 마음이 불안으로부터 자유롭지 못한 상태에 놓여있었음을 보여준다. 크리소스토무스는 바울이 드로아에 좀 더 오래 머물기를 원했지만, 하나님께서 그를 다른 곳으로 움직이게 하신 것으로 보고 있다. (디도는 순수하게 그리스 출신의 이방인으로서 처음 선교사가 된 사람으로 보인다. 그가 그리스 사람이라는 것 때문에 고린도에서 좋은 영접을 받는 것이 더 쉬웠을 것으로 볼 수 있다.)

디터 게오르기Dieter Georgi는 12-13절이 아시아에서 바울이 당한 환난이라는 주제의 연장이라 보고 있다.[23] 그러나 퍼니쉬는 이 부분을 보다 적극적인 관점에서 해석한다.[24] 스트라본Strabon, 고대 그리스의 지리학, 역사학자—역주는 드로아가 약 4만의 인구를 가진 세상에서 가장 주목할 만한 도시 가운데 하나라고 소개한다. 바울이 "건너와서 우리를 도우라"고 요청한 "마게도냐 사람"의 환상을

---

23. Georgi, *Die Geschichte der Kollekte des Paulus für Jerusalem*, 51.
24. Furnish, *II Corinthians*, 170-71.

본 곳도 드로아였다(행16:6-10). 많은 사람들은 이 사람이 누가였다고 보고 있다. 사도행전의 소위 '우리 단락'은 바로 이 부분에서부터 시작되고 있다. 이는 사도행전의 저자(누가)가 자신이 진술하는 이야기의 직접적인 참여자가 되고 있음을 보여준다.

묵상을 위한 질문

① 우리는 우리가 있어야 할 곳이나 살 장소의 선택과 관련하여 하나님의 인도를 구하고 있습니까? 어떤 그리스도인들은 그들이 살 곳을 선택하고 나서 인근 지역 내에 갈 만한 교회가 없다고 불평하기도 합니다. 우리는 장소나 여정을 선택할 때 어디에 우선순위를 두고 있습니까?

② 사도행전을 보면 드로아는 복음이 아시아를 벗어나 마게도냐(유럽)로 퍼져나간 교두보의 역할을 합니다. 바울이 드로아에서 복음의 문이 활짝 열렸을 때 그곳을 떠난 것은 인간적 결정에 굴복한 것일까요? 그는 무엇 때문에 그런 결정을 하게 되었을까요?

③ 바울이 드로아에서 디도의 소식을 기다리는 동안 긴장과 압박감을 느끼고 있었던 것은 그의 인간적 정서의 한 측면을 보여줍니다. 바울이 고린도의 모든 문제들이 잘 해결되기를 간절히 바라고 있었던 것은 오늘 우리가 책임 맡은 사람들과 관련하여 어떤 태도를 가져야 한다고 가르쳐줍니까?

6. 사역의 영광과 하나님께서 이끄시는 개선 행진(2:14-17)

> 14 항상 우리를 그리스도 안에서 이기게 하시고 우리로 말미암아 각처에서 그리스도를 아는 냄새를 나타내시는 하나님께 감사하노라 15 우리는 구원 받는 자들에게나 망하는 자들에게나 하나님 앞에서 그리스도의 향기니 16 이 사람에게는 사망으로부터 사망에 이르는 냄새요 저 사람에게는 생명으로부터 생명에 이르는 냄새라 누가 이 일을 감당하리요 17 우리는 수많은 사람들처럼 하나님의 말씀을 혼잡하게 하지 아니하고 곧 순전함으로 하나님께 받은 것 같이 하나님 앞에서와 그리스도 안에서 말하노라

2:13 이후, 또는 2:17 이후 부분의 단락을 구분하는 방식은 결정하기가 참 쉽지 않은 문제이다. 대부분의 주석가들은 2:14을 새로운 단락의 시작으로 잡는다. 이는 2:14-17에서 바울이 다루는 논제가 2:14-7:4의 주제와 전반적으로 일치하기 때문이다. 이것은 틀림없는 사실이겠지만, 우리는 편의상 2:14-17을 따로 떼어서 좀 더 짧은 단락으로 구분해보려고 한다. 바울이 불안한 마음으로 디도를 기다리는 이야기의 장면이 갑자기 끊어지고 한동안 이것이 언급되지 않는 사이, 그리스도 안에서의 영광스러운 사역의 개선 장면이 등장한다. 빈디쉬Hans Windisch는 이와 같은 돌발적인 감사를 찬양 양식의 하나로 보고 있고, 알로E. Allo는 바울의 찬양이 마게도냐의 언급에 의해 촉발되었을 것으로 보고 있다. 거스리는 진정한 사역의 본질에 대한 바울의 이해라는 주제 아래 2:14-17을 2:14-7:4의 긴 단락에 설득력 있게 잘 포함시키고 있다.

우리가 제시한 단락 구분은 이런 큰 단락 구분을 배제하지 않는다. 2:13에서 그친 디도에 대한 언급은 7:5-7에 가서 다시 이어지고 있다. 어떤 사람들은 이를 편집자의 작업으로 돌린다. 서로 다른 편지들을 이런 방식으로 끼워 맞추기

했다는 것이다. 1-8장 부분을 단편 편지들의 결합으로 보는 견해는 1776년의 제믈러J.S. Semler와 1870년의 하우스라트Adolf Hausrath의 가설 제시 이후 오랫동안 그 명맥을 이어왔다. 불트만은 2:14-7:4을 사도직에 관한 별개의 편지로 보고 있다. 하지만 바울이 디도를 만나서 기뻐하는 내용은 2:14-17을 돌아보게 만든다. 오늘날 마가렛 트롤은 1-8장의 단일성을 잘 논증하고 있다.

2:14 이하의 내용을 이해함에 있어서 "가장 큰 문제가 되는 것은 뜨리암뷰오thriambeuō(14절)라는 동사의 사용과 관련하여 이것의 의미를 무엇으로 볼 것인가 하는 점이다. 이 단어에는 은유적 힘이 있지만, 은유라는 것도 그 단어의 문자적 의미와 연관성이 있지 않을 수 없다."[25] 우리는 다른 부분보다 조금 더 상세하게 개선 행진과 관련된 이 해석상의 난제를 검토해보고자 한다.

과거 로마에는 전쟁에 승리하고 돌아오는 장군을 축하하기 위해 개선 행진을 베풀어주는 관행이 있었는데, 이때 장군은 의기양양하게 전차를 몰며 그의 승리한 군대와 포로로 잡은 적의 수괴들을 이끌었다. 바울의 용어는 분명 이와 같이 "무수한 꽃송이가 달콤한 향기를 뿌리고 향로 잡은 자들이 향을 흩날리는 로마의 개선 행진을 암시한다. 하나님을 아는 지식은 향로 잡은 자와 같은 바울이 흩날리는 향 냄새에 비견되고 있다."[26] 하지만 이 은유가 실제로 적용될 때는 진정한 사도와 그리스도인의 자리와 역할을 무엇으로 볼 것인가 하는 점이 논쟁의 대상이 된다.

메이어H. A. W. Meyer와 데니James Denney는 이 본문을 '우리를 이겨내다'로 번역하는데, 이때 그리스도께서는 우리를 사로잡으시는 분으로 그려지고 있다.[27] 휴즈Philip E. Hughes와 콜랑쥬J. F. Collange를 포함한 최근의 많은 주석가들

---

25. Thrall, *Second Corinthians*, 191.

26. Robertson, *Word Pictures in the New Testament*, vol. 4, 218.

27. Meyer, *Critical and Exegetical Handbook to the Epistles to the Corinthians*, 452; Denney, *The Second*

역시 뜨리암뷰오를 타동사나 사역동사로서 '승리하게 하다to triumph'의 의미로 읽는다. 하지만 로버트슨A. T. Robertson과 다른 많은 사람들이 지적하는 것처럼 이런 의미의 용례를 다른 곳에서 달리 찾아볼 수 없다는 것이 걸림돌이 된다. 반면 거스리는 사도의 위치를 승리의 군사들보다는 패배한 포로들과 연결하는 견해를 취하는데, 이렇게 보는 것이 고린도전서 4:9의 그림과도 일치하는 것으로 보고 있다. 거기에서 바울은 하나님께서 사도인 자신을 사형 판결을 받은 사람처럼 세상의 구경거리로 삼아 경기장 안에 투입시키는 것으로 그리고 있다.[28] 그렇다고 해도 논란이 쉽게 가라앉지는 않는다.

불트만Rudolf Bultmann은 뜨리암뷰오의 의미와 관련하여 네 가지 서로 다른 가능한 의미를 제시한 바 있다. 마가레트 트롤은 여섯 가지의 의미를 제시한다. 트롤이 제시하는 첫 번째 가능한 의미는 (1) 킹 제임스 역(KJV)이 취하는 '승리하게 하다cause to triumph'의 의미인데, 문제는 이런 의미를 뒷받침하는 언어학적 증거가 '약하거나' 아니면 '아예 없다'는 점이다. (2) 사도가 장군의 승리에 참여한다는 의미로 읽을 수 있고, 이것도 충분히 뜻이 통하기는 하지만, "사전적 지지를 받지는 못한다"는 문제가 있다. (3) 어떤 사람은 승리에 대한 강조보다는 단순히 '이끈다'는 의미를 취하기도 하는데, 이렇게 되면 강조의 포인트는 '보이도록 드러냄'에 놓인다. (4) 크리소스토무스는 '보여주기나 구경거리로 만들다'의 의미를 지지하는데, 이런 의미는 고린도전서 4:9과 잘 연결되기는 하지만, 개선 행진의 은유와는 거리가 멀어진다. (5) 트롤은 '공개적으로 끌어내어 치욕에 붙이다'의 의미를 고려하기도 한다. 하지만 이런 은유적 연결이 바울 자신에게는 적용될 수 있을지 모르지만, 그의 독자들이 이런 의미를 포착하기는 어려웠을 것이라고 보고 있다. (6) 트롤이 지지하는 입장은 대

Epistle to the Corinthians, 86-89.
28. Guthrie, *2 Corinthians*, 161.

다수 해석자들이 취하는 견해이기도 한데, 그리스도의 승리를 축하하는 자리에서 정복당한 자들은 그의 종의 신분으로 그분의 승리의 능력을 드러낸다고 보는 입장이 그것이다. 이 포로들은 개선 행진에 뒤따르는 죽음의 자리에서 건짐을 받음으로써 승리자의 은혜로움을 드러내기도 한다.[29] 데일 마틴은 바울이 자신을 깨어지기 쉬운 "질그릇"(4:7)으로 묘사하는 것과 이를 연결시키기도 한다.[30] 그의 약점이 제시되지만 복음의 메시지라는 "보배"가 전달된다. '**우리로 하여금** 승리하게 한다cause us to triumph'는 의미도 여전히 유효하다.

바울은 이 은유를 더 확장해서 사도의 선포 사역이 하나님의 계시를 세상 속에 전하는 통로의 역할을 한다는 차원에서 이를 향기 또는 냄새라 부르고 있다. 이 향기는 개선 행진의 향 냄새와 같이 온 사방으로 퍼져간다(14-16절). 그리스-로마 세계에서 향기는 플루타르크에게서 보는 것처럼 신의 임재를 가리킨다. 또한 향기는 희생제사의 향기와도 연결된다. 거스리는 이 점을 부각시키고 있다. 그는 개선 행진과 향기에 관해 언급하는 그리스-로마 작가들의 글을 폭넓게 추적하고 있다.[31]

"냄새"(헬, 오스메)는 두 가지 서로 상반되는 결과와 연결된다. 한 면에서 그것은 죽음을 연상시키며, 또 다른 한 면에서는 생명을 주는 향기로 작용한다. 고린도후서에서 우리는 복음 사역에 있는 양면적 효과가 일관되게 강조되는 것을 볼 수 있다. 거스리는 '냄새 또는 향기'의 은유가 사도의 사역과 관련하여 보다 적극적인 측면을 드러냄으로써 전체적인 균형을 잡는다고 보면서 이렇게 결론짓는다. "고린도후서 2:14-16a에 나타나는 바울의 개선 행진의 은유는 전체적으로 볼 때 하나의 일관되고 균형 있게 서술된 그림을 제시한다. 이 그림

---

29. Thrall, *Second Corinthians*, 191-95.

30. Martin, *2 Corinthians*, 47.

31. Guthrie, *2 Corinthians*, 160-73.

은 진정한 그리스도인 사역의 본질이 무엇인지, 그리고 세상 속에서의 복음 사역의 결과가 무엇인지를 잘 말해준다."[32]

바울은 "누가 이 일을 감당하리요"(16하반절)라는 질문을 던지는데, 이는 17절과 더불어 다음 단락으로 넘어가는 전환부의 역할을 한다. 바울이 이 질문을 하지 않을 수 없는 것은 바로 앞에서 그가 밝힌 것처럼 복음 사역자의 사명이 죽음의 냄새로든 아니면 생명을 주는 향기로든 양면적 방향에서 이 세상과 대면하지 않을 수 없는 일이기 때문이다. 과연 누가 이 일을 할 수 있겠는가? 바울은 여기서 자신의 "부적합한 적합성inadequate adequacy"을 이야기하고 있다. 하나님께서 그에게 자격을 주시지 않으면 그 자신의 타고난 능력은 아무런 소용이 없다. 좋은 추천서 같은 외적인 조건 역시 아무런 소용이 없다.[33]

17절에서 바울은 "우리는 수많은 사람들처럼 하나님의 말씀을 혼잡하게 하지 아니" 한다고 밝힌다. 어떤 영어 역본(RSV)은 "하나님의 말씀을 혼잡하게 한다"는 문구를 "하나님의 말씀을 가지고 행음을 한다"로 옮기는데, 트롤은 이 번역을 지지한다. 바울이 사용하는 헬라어 단어 카펠류오kapēleuō는 일반적으로 '소매업을 하다'를 의미하지만, 때로는 부정직한 뉘앙스를 띤 '행상을 하다 peddle'를 의미하기도 한다. 사도와 복음의 사역자는 장사꾼이 아니다. 이와 대조되는 단어는 "순전함"(헬, 에일리크리네이아)인데, 이는 '성실함'이나 '깨끗함'이라는 의미가 있다. 진정한 사도는 결코 거짓 사도와 같을 수 없다.

32. Guthrie, *2 Corinthians*, 173.
33. Thrall, *Second Corinthians*, 208-9.

묵상을 위한 질문

① 우리는 기도의 응답을 받거나 하나님의 특별한 은총과 축복을 얻게 될 때 즉각적으로 이를 베푸신 하나님을 향하여 찬양을 돌려드리고 있습니까?

② 성경 말씀의 의미가 무엇인지 당장 명확하게 잡히지 않을 때, 우리는 우리가 "선호하는" 해석을 취하는 유혹에 빠지고 맙니까, 아니면 인내심을 가지고 그 말씀과 씨름하거나 다른 사람들의 도움을 구합니까? 우리는 단순히 특정 해석을 "선호하고" 그 틀을 벗어나지 못하는 사람이 아닌지 자신을 돌아볼 필요가 있습니다.

③ 우리는 진정한 사역은 우리의 승리자 되신 주님의 그늘 뒤에 자신을 숨기는 것임을 바르게 이해하고 있습니까? 우리는 주님께 모든 영광을 돌리기보다 그분의 빛을 나도 나누어 누리고자 하는 유혹을 받고 있지 않습니까? 우리는 고린도후서 1:1에서 바울이 밝힌 것처럼 그리스도를 위한 "투명한 창문"(Crafton)이 되려 하고 있습니까?

④ 우리는 말씀의 사역자나 우리 자신을 복음의 보배를 담은 깨어지기 쉬운 질그릇으로 바르게 이해하고 있습니까?

⑤ 우리는 이 세상 속에 '좋은 향기'나 아니면 '죽음의 냄새'를 전달하는 통로로서의 그리스도인의 책임을 잘 감당하고 있습니까?

⑥ 우리는 때로 이 시대의 시장 논리에 이끌려서 복음을 '장사하려' 하지는 않습니까? 우리는 그의 말씀을 효력 있게 하시는 하나님을 신뢰합니까?

III. 진정한 사역자의 본질과 현실

3:1-7:4

1. 고린도 교회를 향한 바울의 사역(3:1-6)

1 우리가 다시 자천하기를 시작하겠느냐 우리가 어찌 어떤 사람처럼 추천서를 너희에게 부치거나 혹은 너희에게 받거나 할 필요가 있느냐 2 너희는 우리의 편지라 우리 마음에 썼고 뭇 사람이 알고 읽는 바라 3 너희는 우리로 말미암아 나타난 그리스도의 편지니 이는 먹으로 쓴 것이 아니요 오직 살아 계신 하나님의 영으로 쓴 것이며 또 돌판에 쓴 것이 아니요 오직 육의 마음판에 쓴 것이라 4 우리가 그리스도로 말미암아 하나님을 향하여 이같은 확신이 있으니 5 우리가 무슨 일이든지 우리에게서 난 것 같이 스스로 만족할 것이 아니니 우리의 만족은 오직 하나님으로부터 나느니라 6 그가 또한 우리를 새 언약의 일꾼 되기에 만족하게 하셨으니 율법 조문으로 하지 아니하고 오직 영으로 함이니 율법 조문은 죽이는 것이요 영은 살리는 것이니라

자기 홍보self-promotion의 문화는 고린도의 지도력에 대한 관념에 해악이 되

고 있었다. 필자는 이런 점을 고린도전서에 대한 두 권의 주석에서 상세히 설명한 바 있다.[1] 우리가 이 책의 서론에서도 보았던 것처럼, 고린도는 무역과 상업에 있어서 엄청난 성공을 이룬 도시였다. 이런 성공의 배면에는 이 도시를 지배하던 경쟁의 문화, 실용주의, 소비지상주의, 다원주의 등이 자리 잡고 있었는데, 이런 점은 오늘날의 많은 서구 도시들의 문화와 별로 다를 바 없는 현상이다. 도널드 엥겔스Donald Engels는 로마식 고린도의 번영이 임대 수입rent이나 세금, 소비 상품 같은 사소한 것들에 근거한 것이기보다는 무역업자들, 상인들, 여행객들, 잘 구비된 비즈니스 센터를 찾는 사람들에게 효과적으로 제공된 서비스망에 근거한다고 보고 있다. 고린도는 로마 제국의 동부와 서부 전역에서 들어오는 다양한 범위의 수입품들이 가용한 곳이었다.[2] 많은 고린도인들은 빠른, 심지어 즉각적인 경제적, 재정적 성공을 경험하고 있었다. 벤 위더링턴Ben Witherington은 고린도의 분위기를 이런 말로 정리한다. "바울 시대에 이미 많은 고린도 사람들이 '자수성가 증후군self-made-person-escapes-humble-origins syndrome' 같은 것을 겪고 있었다."[3]

자기 홍보의 많은 예들 가운데 단 하나의 예만을 들라고 한다면, 우리는 바비우스Babbius 비문을 들 수 있을 것이다. 고린도에 보존되어 있는 고고학 유물 가운데 하나인 이 비문에는 이런 글귀가 새겨져 있다. "조영관aedile이요 대신관pontifex인 그나이우스 바비우스 필리누스Gnaeus Babbius Philinus는 자신의 사비로 이 기념비를 세웠으며, 그는 또한 행정관duovir으로서의 자신의 직무 권한으로 이를 승인했다."[4] 바비우스는 고린도의 후견인으로서 자신이 얼마나 많은

---

1. Thiselton, *The First Epistle to the Corinthians*, 12-29; Thiselton, *1 Corinthians*, 9-12.

2. Engels, *Roman Corinth*, 전반적으로, 그러나 특히 43-65.

3. Witherington, *Conflict and Community in Corinth*, 20.

4. Kent, *Corinth VIII:III, The Inscriptions*, 73; Murphy O'Connor, *St Paul's Corinth*, 171; Thiselton, *The First Epistle to the Corinthians*, 8. 이 비문은 지금도 현장에 그대로 보존되어 있다.

공헌을 하고 있는지 도시의 모든 사람들에게 이를 알리려고 애를 쓰고 있다. 에라스투스Erastus, 에라스도—역주 비문에도 이와 유사한 언급이 나타난다. "에라스투스는 조영관직의 대가로 자신의 사비를 들여 (이 길을) 포장했다." 이런 측면과 관련하여 위더링턴은 이렇게 해설한다. "고린도는 공적 과시와 자기 홍보가 예술의 경지에 오른 도시였다. 고린도 사람들은 명예와 수치의 문화적 지향 속에서 살아가고 있었는데, 그 속에서는 공적 인지도가 사실보다 더 중요하게 작용하였다. …… 이런 문화 속에서는 개인의 가치에 대한 인식이 다른 사람이 자신의 업적을 얼마나 높이 평가하느냐에 달려 있으므로, 자기를 홍보하는 공적 비문 같은 것이 생겨날 수밖에 없다."[5]

웨인 믹스Wayne Meeks와 게르트 타이센Gerd Theissen 역시 유사한 결론에 도달하고 있다. 앤드류 클라크Andrew Clarke는 이와 같은 원리가 고린도에서는 거의 모든 지도자 개념 속에 깊이 침투해 있다고 설득력 있게 잘 진단한다.[6] 스티븐 포골로프Stephen Pogoloff는 이런 분위기가 고린도 지도자들의 수사rhetoric에 대한 평가에도 적용되고 있었다는 것을 잘 보여준다.[7]

엥겔스와 위더링턴, 믹스, 타이센, 클라크, 그리고 필자의 주석들을 종합해 보자면, 고린도 사회에서는 날것 그대로의 '성공'이 사람들의 인정에 이르는 핵심 열쇠 역할을 하고 있었음을 알 수 있다. 오늘날의 언어로 말하자면 고린도 사람들은 셀럽들celebrities만을 원했다. 바울이 **진정한** 사도됨에 대해 이야기하는 것은 그들이 찾는 것과는 **정반대**의 자리에 위치한다. 따라서 바울이 그리스도와 그의 진정한 사역자에 대해 말하는 것(3:1-18)은 용기와 각오가 없이는 할 수 없는 일이었을 것이다.

---

5. Witherington, *Conflict and Community in Corinth*, 22-48.
6. Clarke, *Secular and Christian Leadership in Corinth*, 전반적으로.
7. Pogoloff, *Logos and Sophia*.

바울이 고린도 교회에서 "추천서" 문제를 거론하는 배후에는 이와 같은 문화적 배경이 놓여 있었다는 것을 잘 이해할 필요가 있다. 바울의 관점에서 볼 때 고린도 교인들이 선호하는 추천서는 고린도의 자기 홍보의 문화와 밀접한 연관이 있다. 그래서 그는 자기를 추천하기를 거부하고 있다. 추천서와 관련하여 바레트는 이렇게 말한다. "추천하는 편지를 주고받는 일은 오늘날처럼 고대 세계에서도 널리 퍼져 있던 관행이었다."[8] 바레트는 다이스만Adolf Deissmann이 일반 파피루스 자료 속에서 수집한 추천서의 예들을 일부 소개하고 있다.[9] 케제만Ernst Käsemann은 "바울이 게임의 규칙을 새롭게 정립함으로써 거기에 참여할 수 있는 사람이 누구인지를 정의하는 방식으로 자신을 변호하였다"라고 잘 지적한다.[10] 헤이프만S. J. Hafemann 역시 이를 인정하면서 한 가지를 덧붙인다. "바울은 십자가에 못박히고 부활하신 주님께 모든 것이 달린 '하늘의 판단 기준'을 앞세우고 있으며, 성령 안에서의 신적 역사의 결과에 그 평가의 잣대를 두려하고 있다."[11]

문제는 고린도에 나타난 자칭 사도들이 탁월한 자랑거리들을 가진 것으로 보이는 데 반해 바울은 별로 내세울 것이 없고, 자기 주장밖에는 없다는 비난을 받는다는 점이다. 이를 의식하면서 바울은 "우리가 다시 자천하기를 시작하겠느냐"라고 묻고 있다(3:1). 필립스J. B. Phillips는 이를 "너희의 눈에는 이것이 또 다시 자기선전self-advertisement을 하는 것으로 보이느냐"라고 번역한다. 해리스가 잘 지적하는 것처럼 바울은 추천서 자체를 부정하지는 않는다. 다만 그는 다른 사람들이 하는 것처럼 추천서에 의존할 필요가 없다. 왜냐하면 바로

8. Barrett, *Second Corinthians*, 106.

9. Deissmann, *Light from the Ancient East*, 197-200.

10. Käsemann, "Die Legitimität des Apostels."

11. Hafemann, "'Self-Commendation' and Apostolic Legitimacy in 2 Corinthians," 66; cf. 66-88.

고린도 교인들 "너희"가 "우리의 편지"이기 때문이다. 이 편지는 "우리 마음에 썼고 뭇 사람이 알고 읽는 바"다(2절). 바울은 자주 자신과 독자들과 동화시키는 어법을 사용하기 때문에(예를 들어 살전4:17 "우리 살아남은 자들"), 여기서도 "너희 마음"보다는 "우리 마음"이 더 적합하다. 바울은 "마음"이라는 용어를 인간 존재의 중심부를 가리키는 개념으로 사용하고 있다. 성령은 이 마음속에 거하신다. 고린도 교인들은 바울의 사역 속에서 역사하시는 그리스도의 은혜의 결과로 지금 그리스도께 속한 사람들로 살아가고 있다. 바로 그런 **그들 자신**이 바울의 사도적 지위와 권위를 입증하고 확인하는 산 증거이다.

3절의 "너희는 우리로 말미암아 나타난"에서 "나타난"(헬, 파네루메노이, 현재 분사 중간태)은 휴즈가 보는 것처럼 수동태의 의미로 읽을 수 있다.[12] 곧 '너희는 지금 나타내어지고 있다'는 것이다. 휴즈는 예레미야 31:33의 예언이 그들을 통해 성취되고 있는 것으로 보고 있다. 하나님은 때가 되면 그의 백성에게서 돌 같은 마음을 제거하시고 살 같은 민감한 마음을 주실 것을 예고하셨다(참조, 겔11:19, 36:26). "돌판에 쓴 것이 아니요"(3절)라는 표현은 예레미야 31:33을 암시한다. 성령은 "먹"과 대조를 이룬다. 이런 새로운 차원의 하나님의 역사는 휴즈가 말하는 것처럼 우리의 타락한 세상의 어두운 그림자 속에서 분명하게 드러날 수밖에 없다.[13]

바울은 이와 같은 하나님의 역사를 통해 "확신"을 얻는다(4절). 헬라어 원문의 구조는 그리스도를 강조하고 있어서(헬, 디아 투 크리스투, '그리스도를 통하여') 바울의 확신이 **자기** 확신이 아니라 그리스도께 근거한 확신임을 잘 보여준다. 인간 자신 속에는 그와 같은 확신의 원천이 없다는 것을 바울은 분명

---

12. Hughes, *Second Corinthians*, 88.
13. Hughes, *Second Corinthians*, 89.

히 한다. 그것은 "우리에게서"(헬, 아프 헤아오톤) 나는 것이 아니다(5절).[14] 아이작스Wilfried Isaacs는 바울의 말을 "나는 하나님께서 주신 것 외에는 그 어떤 적합성도 구하지 않는다"라고 번역한다.

바울은 "우리의 만족은 오직 하나님으로부터 나느니라"라고 밝힌다. "만족"이라고 할 때 바울이 사용하는 히카노테스hikanotēs라는 헬라어 단어는 신약에서 오직 여기에서만 사용되고 있다. 단커Frederick Danker는 이 단어의 형용사 형태 히카노스hikanos(2:16)를 '충분한'으로 번역하며, 추상명사 형태인 히카노테스를 '자질' 또는 '자격이나 적합성을 갖춤'으로 번역한다.[15] 아이작스는 6절을 "그(하나님)가 나에게 새 언약 섬김을 위한 자격을 주셨다"고 번역한다. 바레트는 이렇게 잘 해설하고 있다. "그 어떤 인간 존재도 복음 선포라는 무거운 짐을 감당할 수 없다. 왜냐하면 이 일은 '죽음에서 나와서 죽음으로 이끄는 냄새요 동시에 생명에서 나와서 생명으로 이끄는 냄새'이기 때문이다. 이 일이 이제 **새 언약의 일꾼**(섬김이)이 감당해야 할 일로 재정의되고 있다."[16]

아이작스는 "그가 또한 우리를 새 언약의 일꾼 되기에 만족하게 하셨"다는 문구에 사용된 동사 '만족하게 하셨다'(헬, 히카노센, '적합하게 하셨다')가 단순과거 시제로 표현되어 있는 것에 주목하면서, 이것이 과거의 한 특정 순간에 일어난 임명의 행위, 곧 다메섹 도상에서의 바울의 회심과 부르심을 가리킨다고 보고 있다.[17] "일꾼"이라는 단어는 콜린스J. N. Collins가 지적하는 것처럼 '중개자'나 '대리인'을 의미하기도 한다.[18] "새 언약"에 대한 언급은 새 마음에 대한 예레미야 31:33의 약속에 근거를 둔다.

---

14. Robertson, *Word Pictures*. vol. 4, 220.

15. Danker, BDAG, 472-73.

16. Barrett, *Second Corinthians*, 111.

17. Thrall, *Second Corinthians*, 231.

18. Thrall, *Second Corinthians*, 231.

새 언약은 "율법 조문"이 아니라 성령의 역사라는 특성이 있다. 이는 예레미야 31장뿐만 아니라 에스겔 36:26-27과도 연관성을 가진다. 거스리는 이를 설명하기 위해 "심장 이식"의 이미지를 사용하고 있으며, 바울의 "부적합한 적합성inadequate adequacy" 개념을 강조한다.[19] 바울 자신을 두고 볼 때는 모든 것이 부적합하다. 그러나 하나님의 영으로 힘을 얻을 때 그는 충분한 적합성을 얻게 된다.

"율법 조문은 죽이는 것이요 영은 살리는 것이니라"(6하반절)라는 문구는 수 세기를 걸쳐서 많은 논란의 대상이 되어 왔다. 교부들의 시대에 오리게네스와 아우구스티누스 같은 사람들은 "율법 조문"을 성경의 문자적 의미를 가리키는 것으로 보았다. 그러나 마틴 루터와 종교개혁 시대 이후로는 율법의 체제(통치)와 성령의 새 체제(통치)의 대비에 초점을 맞추었다. 복음의 체제는 생명을 낳지만, 율법은 이런 면에서는 무기력할 뿐이다. 이런 관점이 때로는 극단적인 이원론율법과 은혜의 루터파식 대립 구조—역주으로 흐르기도 하였다. 세 번째의 접근은 율법이 요구하는 것을 성령이 성취한다고 보는 관점인데, 이런 관점을 취하면 극단적인 이원론을 피할 수 있다.

언약(헬, 디아떼케)이라는 용어가 두 시기구약과 신약의 시기 또는 옛 언약과 새 언약의 차원—역주에 다 사용되고 있다는 사실이 이 세 번째 관점을 지지한다.[20] "율법 조문"영어로는 letter—역주은 "추천서letters of recommendation"와 짝을 이루는데, 이는 생명을 낳을 수 없는 것들의 조합이다. 바울은 다른 곳에서 율법이 생명을 위한 목적이 있지만, 인간의 오도된 욕망과 자기중심성이 이를 불가능하게 만든다고 밝힌 바 있다. 오직 성령만이 생명을 준다. 이스라엘의 시내산 이후의 역사는 그 전체가 하나의 하향 나선형 길의 형태를 취하고 있다. "언약"은 하

---

19. Guthrie, *2 Corinthians*, 192, 196.
20. Guthrie, *2 Corinthians*, 198-99; cf. Watson, *Paul and the Hermeneutics of Faith*, 277.

나님과 우리의 관계가 신뢰와 순종이 요구되는 관계라는 것을 가리키는 용어이다.

묵상을 위한 질문

① 오늘날 우리의 교회나 좀 더 넓은 측면에서 이 사회는 자기 홍보의 문화를 조장하고 있지 않습니까? 이런 문화 속에서 '성공'과 경쟁은 인간적 관점에서의 가치나 평가를 굳게 하는 것이 되고 있지 않습니까? 이런 현상이 자기 스스로에게 영광 돌리기나 아니면 그 역으로 낮은 자존감을 불러오지 않습니까? 우리는 우리의 지도자들이나 심지어 우리 자신이 '셀럽'이나 '유명인'이 되기를 바라고 있지 않습니까?

② 바울이 위와 같은 관점을 그토록 강하게 부정하는 이유가 무엇일까요? 왜 그는 바비우스 같은 사람과는 전혀 다른 사람일까요? 자기 선전이 기독교 신앙과는 전혀 어울리지 않는 이유가 무엇일까요?

③ "하늘의 판단 기준"(Hafemann)은 하나의 판단 기준을 들어내고 다른 것을 바꾸어 넣는 방식으로 그렇게 쉽게 장착이 될 수 있는 것일까요? 바울이 고린도 교회 속에서 이런 문제를 두고 힘겹게 싸워야 했던 이유는 무엇일까요? 이 시대의 문화적 가치 기준이 쉽게 물러나지 않는 이유는 무엇일까요?

④ 바울은 어떤 의미에서 "부적합한 적합성"(Guthrie)을 이야기하고 있습니까? 그는 무엇에 근거하여 자신의 복음 사역자로서의 적합성 또는 충분성을 주장하고 있습니까? 이것이 우리에게 주는 함의는 무엇입니까?

⑤ 우리가 "언약"이라는 틀의 관점에서 볼 때, 어떤 점에서 율법 조문과 성령이 다르다고 평가할 수 있을까요? "언약"은 우리로 하여금 하나님과의 관계에서 그분의 생명의 약속들

을 온전히 누리게 할 뿐만 아니라 그분과의 신뢰와 순종의 관계를 잘 이어가게 하는 틀로 작용하고 있습니까?

⑥ 사역자를 적합하게 또는 자격 있게 만드는 것은 무엇일까요? 추천서를 항상 나쁘게만 볼 필요가 있을까요? 사람이 자기 스스로를 사역자로 세울 수 있을까요? 사역자를 사역자답게 하는 자질들은 무엇일까요?

2. 성령의 사역: 출애굽기 34:29-35에 대한 바울의 새 해석(3:7-18)

7 돌에 써서 새긴 죽게 하는 율법 조문의 직분도 영광이 있어 이스라엘 자손들은 모세의 얼굴의 없어질 영광 때문에도 그 얼굴을 주목하지 못하였거든 8 하물며 영의 직분은 더욱 영광이 있지 아니하겠느냐 9 정죄의 직분도 영광이 있은즉 의의 직분은 영광이 더욱 넘치리라 10 영광되었던 것이 더 큰 영광으로 말미암아 이에 영광될 것이 없으나 11 없어질 것도 영광으로 말미암았은즉 길이 있을 것은 더욱 영광 가운데 있느니라 12 우리가 이같은 소망이 있으므로 담대히 말하노니 13 우리는 모세가 이스라엘 자손들에게 장차 없어질 것의 결국을 주목하지 못하게 하려고 수건을 그 얼굴에 쓴 것 같이 아니하노라 14 그러나 그들의 마음이 완고하여 오늘까지도 구약을 읽을 때에 그 수건이 벗겨지지 아니하고 있으니 그 수건은 그리스도 안에서 없어질 것이라 15 오늘까지 모세의 글을 읽을 때에 수건이 그 마음을 덮었도다 16 그러나 언제든지 주께로 돌아가면 그 수건이 벗겨지리라 17 주는 영이시니 주의 영이 계신 곳에는 자유가 있느니라 18 우리가 다 수건을 벗은 얼굴로 거울을 보는 것 같이 주의 영광을 보매 그와 같은 형상으로 변화하여 영광에서 영광에 이르니 곧 주의 영으로 말미암음이니라

3:7-18은 크게 두 부분으로 나눌 수 있다. 첫째는 새 언약과 성령의 사역이 모세의 사역보다 더 큰 영광이 있다고 논증하는 부분(3:7-11)이고, 둘째는 수건을 쓴 사람과 쓰지 않은 사람을 대비하는 부분(3:12-18)이 그것이다. 바울은 이 단락에서 출애굽기 34장의 기사를 염두에 두고 있다. 모세가 시내 산에서 율법의 두 석판을 받아서 내려올 때 그의 얼굴에 광채가 있었다. 이스라엘 사람들은 처음에는 그에게 다가가기를 두려워했다. 모세가 그들에게 하나님의 계명을 전하고 난 후 그는 수건으로 자기 얼굴을 가렸다. 그러나 회막 또는 성막으로 들어가 하나님 앞에 나아갈 때는 이 수건을 벗었다. 회막에 다시 들어가기 전 백성들 앞에서는 수건으로 자기 얼굴을 가렸다.[21] 바울은 이 이야기를 바탕으로 모세의 사역이 영광스러운 사역이라는 것을 인정하면서, 새 언약의 사역은 **그 영광이 더욱 크다**는 것을 논증한다. 이런 비교의 논증은 전문 용어로 '보다 작은 것에서 보다 큰 것으로'라 불리는 전형적인 랍비식 논증 방식qal wahomer—역주이다.

바울은 모세의 사역이 "돌에 써서 새긴" 것이라고 묘사한다. "율법 조문"은 전반적으로 부정적인 함의가 있지만, 그럼에도 불구하고 모세의 사역에는 영광이 있었다(출24:16-17, 40:34-35). 영광을 의미하는 히브리어 카보드kābōd와 헬라어 독사doxa는 바울이 전달하고자 하는 광채의 의미를 포함하고 있으며, 이는 또한 바울과 거의 동시대의 사람인 필론Philon 같은 사람이 공유하고 있던 유대적 전통을 반영하는 것으로 보인다. 하지만 바울은 모세의 영광이 영구적인 것이 아니라는 사실을 강조한다. 모세에게 나타난 영광은 그가 회막에서 하나님과 함께 있는 동안에만 지속되었다. 바울과 다른 신약 사도들의 사역은 성령의 사역이다. 모세의 사역은 궁극적으로는 죽음에 이르게 하는 사역인 반면,

---

21. Thrall, *Second Corinthians*, 238.

성령의 사역은 생명에 이르게 한다(9절). 바울의 율법 신학이 로마서와 갈라디아서에만 국한되는 것은 아님을 잘 볼 수 있다. 바레트가 잘 지적하는 것처럼, "하나님의 의"는 인간의 행위에 대비되는 하나님의 행위를 가리킨다. "의"는 정죄condemnation와 대조를 이루며, 인정하여 밝힘vindication이라는 부가적 의미가 있다.

10절에서 바울은 옛 언약의 영광이 보다 밝은 새 언약의 영광 앞에서는 영광스러울 것이 거의 없다고 밝힌다. 이는 어두운 밤에는 그나마 밝던 촛불의 빛이 정오의 태양 빛 앞에서는 아무것도 아님과 같다. 이어지는 11절에는 또 하나의 대조가 나타난다. "없어질" 옛 체제의 영광과 "길이 있을" 새 언약의 영광의 대조가 그것이다. 옛 것은 지나가고 있다.

3:12-18의 두 번째 단락은 "수건(헬, 칼륌마)"과 "담대함(헬, 파레시아)"에 대한 언급으로 시작된다. 단커는 12절에서 사용된 파레시아라는 단어에 세 가지 의미를 부여하는데, 이 셋은 다 서로 연결되어 있다: (1) 아무것도 숨기지 않는 담화의 사용, 거침없는 말, 솔직담백함, (2) 공적으로 공개된 상태, (3) 담대함, 자신감, 용기, 솔직함(고후7:4과 행2:19 등의 용례).[22] 로버트슨이 지적하는 것처럼 이 단어는 '모든 것을 말함'이라는 의미를 가진 판레시스panrhēsis에서 유래하였다.[23]

이 단어와 대조를 이루는 것은 모세가 얼굴에 "쓴(헬, 에티떼이, 미완료 시제로 '쓰곤 하였던' 또는 '계속해서 썼던')" "수건"이다. 수건을 가리키는 헬라어 칼륌마는 머리나 얼굴을 가리는 가리개를 의미한다.[24] 바울은 모세가 이 수건을 쓴 이유가 백성들로 하여금 사라져가는 영광을 보지 못하도록 하기 위함

---

22. Danker, BDAG, 781.
23. Robertson, *Word Pictures*, vol. 4, 222.
24. Danker, BDAG, 505.

이었다고 밝힌다.

모세가 얼굴을 가린 이유를 밝히는 "장차 없어질 것의 결국을 주목하지 못하게 하려고"라는 문구는 크게 두 가지 어려운 문제를 우리 앞에 던져 놓는다. 마가렛 트롤은 이를 "주해상의 큰 문제"라고 말하며,[25] 거스리는 이를 논란이 거센 논제라고 부른다.[26] NRSV은 이 문구를 "이스라엘 사람들로 하여금 없어지게 될 영광의 마지막(헬, 텔로스)을 보지 못하게 하려고"로 번역한다. 이 번역은 텔로스를 시간적 의미의 마지막 또는 끝으로 보고 있다. 하지만 다른 많은 사람들은 모세의 동시대 사람들이 이를 '끝'의 의미로, 다시 말해서 모세의 사역 또는 언약이 끝을 보게 될 것으로 생각할 수는 없었을 것이라고 반문한다. 이들은 텔로스를 '목적' 또는 마지막 운명의 의미로 보고자 하는데, 대표적으로 해리스의 예를 들 수 있다.[27] 모세가 감춘 것은 그의 옛 언약 사역의 궁극적 목적이라는 것이다. 하지만 트롤은 이런 견해가 "주"를 선재하신 그리스도로 보는 이해에 의존한다고 하면서, "이는 논란이 될 수 있다"고 지적한다.[28] 모세가 수건으로 자신을 덮은 것은 그 얼굴의 사라져가는 광채를 가리기 위함이다. 이와 연관된 또 하나의 문제는 이렇게 함으로써 모세는 자기 백성을 기만하고 있는 것이 아닌가 하는 점이다. 하지만 실질적인 강조점은 모세 자신보다는 수건을 뒤집어 쓴 듯한 이스라엘의 반응에 있다. 이스라엘은 도달해야 할 곳에 도달하지도 못하고 떨어져 나가고 있다.[29]

이렇게 보는 입장은 14절의 "그러나 그들의 마음이 완고하여(헬, 에포로떼)"라는 문구에 의해 뒷받침된다. 엄밀하게 보면 바울은 출애굽기 34장을 벗

---

25. Thrall, *Second Corinthians*, 256.

26. Guthrie, *2 Corinthians*, 239.

27. Harris, *Second Corinthians*, 299.

28. Thrall, *Second Corinthians*, 258.

29. Dumbrell, "The Newness of the New Covenant," 78.

어나고 있다. 하지만 우리는 유사한 사상을 다른 곳에서 찾아볼 수 있다. 바울은 로마서 11장에서 이스라엘의 완고함이라는 주제를 이사야 29:10을 바탕으로 설명하고 있다. 고린도후서 3:14은 트롤이 주장하는 것처럼 로마서 11:8과 신명기 29:4을 연상시킨다.[30] 많은 유대인들이 "오늘까지도" 그들의 선조의 때와 같이 수건으로 눈을 가린 상태를 벗어나지 못하고 있다. 복음의 진리를 거부하는 유대인들의 저항은 구약 속에 이미 그 선례가 소개되고 있다. 15절에서 바울은 유대인들이 모세를 또는 율법을 읽을 때 "그 수건이 벗겨지지 아니하고 있"다고 말한다. 하나님의 말씀에 대해 눈이 가려짐이라는 주제는 예수님의 가르침 속에도 자주 강조되는 주제이다. 바울은 이런 상태로 인해 마음에 큰 고뇌를 가지고 있음을 밝힌다(롬9:1-5).

16절에서 바울은 긍정적인 방향으로 초점을 옮긴다. 이 "수건"은 하나님의 말씀을 듣는 자가 주께로 돌아올 때 벗겨지게 된다. 이 일은 성령께서 하시는 일이다(17절). 거스리는 이렇게 말한다. "모세가 주(하나님) 앞에서 수건을 벗은 것은 새 언약의 복음의 본질을 묘사하는 기초적인 그림 같은 서술word-picture의 기능을 한다."[31] 바울은 조금 뒤에 가서 예수 그리스도의 얼굴에서 우리가 하나님의 영광을 본다고 밝힌다(4:4-6). 3:17에서 그는 "주는 영이시니 주의 영이 계신 곳에는 자유가 있느니라"라고 선언한다. 여기서 "자유"(헬, 엘류떼리아)는 수건이 벗겨졌을 때 개방된 하나님과의 관계를 의미한다. "주는 영이시니The Lord is the Spirit"라는 문구는 그리스도와 성령이 같은 분이시라는 의미로 받아들여서는 안 된다. 많은 주석가들은 조지 헨드리George Hendry와 빈센트 테일러Vincent Taylor를 따라 '이다is'를 주석하는exegetical '이다'로 읽고 있다. 다시 말하면, 바울이 염두에 두고 있는 구약 본문(출34장)을 바탕으로 '가리킨

30. Thrall, *Second Corinthians*, 262.
31. Guthrie, *2 Corinthians*, 225.

다'라는 뜻으로 말하는 것이다. 헨드리는 바울이 출애굽기 34:34에서 모세가 "주" 곧 하나님을 만나러 나아갈 때 수건을 벗었다고 하는 말을 가리킨다고 보고 있다.[32] 빈센트 테일러는 바울의 말을 이렇게 풀어서 적고 있다. "이제 막 내가 인용한 구절의 퀴리오스[주, 여호와]는 성령을 가리킨다. 주의 영이 계신 곳에는 자유가 있다."[33] 트롤은 약간의 차이가 있는 세 가지 주요한 해석들을 소개하고 있다.[34]

18절은 이 단락 전체의 정점에 해당한다. "우리가 다 수건을 벗은 얼굴로 거울을 보는(헬, 카토프트리조메노이, 현재 중간태 분사) 것 같이 주의 영광을 (헬, 텐 독산) 보매 그와 같은 형상(헬, 에이코나)으로 변화하여(헬, 메타모르푸메따) 영광에서 영광에 이"른다는 것이다. 이 구절의 헬라어 단어들 하나하나가 다 중요하다. 트롤은 "변화하여"라는 단어를 "영광의 모습 속으로 점진적으로 변모되어 가는 것"이라고 해설한다.[35] 모든 그리스도인들이 거울을 통해 보듯이 주의 영광을 본다. "수건을 벗은 얼굴"은 수건을 가린 모세나 이스라엘 백성과 대비되는 문구이다. 뒤에 가서 4:4은 그리스도의 영광에 대해 이야기하며, 4:6은 하나님의 영광을 이야기한다. 트롤은 우리 "신자들이 그리스도를 바라보는 가운데 **하나님의** 영광을 본다"고 말한다.[36] "거울"은 하나님의 형상 또는 가시적 모습으로서의 하나님이신 그리스도를 가리키는 것으로 볼 수 있다. 지혜서(Wis.7:26)에서는 신적 지혜를 거울이라고 말하는데, 바울은 하나님의 지혜(고전1:30)이신 그리스도를 지혜서를 바탕으로 해서 거울이라고 표현했을 수도 있다. 그리스도는 하나님의 반영이시며, 우리는 얼굴을 맞대고 그분을 대

---

32. Hendry, *The Holy Spirit in Christian Theology*, 24.
33. Taylor, *The Person of Christ in New Testament Teaching*, 54.
34. Thrall, *Second Corinthians*, 278-82.
35. Thrall, *Second Corinthians*, 282.
36. Thrall, *Second Corinthians*, 283(강조는 원문 그대로).

면한다. 이처럼 하나님의 형상이신 그리스도를 통해 하나님을 지속적으로 대면하는 가운데서 우리 그리스도인은 지속적인 변모를 이루어간다.

복음서 속에 나타난 변모의 기사는 변모가 계시의 순간과 연결된다는 것을 보여준다(마17:2). 고린도후서 3:18은 고린도후서 4:6, 요한복음 1:14, 베드로후서 1:18과 같은 본문들과도 연관성이 있다.

묵상을 위한 질문

① 바울은 출애굽기에 나오는 모세의 이야기를 바탕으로 모세 및 옛 언약의 사라져가는 영광과 그리스도를 통한 새 언약의 점증하는 영광을 대비시키고 있습니다. 우리는 어떻게 구약의 이야기를 바탕으로 신약의 가르침을 더 잘 이해하거나 전달할 수 있을까요?

② 출애굽기는 이스라엘 백성이 하나님을 만난 후 얼굴에 광채가 나는 모세에게 다가가기를 두려워했다고 말합니다. 우리는 그리스도를 통해 하나님의 존전에 나아갈 수 있게 된 것을 너무 당연하게 여기면서 때로 하나님을 지극히 가볍게 생각하고 있지는 않습니까?

③ 영광으로 번역되는 히브리어 카보드(kābōd)는 장엄하고 중대하고 높임 받는 어떤 것을 가리킵니다.[37] 헬라어 단어 독사(doxa)는 빛남, 광휘, 존귀, 장엄, 그리고 때로는 초월적 존재에 대한 예배를 가리킵니다. 그런데 역설적이게도 그리스도의 영광은 그분의 십자가의 수모를 통해 나타납니다. 우리는 그리스도 안에서 하나님의 임재가 가시적인 모습으로 발현되는 것을 봅니다. 위르겐 몰트만은 우리가 하나님을 영화롭게 하는 것은 하나님 그분 자체를 사랑하는 것을 의미한다고 말합니다.[38] 우리는 예배나 기도 중에 하나님께 영광을 돌린다는 말을 많이 하는데, 그 말을 어떤 의미로 사용하고 있습니까?

---

37. Brown, Driver, and Briggs, *Hebrew and English Lexicon*, 457.
38. Moltmann, *The Coming of God*, 323.

④ 우리는 뭔가 기분 좋은 일이나 감사한 일이 있을 때만 하나님께 영광을 돌리고 있지 않습니까? 그렇지 않은 순간에는 구약 시대의 이스라엘 백성들이 그랬던 것처럼 영광이 점점 사라져가고 있지 않습니까? 우리가 항구적이고 점차 자라가는 영광스러운 삶을 살아가고 있습니까?

⑤ 우리가 때로 성경이 이해하기 어렵다고 느끼는 것은 꼭 지식이 부족해서 일어나는 현상일까요? 아니면 죄와 욕망의 수건이 우리 마음을 덮고 있기 때문은 아닐까요?

⑥ 우리는 '완고하게 됨'에 대한 바울의 경고를 진지하게 받아들이고 있습니까? 우리의 마음은 무디어지거나 죄 때문에 때로 민감성을 잃어버린 상태에 빠져 있지는 않습니까?

⑦ 우리는 그리스도를 바라봄으로 "영광에서 영광에" 이르는 점진적인 변모를 성령의 도우심을 통해 이루어가고 있습니까?

3. 진실한 사역(4:1-6)

1 그러므로 우리가 이 직분을 받아 긍휼하심을 입은 대로 낙심하지 아니하고 2 이에 숨은 부끄러움의 일을 버리고 속임으로 행하지 아니하며 하나님의 말씀을 혼잡하게 하지 아니하고 오직 진리를 나타냄으로 하나님 앞에서 각 사람의 양심에 대하여 스스로 추천하노라 3 만일 우리의 복음이 가리었으면 망하는 자들에게 가리어진 것이라 4 그 중에 이 세상의 신이 믿지 아니하는 자들의 마음을 혼미하게 하여 그리스도의 영광의 복음의 광채가 비치지 못하게 함이니 그리스도는 하나님의 형상이니라 5 우리는 우리를 전파하는 것이 아니라 오직 그리스도 예수의 주 되신 것과 또 예수를 위하여 우리가 너희의 종 된 것을 전파함이라 6 어두운 데에 빛이 비치라 말씀하셨던 그 하나님께서 예수 그리스도의

이 짧은 단락은 우리에게 매우 많은 실제적인 교훈을 제공해 준다. 낙심을 극복하는 법, 부당한 비판을 이겨내는 법, 눈이 가려진 사람들에게 그리스도를 증언하는 법, 우리 자신이 아니라 그리스도를 설교하기, 빛을 창조하신 하나님께 빛을 받기, 우리 자신은 깨어지기 쉬운 질그릇 존재이지만 그 속에 놀라운 보배를 간직하기 등과 같은 교훈들을 배울 수 있다.

바울은 "그러므로"(헬, 디아 투토)라는 말로 이 단락을 시작한다(1절). 이는 바로 앞에서 말한 내용을 받고 있다. 성령께서 참 사도의 사역을 이끄시고 힘을 주시기 때문에, 또한 성도들이 그리스도의 영광을 바라보며 지속적인 변모를 이루어가고 있기 때문에, 그래서 사도는 "낙심하지 아니하"는 것이다. 퍼니쉬는 이를 "뒤로 물러나다"(헬, 엥카쿠멘)로 번역한다. 엥카케오라는 동사는 '악한 것에 굴복하다'(로버트슨, '악한, 나쁜'을 의미하는 헬라어 카코스에 근거하여), 또는 '용기를 잃다, 지치다, 의욕을 잃다'(트롤), 또는 '원하는 활동을 계속하는 데 필요한 동기를 잃다, 두려워하거나 낙심하다'(단커) 등의 의미가 있다.[39] 바울은 우리 성도들이 많은 격려를 필요로 하는 상황 속에서 오히려 낙담하거나 용기를 잃어버리지 않기를 요청하고 있다. 참 사도나 그리스도인 사역자는 일을 하다가 중간에 그만두는 사람이 되어서는 안 된다.

2절에서 바울은 부정적인 측면으로 눈을 돌려 "숨은 부끄러움의 일을 버"렸다(헬, 아페이파메따)고 말한다. 그는 사도의 사역에 어울리지 않는 일이 무엇인지를 열거하고 있다. 트롤은 "숨은 부끄러움의 일"이 정확히 무엇을 가리키는지 특정하기는 어렵다고 말한다. 이 표현은 드러나게 되면 부끄러움을 당할

---

39. Danker, BDAG, 272; Thrall, *Second Corinthians*, 110; Furnish, *II Corinthians*, 217; Robertson, *Word Pictures*, vol. 4, 22.

수밖에 없는 숨겨진 일들을 가리키는데, 꼭 이방인들의 악행만을 말하는 것은 아니다. 이는 거짓 사도들의 기만적인 가르침을 가리키는 것일 수도 있다. 이어지는 문구 "속임으로 행하지 아니하며 하나님의 말씀을 혼잡하게 하지 아니하고"가 이를 뒷받침한다. "속임"으로 번역된 헬라어 단어 파누르기아panourgia는 일반적으로 '교묘함'이라는 뜻이 있는 다채로운 단어로, 목적을 위해서는 수단 방법을 가리지 아니할 만반의 준비가 되어 있는 상태를 가리킨다. 거스리는 이 용어가 진리를 자기 목적에 맞게 변질시키는 사람들을 가리키는 것으로 보고 있다.[40]

이런 사람들과 달리 바울의 설교는 "오직 진리를 나타냄"을 그 특성으로 한다. 바레트는 "우리는 하나님의 말씀을 가지고 행음을 하지 않는다"라는 강한 표현을 사용한다. 진리를 드러내는 일에 집중하는 바울의 사역은 '상술 marketing ploys'이나 가학적인 전략으로 청중을 즐겁게 하는 수사학(고대 세계뿐만 아니라 오늘날에도 횡행한다)을 도모하는 자들과는 명백한 대비를 이룬다. 이런 조작적 수사학에 대해서는 포골로프Stephen Pogoloff나 무어스John D. Moores가 좋은 예들을 많이 제시한다.[41] 바울은 하나님의 진리를 "하나님 앞에서", "각 사람의 양심에 대하여" 여러 가지 모습으로 드러내기를 애쓰고 있다. 이는 진정한 사도적 설교 사역이 어떤 것인지를 보여주는 매우 강력한 진술이다.

3-4절은 왜 복음이 일부 사람들에게는 감춰져 있는지를 이야기한다. 바울은 자신의 사역이 '공개적'이라고 밝히고 있다. 그는 사람들의 양심을 향하여 복음을 공개적으로 선포한다. 그런데도 어떤 사람들은 바울의 복음이 감춰졌다고 말하는데, 왜 이런 현상이 일어나는 것일까? 트롤은 다른 어떤 사람들보다

---

40. Guthrie, *2 Corinthians*, 236.
41. Pogoloff, *Logos and Sophia*와 Moores, *Wrestling with Rationality in Paul*, 전반적으로.

도 특히 바울의 대적들에게 복음이 감춰졌다고 제시한다. 바울의 복음은 십자가에 달리신 그리스도를 중심으로 한다(고전2:2). 바울은 복음을 이해하기 힘든 것은 말과 언어에 문제가 있는 것이 아니라, 듣는 자들의 **인식이 비뚤어져 있기 때문**이라고 답한다. 사람들은 멸망을 향하여 나아가고 있다(3하반절, 참조, 고전1:23, 8:11, 빌1:28). 4절은 보다 분명하게 "이 세상의 신이 믿지 아니하는 자들의 마음을 혼미하게 하여 그리스도의 영광의 복음의 광채가 비치지 못하게 함" 때문이라고 밝힌다.

"이 세상의 신"은 현재의 세상 질서에 대하여 제한된 통제력이 있는 사탄을 가리킨다. 바레트는 이 존재를 마귀devil라고 부르며, 휴즈와 불트만, 퍼니쉬, 해리스, 트롤 등도 여기에 동의한다.[42] 물론 동의하지 않는 목소리도 전혀 없는 것은 아닌데, 특히 프레더릭 롱Frederick Long은 최근의 한 논문에서 그리스-로마 세계에서 '신'이라는 칭호가 왕들에게 돌려졌던 예가 있음을 바탕으로 여기서도 바울이 황제 숭배를 염두에 둔 것이라고 주장한다.[43] 그는 "고린도에서 바울의 가장 큰 적은 황제 숭배였다"라고 말하는 브루스 윈터Bruce Winter의 말을 인용하고 있다.

바울은 그리스도가 "하나님의 형상"이라고 선언한다(4절). 하나님의 형상으로 지어진 인간 존재는 하나님께서 어떤 분이신지를 보여주는 역할을 부여받았다. 그러나 인간은 그 역할을 충실히 수행하지 못하였다. 오직 그리스도만이 하나님을 완벽하게 보여주실 수 있는 분이시다. 이는 원래 하나님의 백성인 이스라엘에게 부여된 사명이지만 그들이 실패하였고, 이제 그리스도 안에서 성

---

42. Barrett, *Second Corinthians*, 130; Hughes, *Second Corinthians*, 126; Bultmann, *Second Corinthians*, 103; Furnish, *II Corinthians*, 247; Harris, *Second Corinthians*, 327; Thrall, *Second Corinthians*, 306-9. "이 세상의 신"을 하나님 자신으로 보는 관점도 있다. 대표적으로 Ford and Young, *Meaning and Truth*.
43. Long, "'The God of this Age' (2 Cor. 4:4) and Paul's Empire-Resisting Gospel at Corinth," 221-24.

취되었다. 러시아 정교회 신학자인 블라디미르 로스키Vladimir Lossky는 '하나님의 형상'이라는 개념이 합리성이나 통치권 같은 일련의 자질들을 가리키는 것이 아니라, 하나님을 그 전체로 반영하는 일이라고 주장한다. 이런 일은 "자연적, 태생적" 성격을 가지는 것이 아니라 "은혜를 전제로 한다"는 것이 그의 강조점이다.[44] 사람은 본성상 한 사람의 개인적 존재에 지나지 않지만, 성령의 은혜로 말미암아 하나님의 형상을 그 손상되지 않은 형태대로 얻을 수 있다고 주장한다.[45] 그 가장 완전한 형태를 우리는 보이는 하나님의 형상이신 그리스도께로부터 발견한다.

바울은 사도의 선포와 그리스도인 사역자의 선포의 목적은 그리스도를 높이는 것이라고 말한다. "우리는 우리를 전파하는 것이 아니라"라는 말씀에서 이것이 분명히 드러난다(5절). 우리가 고린도의 거짓 사도들을 더 많이 알게 될수록 그들이 자기 스스로에게 사로잡힌 사람들이라는 것을 알 수 있다. 트롤은 이렇게 말한다. "바울은 암시적인 방식으로 대적들의 행태를 비판하는데, 그들의 행위는 자기 홍보 외에 달리 아무것도 아니다."[46] 이는 오늘날도 마찬가지다. 오늘날 '인격을 통한 진리'라는 말이 그리스도보다는 자아에 더 관심을 기울이게 만든다. 우리는 설교자 자신에게 모든 초점이 집중되게 하는 자기중심적 사역이 어떤 것인지를 잘 안다. 이와 대조적으로 바울은 오직 예수 그리스도를 주로 선포하면서(고전12:3), 자신의 역할은 "예수를 위하여 너희의 종된 것"으로 낮추고 있다.

팀 새비지Tim Savage는 그의 탁월한 책 『약함을 통한 능력Power through Weakness』에서 고린도후서에서 4:6이 바울이 사역에 대해 이해하는 바를 밝히

44. Lossky, *The Mystical Theology of the Eastern Church*, 118.
45. Lossky, *The Mystical Theology of the Eastern Church*, 117, 121.
46. Thrall, *Second Corinthians*, 312.

비춰 주는 구절이라고 지적한다. 이 사역을 통해 인간의 마음속에 하나님의 복음의 빛이 비치게 된다. 새비지는 고린도가 사회적 지위에 큰 관심을 기울이던 도시이며, "거만하고 확신에 찬" 자세가 지배적인 도시라는 사실을 상기시킨다.[47] 그는 고린도 교회 안에서 자랑이나 영광과 같은 개념이 어떻게 이해되고 있는지를 살피고 있다. 특히 모세 이야기 속에서 나타나는 영광, 이사야서의 배경 등을 살피면서 이를 그리스도의 영광과 비교한다.[48] 수치를 통한 영광이라는 주제는 십자가와 사도의 사역을 통해 가장 잘 예시된다.[49] 새비지는 고린도후서 4장을 한 절 한 절 잘 해설하고 있다.[50] 그는 바울이 고린도 속에 만연되어 있던 자랑의 태도를 "거꾸로 뒤집어 놓고 있다"고 지적한다. "십자가의 영광"이라는 표현 속에는 명백한 역설이 담겨 있으며, "내가 약한 그 때에 강함이라"라는 고백 역시 마찬가지다.[51] 새비지는 그의 책 전체를 통해 고린도후서 4장에 큰 무게를 두면서 그리스도인의 사역에 관한 잘못된 인식을 깨트리려 애를 쓰고 있다.

불트만과 다른 많은 주석가들이 지적하는 것처럼 "어두운 데에 빛이 비치라"라는 말씀은 창세기 1:3의 창조 기사를 암시한다.[52] 불트만은 우리 마음에 빛이 비치는 것은 영지주의에서 말하는 '내적인 빛'과는 전혀 상관이 없다고 말한다. "비추셨느니라"를 가리키는 헬라어 엘람프센elampsen은 갈라디아서 1:16에도 사용된 단어이다. 거기서는 이 단어가 바울의 부르심과 회심을 가리킨다. 새비지는 "어두운 데에 빛이 비치라"라는 말씀이 창세기 1:3 외에도 이사

---

47. Savage, *Power through Weakness*, 19-53, 197.

48. Savage, *Power through Weakness*, 54-64, 103-29.

49. Savage, *Power through Weakness*, 145-63.

50. Savage, *Power through Weakness*, 164-87.

51. Savage, *Power through Weakness*, 187, 188, 190.

52. Bultmann, *Second Corinthians*, 108.

야 9:1(LXX)을 반영한다고 주장한다.[53] "흑암에 행하던 백성이 큰 빛(헬, 포스)을" 본다는 말씀이 그것이다. 트롤 역시 이를 지지하지만 "아마도"라는 단서를 덧붙이고 있다.[54] 이사야와 바울은 영적 시력 상실을 꾸짖고 있다. "영광"의 빛은 이 눈먼 상태를 몰아낸다. 새비지는 이를 이사야 33:17("네 눈은 왕을 그의 아름다운 가운데에서 보며")과도 연결시킨다. 그 밖에도 그는 영광을 언급하는 이사야의 다른 본문들(예, 사50:10, 60:1-3 등)을 살피고 있다. 바울은 이런 배경을 바탕으로 고린도의 교인들이 영광은 약함을 통해 드러난다는 것을 볼 수 있도록 돕는다는 것이다. 새비지는 "그리스도의 영광스러운 복음 사역자로서의 자신의 지위를 진정으로 드러나게 하는 것은 바로 그[바울]의 겸손"이라고 말한다.[55] 이 겸손은 하나님의 초월적 능력 및 그분의 창조적 빛과 대조를 이룬다. 트롤은 이 부분을 사도행전 9:3, 22:6, 26:13을 고려하여 그리스도의 현현 Christophany 사건과 연결시킨다.[56] 트롤은 부록 「그리스도의 현현Christophany」을 포함시켜 바울을 부르실 때 그분의 현현이 비신체적 방식으로 이루어졌음을 밝히고 있다.[57] 트롤은 바울이 부활하신 주님을 만난 자신의 회심 경험을 다른 사람들을 위한 범례적 사건으로 보았을 것이라고 결론짓는다. 어쨌거나 강조점은 앞서 부활에 대한 언급(고후1:9)에서 밝혔던 것과 마찬가지로 하나님의 창조적 능력에 놓여 있다. 거스리는 4:6이 4:4의 대척점에 놓여 있다고 주장한다. "하나님"은 "이 세상의 신"과 대비되고, "우리 마음"은 "믿지 아니하는 자들의 마음"과 대비되며, "그리스도의 얼굴"은 "하나님의 형상"과 연결된다.[58]

---

53. Savage, *Power through Weakness*, 112-16.

54. Thrall, *Second Corinthians*, 315.

55. Thrall, *Second Corinthians*, 162.

56. Thrall, *Second Corinthians*, 316-17.

57. Thrall, *Second Corinthians*, 318-20.

58. Guthrie, *2 Corinthians*, 243.

하나는 부정적 차원에서 인간 마음의 어둠을 이야기한다면, 다른 하나는 전적으로 긍정적인 차원에서 그리스도 안에 계신 하나님을 이야기한다.

묵상을 위한 질문

① 우리에게 다가오는 난관들이 우리를 낙심하게 하고 기운을 잃게 만들지는 않습니까? 우리는 부당한 비판 앞에서 쉽게 무너지거나, 우리의 과업을 포기하는 자리에 이르지는 않습니까?

② 우리가 마주치는 난관들이 우리로 하여금 "상술"에 의존하거나, 청중을 기쁘게 하는 것 또는 청중이 듣기를 원하는 것에 굴복하게 만들지는 않습니까?

③ 우리는 진리를 정직하게 공개적으로 드러내고 높이기 위해 얼마나 온전히 하나님께 도움을 구하며 성령님을 의지하고 있습니까?

④ 우리가 마음이 어두워 보이는 그 사람들에게 전도하고자 할 때, 우리는 보다 강한 권세가 그 사람들의 마음을 어둡게 만들었다는 것을 인식하고 있습니까? 우리는 눈에 보이지 않는 우주적 싸움에 임하고 있다는 것을 알고 하나님의 도움을 구하고 있습니까?

⑤ 우리는 하나님의 형상으로서의 역할, 곧 하나님의 성품을 반영하고 드러내는 일에 온전히 자신을 드리고 있습니까? 아니면 우리는 하나님의 형상으로 산다는 것을 그저 천부적이거나 노력을 요하지 않는 생득권birthright 정도로 생각하고 있지는 않습니까?

⑥ 우리의 대화 속에서 우리는 자기를 드러내는 데 과도한 열심을 보이고 있지 않습니까? 우리는 그리스도께서 주님이심과 우리가 그분의 종임을 드러내기 위해 어떤 자세와 노력을 취하고 있습니까?

⑦ 우리는 "거만하고 확신에 찬" 태도로 자기 홍보에 열을 올리는 사람입니까, 아니면 참된 "능력"은 약함을 통해 나온다는 것을 믿고 그 길을 따르는 사람입니까?

⑧ 우리는 십자가의 영광이라는 역설적 진리를 온전히 인정하며, 우리의 사역을 십자가에 못박히신 그리스도 위에 세워가고 있습니까?

⑨ 우리가 창조자 되시는 하나님을 의지할 때, 그분께서 우리의 약함 속에서 그분의 창조의 빛과 영광을 비추어 주심을 경험하고 있습니까?

4. 깨지기 쉬운 질그릇과 복음의 보배(4:7-15)

7 우리가 이 보배를 질그릇에 가졌으니 이는 심히 큰 능력은 하나님께 있고 우리에게 있지 아니함을 알게 하려 함이라 8 우리가 사방으로 우겨쌈을 당하여도 싸이지 아니하며 답답한 일을 당하여도 낙심하지 아니하며 9 박해를 받아도 버린 바 되지 아니하며 거꾸러뜨림을 당하여도 망하지 아니하고 10 우리가 항상 예수의 죽음을 몸에 짊어짐은 예수의 생명이 또한 우리 몸에 나타나게 하려 함이라 11 우리 살아 있는 자가 항상 예수를 위하여 죽음에 넘겨짐은 예수의 생명이 또한 우리 죽을 육체에 나타나게 하려 함이라 12 그런즉 사망은 우리 안에서 역사하고 생명은 너희 안에서 역사하느니라 13 기록된 바 내가 믿었으므로 말하였다 한 것 같이 우리가 같은 믿음의 마음을 가졌으니 우리도 믿었으므로 또한 말하노라 14 주 예수를 다시 살리신 이가 예수와 함께 우리도 다시 살리사 너희와 함께 그 앞에 서게 하실 줄을 아노라 15 이는 모든 것이 너희를 위함이니 많은 사람의 감사로 말미암아 은혜가 더하여 넘쳐서 하나님께 영광을 돌리게 하려 함이라

플러머는 이 단락의 요점을 다음과 같은 말로 매우 잘 정리해주고 있다. "그토록 영광스러운 복음의 소식이 이토록 취약하고 고난에 노출된 사역자에 의해 선포된다는 것은 이상한 일이 아닐 수 없다. 하지만 바로 이런 사실이 이 사역의 힘은 사역자 자신에게서가 아니라 하나님으로부터 나온다는 것을 입증한다."[59] 트롤은 참된 사도의 약함과 취약성이 "복음이라는 보배를 바르게 전달하는 데 꼭 필요했다"라고 말한다.[60] 바울은 이 단락 속에서 자신이 당하는 고난의 현실을 진술한다. 그 가운데서 그는 영광스러운 복음의 보배를 간직하고 또한 전한다. 우리는 바울의 질그릇 또는 테라코타 항아리 은유를 이사야 53장의 멸시받고 버림받으면서도 그 사명을 끝까지 수행하는 고난 받는 종의 모습과 비교해보지 않을 수 없다.

바레트는 바울의 질그릇 은유가 당대에 다양한 방식으로 적용되던 비교적 흔한 은유 가운데 하나였다고 말한다.[61] 그릇은 재질에 따라 금, 은, 흙 등으로 만들어지는데, 이런 그릇들이 다 용도에 따라 깨끗한 그릇으로 귀한 일에 쓰일 준비를 갖추게 된다. 바울의 질그릇 은유에서는 당장 두 가지 적용점을 찾아볼 수 있다. 하나는 "질그릇들"(헬, 엔 오스트라키노이스 스큐에신)개역개정에서는 단수로 "질그릇"—역주은 그 재질 자체가 별로 귀하지도 않고 영광스럽지도 않다는 점이다. 또 하나는 질그릇은 그 쓰고자 하는 목적에 맞게 용도가 한정되어 있다는 점이다. 거스리는 이 단락의 제목을 "우리는 목적에 맞는 질그릇이다"로 잡고 있다.[62]

헬라어 명사 오스트라콘ostrakon은 '구운 진흙'을 의미한다. 성막이나 성전

---

59. Plummer, *Second Corinthians*, 122-23.
60. Thrall, *Second Corinthians*, 324.
61. Barrett, *Second Corinthians*, 137.
62. Guthrie, *2 Corinthians*, 232.

에서 사용되는 토기들이 다 이런 유형의 그릇에 속한다(레6:28, 11:33, 14:50). 다른 맥락에서 질그릇은 매일의 생활에서 사용되는 흙으로 만든 그릇들을 가리킨다. 고대 역사가 플루타르크는 아에밀리우스 파울루스Aemilius Paulus의 개선 행진 때 많은 양의 은화가 매일 사용되는 별 가치 없는 그릇들에 담겨 옮겨졌다고 전한다. 구약에는 질그릇에 대한 언급이 여러 곳에서 나타나고 있는데, 바울은 이를 잘 알고 있었을 것으로 보인다. 바울은 질그릇의 은유를 통해 복음의 불가항력적이고 "심히 큰"(헬, 휘페르볼레) 능력이 사도 자신에게서가 아니라 하나님께로부터 나온다는 것을 밝히고 있다(7절).

이어서 바울은 사도의 사역이 일상의 삶 가운데서 직면하게 되는 외적 어려움들이 어떤 것인지를 이야기한다. 거스리의 표현대로 하자면 바울은 지금 일상생활 속에서 만나는 일반적인 일들을 거론하고 있다. 질그릇은 특별할 것도 없고, 손쉽게 구할 수 있으며, 쉽게 폐기할 수도 있고, 대량으로 만들어내는 것도 가능하다. 바울은 4:8-9에서 자신이 당한 고난들을 소개한다. 욱여쌈을 당하거나 답답한 일을 당하고 박해를 받으며 거꾸러뜨림을 당하는 일 등이 그것이다. 고린도전서 4:8-13에도 유사한 '고난 목록'이 나온다. 이 주제에 대해서는 피츠제럴드, 헤이프만, 호지슨, 클라인크네히트, 플랑크, 슈라게 등이 특별한 관심을 기울인 바 있다.[63]

고린도전서 4장과 고린도후서 4장의 중요한 차이라면 후자가 고난의 목록을 대조적인 짝의 형태로 제시하고 있다는 점이다. "우겨쌈을 당하여도(헬, 뜰리보메노이, 압박을 당함) 싸이지 아니하며"(헬, 우 스테노코루메노이, 으깨어

---

63. Fitzgerald, *Cracks in an Earthen Vessel*, 특히 117-48; Hafemann, *Suffering and the Spirit*, 특히 58-64; Hodgson, "Paul the Apostle and First Century Tribulation Lists"; Kleinknecht, *Der leidende Gerechtfertigte*, 208-304; Plank, *Paul and the Irony of Affliction*, 특히 33-70; Schlage, "Leid, Kreuz und Eschaton."

지지 않음), "답답한 일을 당하여도 낙심하지(헬, 엑사포루메노이, 강화 의미의 전치사 에크 또는 엑스를 가져 어찌할 바를 모르는 상태를 가리킴) 아니하며", "박해를 받아도 버린 바 되지 아니하며", "거꾸러뜨림을 당하여도 망하지 아니"한다(다시 말해, 공격을 당하여 쓰러져도 죽게 버려지지는 않는다). 트롤은 이 마지막 쌍이 공격을 받아 땅에 쓰러지지만 다시 힘을 내어 일어서는 군사의 경험을 반영하는 것으로 보고 있다.[64] 거스리는 이렇게 해설한다. "바울의 사역에 수반되는 도전들을 묘사하는 이 모든 분사들은 전부 현재 시제로 기록되어 있다. 이는 이 경험들이 바울의 삶 속에서 계속 진행되는 일임을 가리키며, 따라서 '관습적' 현재 시제를 사용하고 있다."[65] 그는 또한 "바울의 사역에 수반되는 난관들은 그의 직무의 영역에 속한 일"이라고 덧붙인다.

4:10-13에서 바울은 그의 고난을 예수의 죽음과 결부시키고 있다. 그 목적은 예수의 생명이 우리의 몸에 나타나도록 하기 위함이다(10절). 트롤은 이를 "8-9절에 대립 분사들의 형태로 묘사되고 있는 경험들에 대한 기독론적 해석"이라고 옳게 지칭하고 있다.[66] "예수의 죽음"에서 "죽음"(헬, 톤 따나톤이 아닌 네크로신으로, 복수형으로서 문자 그대로는 죽음에 처함 또는 죽은 상태)은 죽음에 빠져가는 **과정**을 의미하거나(바레트, 휴즈), 아니면 죽어 있는 **상태**를 의미한다(퍼니쉬). 로마서 4:19에서는 후자의 의미로 사용되고 있다. 어떤 사람은 이것이 예수께서 겪으신 것과 같은 고난을 가리키는 것으로 보고 있다. 그러나 모방이라는 의미에서 뒤따름이라는 표현은 바울에게서 흔히 나타나지 않는다. 또 다른 사람들은 이 용어가 로마서 6:3에서와 같이 세례를 통해 그리스도와 함께 죽는 것을 가리킨다고 보기도 한다. 혹은 사도의 고난이 복음의 지

64. Thrall, *Second Corinthians*, 330; cf. 326-31.
65. Guthrie, *2 Corinthians*, 255.
66. Thrall, *Second Corinthians*, 331.

상적 현시라고 보는 사람도 있다. "예수의 생명"은 그분의 지상적 삶을 의미하는 것이 아니라, 그분의 부활 생명에 있는 능력을 가리킨다(퍼니쉬).[67] 다르게 말하면 이는 "예수의 부활에서 나타났던 형태로 구현되는 하나님의 능력"을 가리킨다.[68]

바울이 예수의 죽음을 "항상" 짊어진다고 말하는 것은 사도로서 그가 사역할 때 겪어야 했던 끊임없는 위협을 암시한다(거스리).[69] 아이작스는 이 구절을 "우리는 주 예수께서 그렇게 하셨던 것처럼 죽음을 기꺼이 받아들인다"로 옮기는데, 이는 표면적인 의미는 잘 전달하지만, 바울의 심오한 그리스도와의 연합 사상을 잘 전달하지는 못한다. 물론 아이작스는 그리스도의 죽음과 부활이 "명백히 재생되었다"라고 말함으로써 이를 보완하려 애쓰기는 한다.[70]

그 다음 구절(11절)은 전반적으로 10절을 반복해서 설명하는 성격을 띤다. 아이작스는 이 구절의 일부를 "우리가 예수를 위하여 죽음에 넘겨지는데 …… 우리가 건져짐은 죽음에 대한 그분의 승리를 보여준다"로 옮긴다.[71] NRSV는 11절의 일부를 편리하게 제시한다: "예수의 생명이 우리의 가멸적 육체에 나타나도록" 다시 말하자면, 하나님의 형상이신 예수께서 그분의 성육신을 통해 하나님을 **보이도록** 나타내신 것처럼, 사도는 그의 일상의 삶과 행위를 통해 그리스도를 **보이도록** 나타낸다. 알베르트 슈바이처Albert Schweizer는 이 일의 문자적이면서 또한 신비적인 측면을 이와 같이 표현한다. "바울에게 있어서 그리스도와 함께 죽고 일어나는 일은 단순히 은유적인 표현의 문제가 아니다 …… 신

67. Furnish, *II Corinthians*, 256.
68. Thrall, *Second Corinthians*, 335.
69. Guthrie, *2 Corinthians*, 259.
70. Isaacs, *Second Corinthians*, 9-10.
71. Isaacs, *Second Corinthians*, 10.

자는 그리스도의 죽음과 다시 일어남을 실제적 사실로 경험한다."[72]

슈바이처가 이와 같은 "신비적" 죽음과 다시 일어남을 믿음을 통해 은혜로 얻는 바울의 칭의 개념의 **대안**으로 삼은 것은 불행한 일이다. 또한 슈바이처가 자신의 "신비적" 접근법을 너무 지나치게 주장하다 보니 바울 학자들의 지지를 잃어버린 것도 사실이다. 오늘날은 일반적으로 "그리스도에의 참여"라는 말을 사용하는 것이 관례이다.[73] 제임스 던James Dunn은 이를 "그리스도와 함께 묶이는 의식"이라고 부른다. 이 경험은 분명한 출발점이 있으면서 또한 계속 진행되는 관계를 경험하는 것이다. 던은 이를 보여주는 바울 본문의 여러 예들을 제시한다(대표적으로 롬6:3-8, 5:12-21, 고전12:13, 갈2:19-20, 빌3:8-11 등).[74] 이를 강조하는 접근법은 좀 더 거슬러 올라가면 손톤L. S. Thornton 등에게서도 찾아볼 수 있다.[75]

바울은 죽음과 생명이라는 주제를 12절에서 결론짓는다. "그런즉 사망은 우리 안에서 역사하고 생명은 너희 안에서 역사하느니라" 바울의 고난의 사역은 이를 통해 고린도 교인들이 예수의 생명을 경험하는 통로로서의 역할을 한다.[76] 바레트는 이 구절을 골로새서 1:24과 비교한다. 바울은 "메시아 고난들의 남은 부분"을 감당하고 있다는 것이다. 물론 이 말은 그리스도의 고난이 미완성이라거나 끝나지 않았다는 말은 아니다.[77]

바울은 13-15절에서 생명, 담대함, 믿음의 주제를 다루고 있다. 구약 인용(시 116:10)을 포함하는 13절이 앞 단락과 어떻게 연결되는가 하는 점은 다소 모호

---

72. Schweitzer, *The Mysticism of Paul the Apostle*, 15-16, 96-97, 115-16.

73. CF. Dunn, *Theology of Paul the Apostle*, 390-412.

74. Dunn, *Theology of Paul the Apostle*, 410-11.

75. Thornton, *The Common Life in the Body of Christ*, 전체적으로.

76. Guthrie, *2 Corinthians*, 261.

77. Barrett, *Second Corinthians*, 142.

해 보이기도 한다. 마가레트 트롤은 이 부분의 논리적 흐름을 설명하고자 하는 최소한 다섯 가지의 시도를 소개한다. 트롤 자신의 결론은 "우리가 가졌으니"(헬라어 분사 에콘테스)를 원인이 되는 힘이 있는 것으로 보고, 이것이 "우리도 믿었으므로"헬라어 피스튜오멘은 현재 시제이므로 '우리도 믿으므로'로 읽는 것이 적합하다—역주의 근거를 제공하는 것으로 보는 관점다시 말해서 '우리가 동일한 영을 가지고 있기 때문에, 그래서 우리 또한 믿는다'로 읽는 것—역주이다(퍼니쉬, 바레트, 플러머 등도 같은 입장이다). "같은 믿음의 마음"에서 "마음"헬, 프뉴마, 이는 인간 영/정신이나 성령을 가리킬 수 있다—역주을 트롤은 성령을 가리키는 것으로 보며, 이것이 영감된 시인의 고백(시116:10, "내가 믿었으므로 말하였다")과도 잘 연결된다고 보고 있다.[78] NRSV는 성령Spirit이 암시되는 자리에 영spirit을 제시하는 경우가 더러 있는데 여기서도 그러하다. 바울이 "또한 말하노라"라고 말하는 것은 복음의 선포를 가리키는 표현이다.[79] 성경은 선포의 행위가 믿음의 기반 위에서 이루어진다는 것을 분명히 한다.[80]

이어지는 14절은 바울이 죽음의 위협을 직면하면서도 확신을 간직할 수 있게 하는 부활의 신학에 초점을 맞추고 있다.[81] "주 예수를 다시 살리신 이가 예수와 함께 우리도 다시 살리사"라는 표현은 로마서 8:11의 "그리스도 예수를 죽은 자 가운데서 살리신 이가 너희 몸에 거하시는 그의 영으로 말미암아 너희 죽을 몸도 살리시리라"라는 표현과 자구가 유사하다. 우리는 이와 유사한 문구를 바울 서신 여러 곳에서 찾아볼 수 있다(살전4:17, 고전15:52, 고후12:9-11 등). 고린도후서 1:9과 마찬가지로 여기서도 바울은 그리스도께서 다시 오실

78. Thrall, *Second Corinthians*, 338-39.
79. Furnish, *II Corinthians*, 258.
80. Guthrie, *2 Corinthians*, 262.
81. Guthrie, *2 Corinthians*, 263.

때의 미래 차원의 부활의 약속과, 현재 우리의 삶 속에서 경험하는 우리를 일으키시는 하나님의 회복의 능력을 동시에 이야기하는 것으로 보인다. 이는 현재 실현되어가는 완성 차원의 종말론 사상과도 일치된다. 해리스는 "예수와 함께" 우리를 다시 살리신다는 것이 '예수와 같은 시간에' 그렇게 하신다는 것이 아니라 '예수를 따라서' 그렇게 하신다는 것을 의미하는 것으로 보며, 플러머, 브루스, 거스리 등도 같은 입장을 취한다.[82]

바울은 15절에서 그의 인내와 확신의 또 다른 이유 한 가지를 제시하고 있다. 그는 "모든 것이 너희를 위함"이라고 밝히면서 더불어 "많은 사람의 감사로 말미암아 …… 하나님께 영광을 돌리게 하려" 한다는 것을 밝힌다. 퍼니쉬는 15절 하반부를 "구문론의 덤불숲"이라 부르면서, 그 구성 자체의 어려움은 어려움대로 두면서 세 가지 가능한 독법을 제시한다.[83] 대부분의 영어 번역들은 "은혜가 더하여 넘쳐서"에서 사용되는 동사 '넘치다'(헬, 플레오나제인)를 자동사로 본다우리말 번역도 마찬가지다―역주. 어떤 사람들은 이를 타동사로 보기도 하는데, 그렇게 보면 "감사"가 이 동사의 목적어가 되어 '은혜가 감사를 증가시켜'라고 읽을 수도 있다. 트롤은 좀 더 적극적인 입장을 취한다. 그녀는 세부적 해석에는 차이들이 있을지라도 바울의 "기본적 요점은 분명하다"고 말한다. "[하나님의] 은혜가 점점 더 많은 사람들의 응답을 통해 그 영향력을 넓게 됨으로 말미암아 감사를 증가시키게 될 것이고, 이것이 하나님의 영광에 이르게 된다"라는 것이다.[84] "은혜"는 우리의 마음과 삶 속에서 역사하시는 하나님의 자비로운 능력을 가리킨다. 증가와 풍성함은 고린도후서의 특징적인 용어 가

---

82. Harris, *Second Corinthians*, 253.
83. Furnish, *II Corinthians*, 259-60.
84. Thrall, *Second Corinthians*, 344.

운데 하나이다.[85] 바울의 사역이 계속됨에 따라, 하나님의 은혜는 고난의 현실에도 불구하고, 또는 그 현실을 통해서 사람들 속에서 그 영향력을 넓혀간다.

묵상을 위한 질문

① 우리는 때로 우리 자신이 질그릇처럼 연약하다고 느끼지 않습니까? 그런 가운데서도 우리는 값지고 귀한 보배 같은 복음이 일상의 보잘것없는 용기에 담겨 전달될 수도 있다는 것을 알고 우리의 목적의식을 분명히 유지하고 있습니까?

② 우리는 질그릇으로 상징되는 일상성이 복음의 전체 디자인 가운데 필수적인 한 부분을 이룬다는 것을 잘 이해하고 있습니까?

③ 우리는 그리스도인이나 그리스도인 사역자들에게는 고난이나 환난이 면제될 것으로 생각하고 있지 않습니까? 우리는 고난을 '진정성의 인(stamp of authenticity)'으로 여기고 있습니까? 우리는 고린도전서 4:8-13과 고린도후서 4장에 나타나는 바울의 '고난의 목록'을 우리가 당하는 고난과 어떻게 연결시키고 있습니까?

④ 우리는 우리가 당하는 고난의 경험을 어떻게 그리스도의 고난에의 참여로 이해할 수 있을까요? 우리는 고난의 측면에서 그리스도와의 연합을 이루는 것을 피하거나 불평하고 있지 않습니까? 우리가 고난을 달게 짐으로써 그리스도께서 우리의 일상의 삶을 통해 드러나시기를 우리는 갈망하고 있습니까?

⑤ 우리는 이사야 53장에 나오는 고난의 종에게서 보는 것처럼 죽음과 고난의 길이 다른 사람들에게 생명을 가져다주는 길임을 알고 있습니까?

---

85. Young and Ford, *Meaning and Truth in 2 Corinthians*, 전체적으로.

⑥ 우리는 '믿음'을 지적 동의의 측면으로만 이해하고 있지 않습니까? 우리는 바른 믿음이 우리로 하여금 담대하게 말하게 하고 선포하게 한다는 것을 알고 있습니까?

⑦ 우리는 하나님의 부활의 선물을 미래의 확실한 소망으로 보는 동시에 현재에 역사하는 현재적 회복의 능력으로(고후1:9처럼) 보고 있습니까?

⑧ 우리는 증대하는 복음의 확장을 더 많은 사람들 속에서 감사를 불러일으키는 하나님의 능력의 역사로 보고 있습니까?

5. 현재와 미래, 그 속에서 덧입기를 갈망함(4:16-5:10)

16 그러므로 우리가 낙심하지 아니하노니 우리의 겉사람은 낡아지나 우리의 속사람은 날로 새로워지도다 17 우리가 잠시 받는 환난의 경한 것이 지극히 크고 영원한 영광의 중한 것을 우리에게 이루게 함이니 18 우리가 주목하는 것은 보이는 것이 아니요 보이지 않는 것이니 보이는 것은 잠깐이요 보이지 않는 것은 영원함이라

5:1 만일 땅에 있는 우리의 장막 집이 무너지면 하나님께서 지으신 집 곧 손으로 지은 것이 아니요 하늘에 있는 영원한 집이 우리에게 있는 줄 아느니라 2 참으로 우리가 여기 있어 탄식하며 하늘로부터 오는 우리 처소로 덧입기를 간절히 사모하노라 3 이렇게 입음은 우리가 벗은 자들로 발견되지 않으려 함이라 4 참으로 이 장막에 있는 우리가 짐진 것 같이 탄식하는 것은 벗고자 함이 아니요 오히려 덧입고자 함이니 죽을 것이 생명에 삼킨 바 되게 하려 함이라 5 곧 이것을 우리에게 이루게 하시고 보증으로 성령을 우리에게 주신 이는 하나님이시니라 6 그러므로 우리가 항상 담대하여 몸으로 있을 때에는 주와 따로 있는 줄을 아노니 7 이는 우리가 믿음으로 행하고 보는 것으로 행하지 아니함이로라 8

우리가 담대하여 원하는 바는 차라리 몸을 떠나 주와 함께 있는 그것이라 9 그
런즉 우리는 몸으로 있든지 떠나든지 주를 기쁘시게 하는 자가 되기를 힘쓰노
라 10 이는 우리가 다 반드시 그리스도의 심판대 앞에 나타나게 되어 각각 선악
간에 그 몸으로 행한 것을 따라 받으려 함이라

물질적 세계와 보이지 않는 세계를 구분하는 **공간적** 구분 개념에 익숙한 서
구 사람들의 경우, 현재의(보이는 잠정적) 영역과 미래(영원한) 영역의 **시간적**
구분을 바탕으로 하는 히브리, 유대교, 그리고 초기 기독교의 사고를 따라가는
것이 항상 쉬운 일은 아니다. 오스카 쿨만Oscar Cullmann은 이런 차이를 다음과
같이 잘 부각시킨 것으로 유명하다. "초기 기독교의 신앙과 사고는 여기와 저
기의 공간적 대비로부터 시작되는 것이 아니라, 지금과 그때의 시간 구분으로
부터 시작된다. 물론 이렇게 말한다고 해서 보이는 것과 보이지 않는 것 사이
의 공간적 대비가 여기에 전혀 없는 것은 아니다." 하지만 "본질적인 것은 공간
적 대비가 아니라 믿음으로 말미암아 구분되는 시간들 사이의 대비이다."[86]

바울은 이 단락 속에서 우리의 외적 본질과 내적 본질 사이의 관계(16절),
현재의 고난과 영원한 영광의 무게 사이의 관계(17절), 보이는 것과 보이지 않
는 것, 잠깐 있는 것과 영원한 것의 관계(18절)를 다루고 있다. 이런 구분을 바
탕으로 5:1에서 "하늘에 있는 영원한" 하나님께서 지으신 집에 대한 소망을 피
력하고 있다.

플러머는 16절 시작 부분을 "우리가 낙심하지 않는 것은 결코 놀라운 일이
아니다."라고 옮긴다. "겉사람"의 낡아짐에 대한 언급은 7-12절에서 언급한 사
도의 고난과 연결되는 것이 분명하다. 하지만 미래의 영원한 영광과 보이지 않

---

86. Cullmann, *Christ and Time*, 37.

는 영원한 실재에 대한 언급은 5:1-10에 나타나는 미래 소망의 주제로 이어진다. 여기에 나타나는 겉사람과 속사람의 대비는 고린도 서신 전체에서 이곳에 처음 등장한다. 주잇Robert Jewett은 "속사람"이 마음을 가리키는 것으로 보고 있다.[87] 이와 달리 트롤은 이 두 용어가 다 인간을 **총체적으로** 가리키는 것으로 옳게 보고 있는데, 하나는 외적, 인간적 관점에서 바라보는 총체적 인간이고, 다른 하나는 하나님께서 보시는 관점에서의 총체적 자아를 가리킨다.[88] 트롤은 고린도후서 4:16의 "겉사람"이 로마서 6:6의 "옛 사람"과 같은 개념이라고 보고 있다. 우리 그리스도인의 내적 새로움이 외적 퇴락과 대비를 이룬다.

불트만은 "속사람"이 "인간 영혼의 생명" 같은 것이 아니라고 주장한다.[89] 바울은 헬레니즘 사상의 이원론에 그 사고의 기반을 두고 있지 않다. 드러나는 겉모습의 관점에서 볼 때는 바울과 그의 사역이 결코 형편이 좋아 보이지 않지만, 그러나 이것이 낙심할 이유가 되지는 않는다는 것이 핵심이다. 바울은 보이는 세계가 아니라 보이지 않는 세계를 바라보고 있다. 이는 엘리사가 아람 군대를 둘러싸고 있는 하늘의 말들과 불병거를 보는 것과 같다.[90] 다만 바울에게 있어서 이 두 세계는 공간적으로가 아니라 시간적으로 대비된다. 우리는 호그A. P. Hogg가 하는 말을 되새겨본다. "어린이들이 그 속에서 무한한 힘을 발휘하는 그런 왕국이 있다. 그곳에는 어린아이의 작은 손가락이 거대한 세상보다 더 강하다. 이 광대한 왕국 속에서 세상은 단지 허락하는 동안 존재할 뿐이다. 세상의 발전의 법칙들은 영원히 이 왕국에 예속된다. 그 속에서 세상은 그날의 굳건한 진리에 비해 하나의 어리석고 허망한 꿈과 같다."[91]

---

87. Jewett, *Paul's Anthropological Terms*, 397.
88. Thrall, *Second Corinthians*, 350.
89. Bultmann, *Second Corinthians*, 125.
90. Guthrie, *2 Corinthians*, 269.
91. Hogg, *Redemption from this World*, 25-26.

바울은 보이지 않는 것을 바라보는 믿음의 눈으로 인내할 힘을 얻고 있다. 이런 관점이 그리스도인의 소망이요 확신의 근거이다. 바울이 "낡아지나"(헬, 디아프떼이레타이)라고 말하는 것은 외적, 물질적 차원의 영역에 해당할 뿐, 그 자체가 최종적인 것은 아니다. 따라서 바울은 "낙심하지 아니하노니"라고 말할 수 있는 것이다. 17절에서 바울은 지금 그가 말한 것을 더 보완해서 말하고 있다. 그의 사도 직무 가운데서 경험하는 고난의 현실이 영원한 영광의 소망을 낳으며, 이것이 그가 인내할 수 있게 하는 원동력이 되고 있다. 그의 고난은 장차 올 영광의 "중한 것"(헬, 바로스)에 비해볼 때 "경한 것"(헬, 엘라프론) 곧 무의미한 것에 지나지 않는다. 고난은 상대적으로 "가벼운 다발"에 불과하다.[92]

18절에는 "보이는" 일시적인 것과 "보이지 않는" 영원한 것의 유명한 대비가 나타난다. 바울의 이와 같은 새로운 관점은 "하나님 앞"에서의 관점이다. 그는 일차적으로 하나님께서 보시는 바대로의 영적 영역을 바라보고 있다. 일부 영어 역본은 이 구절을 "우리는 보이는 것에 초점을 맞추지 않는다"로 옮기기도 한다(NIV, TNIV, Holman Christian Standard Bible, New Living Translation). 핵심 요점은 고난은 가벼운 것일 뿐이며, 영광을 낳는다는 것이다.[93]

5:1-10에 오면 주제가 바뀌는 듯 보이지만, 실제로는 크게 바뀌는 것이 없다. 오스카 쿨만 등이 지적하는 것처럼 이 부분 역시 현재와 미래 사이의 시간적 대비를 기반으로 한다. 아이작스는 5:1을 이렇게 풀어서 옮긴다. "우리가 이 땅에서 입고 살아가는 이 몸은 하나의 장막(헬, 스케노스)에 지나지 않는다. 이 장막이 무너지면 하늘의 영원한 거처가 우리를 기다리고 있다는 것을 우리는 안다. 이는 우리에게 주시는 하나님의 선물인데, 인간의 손으로 지은 거처가

---

92. Danker, BDAG, 314; Guthrie, *2 Corinthians*, 271.
93. Thrall, *Second Corinthians*, 355.

아니며, 영원히 유지되도록 정하여진 것이다."[94]

5:1의 해석상의 어려움은 트롤이 이 문제를 무려 열세 쪽에 걸쳐서 다루고 있는 점에서도 잘 드러난다. 해리스 역시 비슷한 분량을 할애하고 있으며, 알로는 이 구절의 해석 연구사에만 무려 스무 쪽을 할애하고 있다. 바레트는 이 구절이 "어렵기로 악명 높다"라고 말하기도 한다.[95] 이런 평가에 비해 바울의 시작하는 말은 매우 쉽고 단순하다. "우리가 안다"(헬, 오이다멘)는 확신 어린 말이 그것인데, 이는 목격자 사도들의 증언(고전15:3-8)과 부활하신 그리스도에 대한 바울 자신의 경험에 근거한다.

바울은 "만일 땅에 있는 우리의 장막 집이 무너지면(헬, 헤 에피게이오스 헤몬 오이키아 투 스케누스 카탈뤼떼) 하나님께서 지으신 집 곧 손으로 지은 것이 아니요 하늘에 있는 영원한 집(헬, 오이코도멘)이 우리에게 있는 줄 아느니라"라고 말한다. "장막"이라는 단어는 일시성과 불안정성을 암시한다. 피상적으로 보면 이 용어가 헬레니즘 세계의 인식, 곧 영혼에 비해 일시성을 띤 육체를 가리키는 것으로 보이기도 한다. 그러나 바레트와 세벤스터J. N. Sevenster가 잘 지적하는 것처럼, 바울과 헬레니즘 세계관 사이에는 그 어떤 일치점도 없다. "손으로 지은"이라는 표현은 사도행전 7:48에서 스데반이 사용하는 용어이기도 한데, 이는 단순히 인간적이라는 것을 나타낸다. "무너지면"이라는 말은 해체되어 사라지는 것을 가리킨다.

땅의 "장막"과 대비되는 하늘의 "집"은 하나님께서 마련하신 것이며, "손으로 지은 것"이 아니다. 대부분의 주석가들은 이 집을 부활의 몸으로 보는데, 여기에 대해서는 바울이 고린도전서 15:44-45에서 이미 잘 이야기한 바 있다. 이

94. Isaacs, *Second Corinthians*, 11.
95. Barrett, *Second Corinthians*, 150; Allo, *Seconde épître aux Corinthiens*.

는 오직 하나님께서만 주실 수 있는 것이다.[96] 바울은 고린도전서 15:32-57에서 이 주제를 깊이 다루고 있다. 더 넓게 보면 고린도전서 전체가 하나님만 하실 수 있는 일을 기반으로 한다. 칼 바르트가 이 점을 분명하게 잘 지적한다.[97] "'하나님의'[또는 '하나님으로부터의', 헬, 에크 떼우]라는 이 문구는 분명 이 전체(서신)의 숨은 근원이다."[98] 플러머는 "집"을 가리키는 오이코도메oikodomē가 "건물의 결과에 이르는 지어가는 **과정**"을 가리킨다고 제안한다.[99]

5:1-4과 관련된 여러 가지 주해상의 난점들 가운데서도 가장 까다로운 질문은 "벗은 자들"(3절)이라는 바울의 개념이 중간 상태, 곧 성도의 죽음 이후 재림 시에 영적 몸을 입게 되기까지의 중간 기간을 가리키는가 하는 문제이다. 이와 관련하여 랄프 마틴은 "합의점이 없다"라고 답한다.[100] 두 번째 문제는 이 단락에서 우리는 바울의 앞선 편지들과는 다른 종말론적 관점의 변화를 발견할 수 있는가 하는 점이다. 다드C. H. Dodd와 낙스W. L. Knox는 그렇다고 주장하는 대표적인 사람들이다.[101] 그리스도인은 죽을 때 바로 영적 몸을 받게 되는가? 바레트는 이런 관점을 부인한다. 로우J. Lowe는 바울의 종말론이 그의 전 생애 동안 일관되게 유지되었다고 보는 관점을 취한다.[102]

'중간 상태the intermediate state'라는 인식은 오해에 기반을 두고 있다. 철학자 길버트 라일Gilbert Ryle은 '참여자'의 관점과 '서술자' 혹은 '관찰자'의 관점이 서로 다르다는 것을 잘 보여준다. 그는 고대 그리스 철학 속에 자주 등장하

---

96. Guthrie, *2 Corinthians*, 278.
97. Barth, *The Resurrection of the Dead*. 17-20.
98. Barth, *The Resurrection of the Dead*. 18.
99. Plummer, *Second Corinthians*, 141(강조는 원문 그대로).
100. Martin, *2 Corinthians*, 97.
101. Knox, *Paul and the Church of the Gentiles*, 121-45; Dodd, "The Mind of Paul."
102. Lowe, "An Attempt to Detect Developments in St. Paul's Eschatology."

는 몇 가지 역설들을 통해 이를 예시하고 있다.[103] 어렵게 갈 것 없이 우리는 아이들에게 크리스마스 아침 맞이에 대해 이야기하는 것을 예로 들 수 있을 것이다. 아이가 더 일찍 잠을 자면 크리스마스가 더 빨리 올 것이라고 말하는 것은 참여자의 입장에서 볼 때 옳은 말이다. 하지만 관찰자의 입장에서 보면 아이가 잠드는 순간과 크리스마스 아침의 도래 사이에는 많은 일들이 일어난다. 그 사이에 선물 포장도 이루어지고, 교회 예배에 참석하는 사람도 있을 것이다. 마찬가지 방식으로, 죽음을 맞이하는 그리스도인은 참여자의 입장에서 보면 그리스도와 함께 깨어날 때까지 아무것도 알지 못한다. 그러나 관찰자의 입장, 또는 신학자의 입장에서 보면, 그 사이에 많은 일이 일어난다. 그리스도의 재림, 최후 심판, 마지막 부활 같은 일들이 그것이다. 바울이 고린도후서에서 참여자의 입장을 표현하기 위해 데살로니가전서와 고린도전서에서의 관찰자의 입장을 포기할 필요는 없다. 그는 이 두 가지 입장을 다 견지한다. 그에게는 고린도전서의 세밀한 종말론적 묘사(관찰자의 관점)도 있지만, 동시에 빌립보서 1:23에서 보는 것처럼 그는 "세상을 떠나서 그리스도와 함께 있는 것"(참여자의 관점)을 말하기도 한다.

또 하나의 잘 알려진 어려운 문제는 얼 엘리스E. Earle Ellis가 1960년에 제시한 것과 같은 해석이다.[104] 그는 바울이 말하는 하나님으로부터의 "집"이 유대인 성전과 대비되는 그리스도인 공동체의 집단 정체성을 가리킨다고 주장한다. 따라서 이것이 신자 개인의 죽음의 경험과는 상관이 없는 문제라는 것이다. 5:3의 벌거벗은 상태도 몸이 없는 상태를 가리키는 것이 아니라, 그리스도가 없는 존재의 수치스러운 상태를 말한다고 주장한다. 하지만 헤이프만은 이런 견해를 적절히 잘 논박한 바 있고, 오늘날 이런 견해를 따르는 사람은 그다

---

103. Ryle, *Dilemmas*, 1-81.
104. Ellis, "II Corinthians V:1-10 in Pauline Eschatology."

지 많지 않다.[105]

2-5절에서 바울은 부활의 영광 또는 "하늘에 있는 우리의 처소"와 대비되는 이 세상 속에서 우리의 존재가 하는 탄식(헬, 스트레나조)에 대해 이야기한다. 헬라어 스트레나조는 한숨을 쉬거나 탄식하는 행위를 나타낸다. 이런 상태와 대비되는 차원에서 바울은 부활의 몸을 사모하고 있다. 바울은 옷을 덧입는다 (헬라어로는 '~위에 껴입다'를 뜻하는 이중 접두어가 있는 에펜뒤사스따이)는 은유를 사용한다. 거스리와 벨빌Linda L. Belleville은 불멸의 몸이 "소멸되지 않는 겉옷으로" 덧입혀진다고 말한다.[106] 이 은유 배후에는 앞에서 사용되었던 집의 이미지가 여전히 남아 있다. "처소"로 번역된 오이케테리온oikētērion은 장막보다는 더 영구성이 있는 거처나 주거지를 가리킨다. 이는 고린도전서 15:53에서 "이 썩을 것이 반드시 썩지 아니할 것을 얻겠고 이 죽을 것이 죽지 아니할 것을 입으리로다"라고 말하는 것과 일치를 이룬다.

3절의 조건절'우리가 또한 벗는다면', 개역개정은 "우리가 입음은"으로 번역하고 있다—역주은 논란이 많이 되는 문구이다. 트롤은 이 조건절이 그리스도인이 죽기 전에 파루시아parousia, 또는 그리스도께서 재림하실 가능성의 여지를 남긴다고 주장한다.[107] 이렇게 본다면 이 문구는 "우리 살아남은 자들"이라고 말하는 데 살로니가전서 4:17과 일치한다고 볼 수도 있다. 왜냐하면 만일 바울이 여기서 "살아남은 **그들**"이라고 이야기했다면, 독자들이 볼 때 바울이 자기들 생전에 재림이 일어날 가능성을 신중하게 고려하지 않는다고 생각했을 것이 분명하기 때문이다. 철학자 스트로슨P. F. Strawson이 지적하는 것처럼, 하나의 주장과 조

---

105. Martin, *2 Corinthians*, 99-100; Guthrie, *2 Corinthians*, 275, n. 3.

106. Guthrie, *2 Corinthians*, 280, Belleville, *2 Corinthians*, 134.

107. Thrall, *Second Corinthians*, 376-77.

건적 추정 사이에는 큰 차이가 존재한다.[108]

바울은 재림이 그의 생전에 **일어날 것**이라고 믿었다기보다는 그 **가능성**을 허용하고 있을 뿐이다. 예수님께서도 그날과 그때는 아무도 모르고, 아들도 모르며, 오직 아버지만 아신다고 말씀하셨다(막13:32). 트롤은 또한 "벗은 자들"이 무엇을 가리키는가의 문제와 관련하여 여러 해석자들의 관점을 살피고 있다.[109] 어떤 이들은 이것이 육체를 벗어나 탈육체화된 영혼의 상태를 말하는 것이라고 본다. 하지만 바울은 '영혼'을 이런 방식으로 표현하는 일이 잘 없다. 또 어떤 사람들은 이것이 수치를 가리키는 상징적 언어로 사용된다는 점을 들어서 이 용어가 하나님 앞에 수치스럽게 선 모습, 즉 도덕적으로 벌거벗은 상태를 가리킨다고 보기도 한다. 이런 견해들을 포함하여 여러 가지 관점들을 살펴본 후에 트롤은 이 구절에서 사용된 문법이 하나의 성취되지 않은 가설을 지시한다고 결론짓는다. 거스리는 이 용어가 "적합한 복장을 갖추지 않은 상태"를 가리킨다고 보고 있다.[110] 플러머는 전반적인 논조를 고려할 때 "이 땅에서의 삶은 하나의 순례의 삶"이라는 것을 말한다고 보고 있다. 그리스도인은 하늘 영역에 그 시민권을 두고 있기 때문에 이 땅에서는 단지 "거류민"으로 존재할 뿐이라고 보는 것이다.[111]

무울C. F. D. Moule과 거스리는 우리 인간들은 부활체가 단순히 '더하여지는' 방식으로 주어지기를, 곧 껴입기를 선호하는 반면, 하나님께서는 변형과 변경을 택하신다고 주장한다. 거스리는 이렇게 말한다. "부활은 단순히 하나의 몸을 버리고 다른 몸을 취하는 과정이 아니다 ……오히려 부활의 때에 땅의 몸은

---

108. Strawson, *An Introduction to Logical Theory*, 175-79.
109. Thrall, *Second Corinthians*, 376-79.
110. Guthrie, *2 Corinthians*, 282.
111. Plummer, *Second Corinthians*, 142.

부활의 과정 속에서 변화되며, 삼켜짐을 경험한다."[112] 이런 주장은 사망이 삼켜지리라고 말하는 고린도전서 15:54을 반영한다. 땅의 몸이 소멸되는 정도가 어떠하든, 부활의 변화를 거칠 수밖에 없는 것이 하나님께서 가지고 계신 계획이다.

5절에서 바울은 자신이 가진 담대함을 표현하는데, 그 근거는 죽은 자를 살리시는 하나님(1:9)일 뿐만 아니라, 또한 부활의 시행자이신 성령이다. 거스리가 잘 지적하는 것처럼 성령은 "종말론의 기초석을 이룬다."[113] 이 구절에는 성령을 가리키는 "보증"이라는 유명한 용어가 나타난다. 이 용어는 헬라어 아라본arrabōn을 옮긴 말인데, 단커는 이를 "거래 대금의 일부를 미리 주는 선금, 첫 지불금, 보증금, 착수금, 약조" 등의 의미로 정의한다.[114] 바울은 유사한 의미를 가진 성령의 "처음 익은 열매"라는 표현을 로마서 8:22-23에서 사용하고 있다. "보증"은 장차 더 많이 올 것을 기대하게 한다. 킹 제임스 역KJV은 이를 "성령의 계약금earnest"이라 번역한다. 이는 동일한 성질의 것이 더 오리라는 것을 약조하는 의미이다. 헤르만 궁켈Hermann Gunkel과 닐 하밀튼Neill Hamilton은 이런 점을 강조한다. 하밀튼은 이렇게 말한다. "중력의 중심은 미래에 놓여 있다 ……'성령을 위하여 심는 자는 성령으로부터 영생을' 거두게 될 것이다(갈 6:8)"[115] 우리는 종종 성령의 능력을 지금 우리가 경험하는 것으로 측정하려 하지만, 바울은 우리가 지금 보는 것은 우리의 부활의 때에 그리고 부활 이후의 삶 속에서 보게 될 것의 일부분에 지나지 않는다는 것을 강조한다.

고린도후서 5:6-8은 5:1-10 단락의 두 번째 하부 단락에 해당한다. 바울은

112. Guthrie, *2 Corinthians*, 283.

113. Guthrie, *2 Corinthians*, 284.

114. Danker, BDAG, 134.

115. Hamilton, *The Holy Spirit and Eschatology in Paul*, 19; cf. Gunkel, *The Influence of the Holy Spirit*, 82; Thiselton, *The Holy Spirit*, 73.

"우리가 항상 담대하여"라는 말로 자신의 담대함을 표현한다. 그러면서 몸 안에 있는 "집에" 있는 것개역개정에서는 "몸에 있을 때"―역주과 주께로부터 "떠나는" 것개역개정에서는 "주와 따로 있는"―역주을 대비시킨다. 땅 위에서의 삶을 가리키는 몸 안에 있는(헬, 엔데메오) 상태는 주님으로부터 떨어져 있는(헬, 에크데메오) 상태와 대비된다. 이 세상 속에서의 삶은 일종의 타향살이나 유배 생활과 같다.[116] 7절에서는 앞서 6절에서 말했던 것을 더 확장시키고 있다. 그리스도 안에서 하나님의 임재는 "보는 것"에 의해서가 아니라 "믿음"으로 확인된다. 믿음은 맹목적으로 흑암 속에 뛰어드는 것을 의미하는 것이 아니라, 하나님께서 주신 것을 자기 것으로 삼는 적극적인 전유의 자세를 가리킨다. 나는 다른 곳에서 신약에 나타나는 "믿음"이라는 용어를 열세 가지의 다른 의미로 구분해서 정리한 적이 있다.[117] 때로 믿음은 여기서 볼 수 있는 것처럼 적극적인 신뢰를 의미한다.[118] 마틴 루터는 믿음을 이렇게 정의한 적이 있다. "[믿음은] 하나님의 은혜에 대한 살아 있는 그리고 과감한 확신이다. 그것이 너무나 분명하고 확실하기 때문에 사람은 자기의 생명을 천 번이고 만 번이고 거기에 걸 수 있다. 하나님의 은혜에 대한 이 확신은 …… 사람을 기쁘게 하고 담대하게 하며 행복하게 만든다."[119] 이런 해설은 바울이 5:8에서 자신의 담대함을 이야기하는 것과 잘 연결된다.

5:9-10에서 바울은 우리가 하나님 앞에서 우리의 삶을 정산해야 할 때가 있음을 이야기한다. 이 역시 앞에서 언급한 집에 있음과 떠나 있음의 이미지와 연결된다. 바울은 미래 부활의 순간을 계속 염두에 두고 있으며, 따라서 그는

---

116. Thrall, *Second Corinthians*, 386.
117. Thiselton, *Doubt, Faith and Certainty*, 10-11, 61-75.
118. Thiselton, *Doubt, Faith and Certainty*, 61-64.
119. Martin Luther, 인용은 Rupp and Drewery, *Martin Luther*, 20.

이것과 필연적으로 결부된 하나의 장면, 곧 최후의 심판 또는 "그리스도의 심판대"를 언급하지 않을 수 없다. 모든 사람은, 우리 그리스도인들까지도, 그리스도의 심판대 앞에 서야 할 것이다. 하지만 이 심판의 순간을 마치 잘한 일 못한 일 가려서 그에 따라 상벌을 내리는 하늘의 교장선생님 앞에 서는 것처럼 생각하는 것은 잘못이다. 바울은 "우리가 다 반드시 그리스도의 심판대 앞에 나타나게 되어 각각 선악 간에 그 몸으로 행한 것을 따라 받으려 함이라"라고 말한다(10절). 구약에서는 심판의 전망이 두려움이나 불안이 아닌 기쁨의 원천으로 그려지고 있다. 왜 그럴까?

시편 기자는 이렇게 기록하고 있다. "그가[여호와께서] 만민을 공평하게 심판하시리라 할지로다 하늘은 기뻐하고 땅은 즐거워하며 …… 밭과 그 가운데에 있는 모든 것은 즐거워할지로다 그때 숲의 모든 나무들이 여호와 앞에서 즐거이 노래하리니 그가 임하시되 땅을 심판하러 임하실 것임이라 그가 의로 세계를 심판하시며 그의 진실하심으로 백성을 심판하시리로다"(시96:10-13) 또 다른 곳에도 이런 표현이 나온다. "온 백성은 기쁘고 즐겁게 노래할지니 주는 민족들을 공평하게 심판하시며 땅 위의 나라들을 다스리실 것임이니이다"(시67:4). 심판이 임함에도 불구하고 이와 같이 즐거워할 수 있는 이유는 마지막 심판의 때에 하나님께서 그분의 의와 진리를 나타내실 것이기 때문이다. 그분께서는 모든 기만과 유혹과 망상과 애매모호함을 끝장내실 것이다. 압박당하는 자들을 공적으로 그리고 결정적으로 풀어주시고 바로잡아 주실 것이다.

시편 98편은 이렇게 선포한다. "여호와께서 …… 그의 공의를 뭇 나라의 목전에서 명백히 나타내셨도다 …… 온 땅이여 여호와께 즐거이 소리칠지어다 소리 내어 즐겁게 노래하며 찬송할지어다 …… 그가 땅을 심판하러 임하실 것임이로다 그가 의로 세계를 판단하시며 공평으로 그의 백성을 심판하시리로다"(시98:2, 4, 9). 하나님께서는 스스로를 온 피조물의 우주적 왕으로 드러내시고, 잘못을 당한 자들을 변호하시며 모든 일을 바로잡으실 것이다. 스티븐 트라비스Stephen Travis는 이렇게 말한다. "바로잡아 주는 차원의 정의는 그 강조점이 가해자에게 '되갚아 주기'에 놓이기보다 '가해자와 희생자 사이의 어그러진 관계를 바로잡아 주기'에 놓인다."[120] 이사야 45:21-22은 하나님을 "공의를 행하며 구원을 베푸는 하나님"으로 소개하고 있다.

하나님의 최종적, 결정적, 불가역적 판정은 모든 것을 최종적으로 바로잡으시는 행위이다. 믿음으로 의롭게 됨은 이를 예기한다.[121] 최후의 심판은 화행론 話行論, speech-act theory 철학자들이 말하는 수행어 차원의 화행speech-act을 그 중심에 두고 있는데, 그 핵심을 이루는 것은 하나님께서 행하시는 변혁적 행위이다. 심판의 화행은 변혁의 결과를 도출하는 진정한 판정의 행위이다재판정에서 판사의 판정의 말이 사람의 신분을 '유죄인'이나 '무죄인'으로 바꾸는 것과 같은 상황을 생각하면 된다─역주.[122] 이와 같은 화행론의 개념들은 바울이 "그리스도의 심판대"를 이야기하면서도 그 앞에서 담대함을 누리는 이유를 잘 이해할 수 있게 해준다.

묵상을 위한 질문

① 우리는 때로 성경을 읽을 때 보이는 물질적 세계와 '저 너머'의 영역을 대비시키는 '공간적' 개념에 지배당하지 않습니까? 우리가 성경이 제시하는 '시간적' 대비 곧 '지금'과 하나님의 미래 사이의 대비 관계에 발맞추어 성경을 읽을 때 어떤 유익을 얻을 수 있습니까?

---

120. Travis, *Christ and the Judgement of God*, 8.

121. Cf. Yinger, *Paul, Judaism, and Judgement according to Deeds*, 284-90.

122. 화행론 철학에 관해서는 참조, Austin, *How to Do Things with Words*, 88-91, 152-56, 162; Donald Evans, *The Logic of Self-Involvement*, 36, 그리고 전체적으로; Searle, *Expression and Meaning*; Thiselton, *Thiselton on Hermeneutics*, 51-150.

② 우리가 '외적' 평가 기준이나 가치관이 아니라 하나님께서 우리를 보시는 대로의 '내적' 관점을 따라 우리 자신을 보는 것이 우리에게 어떤 유익을 줍니까? 우리는 너무 자주 '외모'에 이끌려 살지 않습니까? 우리는 엘리사 선지자나 호그(A.G. Hogg)처럼 현재 세상의 너머를 바라보며 살아가고 있습니까?

③ 영적 '몸'으로 부활한다는 것이 우리의 신앙과 삶에 어떤 실제적인 힘을 주고 있습니까? 우리는 낡아져가는 현재의 삶만이 전부인 것처럼 생각하며 그것에 매료되어 살아가고 있지 않습니까? "손으로 지은 것"이 아니라 "하나님께서 지으신 집"에 대한 믿음이 우리의 삶에 어떤 실제적으로 작용하고 있습니까?

④ 부활에 대한 우리의 이해는 주권적 창조자이신 하나님에 대한 우리의 믿음과 얼마나 깊이 결부되어 있습니까?

⑤ '중간 상태'라는 개념은 과연 적합한 것일까요? '관찰자'의 관점과 '참여자'의 관점을 구별하는 것이, 그리고 이 두 가지가 바울의 종말 이해에 다 포함되어 있음을 아는 것이 이 문제에 대해 어떤 답을 던져줍니까?

⑥ 우리는 부활의 때에 진정한 변형이 일어날 것을 기대하고 있습니까, 아니면 단순히 죽음 후에도 생명이 계속 이어질 것 정도만을 기대하고 있습니까?

⑦ 우리가 현재의 삶을 미래의 삶을 위한 순례의 과정으로 생각하는 것이 어떤 면에서 우리에게 도움을 줍니까? 또 주의해야 할 점은 없을까요?

⑧ 우리는 성령을 우리의 미래를 포함한 전체적 관점에서 보기보다 그분께서 현재 행하시는 일에만 국한해서 이해하고 있지는 않습니까?

⑨ 바울은 자신이 "보는 것"으로 행하지 아니하고 "믿음으로" 행한다고 선언합니다. 이 경우 믿음은 어떤 의미가 있는 것일까요?

⑩ 우리는 구약의 기록자들이 최후의 심판을 묘사할 때 큰 기대와 기쁨을 표현하는 것을 볼 수 있습니다. 그 이유가 무엇일까요? 우리가 최후 심판을 바라볼 때, 두려움이나 불안 없이 그것을 바라보고 대망할 수 있는 것은 무엇 때문일까요?

6. 화목의 사역(5:11-6:2)

(a) 바울 사역의 중심축(5:11-17)

11 우리는 주의 두려우심을 알므로 사람들을 권면하거니와 우리가 하나님 앞에 알리어졌으니 또 너희의 양심에도 알리어지기를 바라노라 12 우리가 다시 너희에게 자천하는 것이 아니요 오직 우리로 말미암아 자랑할 기회를 너희에게 주어 마음으로 하지 않고 외모로 자랑하는 자들에게 대답하게 하려 하는 것이라 13 우리가 만일 미쳤어도 하나님을 위한 것이요 정신이 온전하여도 너희를 위한 것이니 14 그리스도의 사랑이 우리를 강권하시는도다 우리가 생각하건대 한 사람이 모든 사람을 대신하여 죽었은즉 모든 사람이 죽은 것이라 15 그가 모든 사람을 대신하여 죽으심은 살아 있는 자들로 하여금 다시는 그들 자신을 위하여 살지 않고 오직 그들을 대신하여 죽었다가 다시 살아나신 이를 위하여 살게 하려 함이라 16 그러므로 우리가 이제부터는 어떤 사람도 육신을 따라 알지 아니하노라 비록 우리가 그리스도도 육신을 따라 알았으나 이제부터는 그같이 알지 아니하노라 17 그런즉 누구든지 그리스도 안에 있으면 새로운 피조물이라 이전 것은 지나갔으니 보라 새 것이 되었도다

이 단락의 첫 번째 부분은 보배로운 복음의 대사가 전하는 메시지와 그리스도의 죽음을 통해 일어난 새 창조에 대해 이야기한다(5:11-21). 11절에서 바울

은 사역자의 임무가 사람들을 **설득**하는 일임을 밝힌다개역개정은 "권면"으로 번역하였으나 바울은 '우리가 설득한다'는 의미의 헬라어 동사 페이또멘을 사용한다—역주. 그는 복음 메시지의 보배와 그것을 담은 질그릇 사이의 대조를 여전히 염두에 두고 있다. 사도는 사람들을 설득하는 일을 하나님께 위임받은 존귀한 지위이지만, 그럼에도 불구하고 여전히 사도는 깨어지기 쉽고 연약한 그릇이다. 사도는 "주의 두려우심"을 알고 하나님의 심판권 아래에 선 사람이다. 바울이 이 구절에서 "양심"을 언급하는 것은 바울의 설교가 조작적이라고 비난하는 사람들이 있다는 것을 반영한다. 바울은 다시 한 번 자신의 진실함을 밝히고 있고, 그의 사역이 모든 것을 다 보고 계시는 하나님 앞에서 이루어진다고 천명한다.

이어지는 구절(12절)에서 바울은 고린도에서 활동하는 그의 대적들과 달리 그가 스스로를 "자천"하는 사람이 아니라는 것을 밝힌다. 그의 사역은 모세가 수건을 썼던 것과는 달리(출34장) 개방적이다. 전적인 개방성이야말로 바른 종류의 "자랑", 곧 진정한 사도성에 대한 자랑의 기반이 될 수 있다. 그는 고린도 교인들이 사실을 잘 분간하기를 바라고 있다. "외모"는 바울의 대적들이 들고 나오는 잘못된 자랑거리들을 가리킨다. 로버트슨은 이들을 "허풍선이들"이라 부른다.[123]

13절에서 "우리"라고 말하는 것은 문학적 복수 표현으로서, 실제로는 바울 자신을 가리킨다. 바울은 자신이 방언을 말하는 사람인 것을 밝힌 적이 있고(고전14:18), 또한 "셋째 하늘에 이끌려 간 자"임을 밝히기도 한다(고후12:2-3). 이런 점에서 볼 때 "우리가 만일 미쳤어도"(헬, 에이테 엑세스테멘, '자기 바깥에 서다'를 뜻하는 엑시스테미의 제2 단순과거형, 엑스터시를 뜻하는 엑스타시스에서 유래)라고 말하는 것은 전혀 이상한 일이 아니다. 단순과거 시제를

---

123. Robertson, *Word Pictures in the NT*, vol. 4, 230.

사용한 것은 바울이 과거의 특정 시점에 일어난 어떤 일들을 염두에 두고 있음을 암시한다. "정신이 온전하여도"라는 말은 그의 이성적이고 합리적이며 조리 있는 담화가 그의 독자들의 유익을 위해 목회적 차원에서 이루어지는 일임을 가리킨다.

바울은 계속해서 자신의 사역이 "그리스도의 사랑"(헬, 헤 아가페)의 "강권"(헬, 쉬네케이 헤마스, 문자적으로는 '강하게 압박하다' 또는 '함께 아우른다'로, NRSV는 '우리를 재촉한다', NIV는 '우리를 강제한다', RSV는 '우리를 통제한다'로 번역한다)으로 말미암았음을 밝힌다.[124] "그리스도의"라는 속격(소유격)은 주격적 속격이다. 즉 바울과 다른 이들을 위해 사랑을 주셨음을 가리킨다. 이 그리스도의 사랑이 바울을 붙들고 있다.

바울은 계속해서 이 그리스도의 사랑이 무엇으로 이루어져 있는지를 밝힌다. "우리가 생각하건대"(헬, 크리난타스 투토, '우리가 결론을 내렸기에')라는 말은 바울에게서 이미 분명한 판단이 섰다는 것을 나타낸다. 그 내용은 "한 사람이 모든 사람을 대신하여 죽었"다는 것이다. 트롤의 표현을 빌리자면, "바울에게 결정적 영향을 행사하고 있는 것은 인류를 향한 그리스도의 사랑이다."[125] 그리스도의 효력 있는 사랑에 대한 바울의 믿음은 초기 기독교가 보편적으로 공유하고 있던 믿음의 내용이다. 그러므로 바울은 보편적 신앙고백의 내용에 호소하고 있다. "그가 모든 사람을 대신하여 죽으심"을 말하는 것(15절)은 교회의 보편적이고 사도적인 믿음의 내용에 속한다. 여기에 사용된 헬라어 전치사 휘페르hyper('위하여')는 '~를 대신하여'나 '~의 유익을 위하여'라는 의미가 있다. 신약에는 훨씬 더 명료하게 대리적 의미의 전치사가 있기는 하다(헬, 안티anti가 '~ 대신에'의 의미가 있다. 막10:45, 마17:27, cf. 롬12:17, 고전11:15, 살

---

124. Danker, BDAG, 970-71, 영역본에 나타나는 의미들이 다 쉬네코(synechō)의 의미 범주에 속한다.
125. Thrall, *Second Corinthians*, 408.

전5:15). 하지만 바울이 여기서 전치사 휘페르를 사용한 것은 로버트슨이 잘 지적하는 것처럼, 이 역시 요한복음 11:50에서와 같이 "대리substitution의 의미"로 사용되고 있고, 또 이 전치사가 안티보다 더 일반적으로 통용되는 단어이기 때문이다.[126]

"모든 사람이 죽은 것이라"라는 표현은 그리스도의 죽음에 있는 대리적 성격뿐만 아니라 참여participation의 차원을 함께 나타낸다. 트롤은 이 문구와 관련된 여섯 가지의 가능한 해석들을 제시하면서, 가장 신빙성 있는 견해는 로마서 6:3-4에서와 같이 그리스도와의 연합 및 그 효과가 전제되어 있는 것으로 보는 관점이라고 말한다. 바울이 다른 곳에서 말하는 참여 및 그리스도 안에 있음의 사상을 염두에 두어야 한다는 것이다. 대리substitution와 참여participation는 '이것이냐 저것이냐'의 양자택일의 관계가 아니라 '이것뿐만 아니라 저것도'의 관계를 이룬다.[127] 5절과 관련하여 트롤은 바울이 제시하는 그리스도의 죽으심의 목적은 타락한 인간의 본질인 "자기중심적 존재를 끝내기 위함"이라고 말한다.[128] "그들 자신을 위하여 살지 않고"라는 문구 배후에서 우리는 고린도의 거짓 사도들이 다시 한 번 암시되고 있다는 것을 느낄 수 있다.

두 번째 하부 단락은 16-17절에서 시작된다. 바울은 어느 누구도 "육신을 따라"(헬, 카타 사르카, '인간적 관점으로') 알지 않는다고 밝힌다. 그는 그리스도 역시 이런 관점으로 보지 않는다. 그리스도에 대한 이곳에서의 언급은 헬라어 사르크스sarx가 의미하는 바가 무엇인지를 잘 보여준다. 그리스도를 육신을 따라 안다는 것은 그분을 그 "외적" 특성을 따라 또는 자연적 조건들에 따라 안다는 것을 가리킨다. 그가 마리아와 요셉의 아들로 언제 어떻게 태어났으며, 그가

---

126. Robertson, *Word Pictures in the NT*, vol. 4, 230-31; cf. Thrall, *Second Corinthians*, 409.

127. Thrall, *Second Corinthians*, 411.

128. Thrall, *Second Corinthians*, 411.

자란 문화적 환경은 어떤 것이며, 열두 제자들의 선생으로 어떤 활동을 했고, 어떤 결국을 맞았는지와 같은 지식이 여기에 속한다. 하지만 예수님이나 다른 어떤 사람도 순전히 인간적 기준 또는 세상적 판단 근거에 따라 평가될 수는 없다. 바울은 자신이 한때 그리스도를 이런 방식으로 알았다는 것을 인정한다. 하지만 그 다음 절에서(17절) 그는 새 창조 안에서 모든 것이 새롭게 되었다고 밝힌다. "그리스도 안에는 새 창조가 있다."헬라어 카이네 크티시스를 개별적인 '새 피조물'로보다는 우주적 차원의 '새 창조'로 보고 있다—역주.

바울이 예수님을 계급이나 종족, 문화적 배경 등에서만 알았을 때는 신자가 아니었다. 새 창조는 두 가지 다른 종류의 지식을 가르는 분기점으로 작용한다. 이와 관련하여 거스리는 이렇게 해설한다. "그리스도를 세속적 관점에서 평가하는 것은 영구히 어리석은 일로 보였을 것이다. 왜냐하면 바울은 다메섹 도상에서 주 그리스도를 대면했기 때문이며, 그의 모든 잘못된 판단들이 다 땅바닥의 먼지 속에 흩어져버렸기 때문이다."[129]

17절에서 바울은 "그리스도 안에"라는 문구를 사용한다. 이 문구는 바울 서신 속에서 76번이나 나타난다. 요하네스 바이스Johannes Weiss가 지적하는 것처럼 이 문구는 다양한 맥락 속에서 다양한 의미로 사용된다. (1) "그리스도 안"은 "그리스도께서 오셨기 때문에"의 의미로 사용되기도 한다. (2) 이 문구는 또한 고린도전서 15:22의 "아담 안에서 모든 사람이 죽은 것 같이 그리스도 안에서 모든 사람이 삶을 얻으리라"에서 보는 것처럼 대표의 의미로 사용되기도 한다. (3) 때로 이 문구는 "주 안에서 자랑하라"(고전1:31)와 같이 단순한 전치사의 용법으로 사용되기도 한다. (4) 바이스는 도구적 용례(살전4:1)를 제시하기도 한다. (5) 때로는 빌립보서 4:13의 "내게 능력 주시는 자 안에서 내가 모든

---

129. Guthrie, *2 Corinthians*, 307.

것을 할 수 있느니라"에서와 같이 신비적 의미를 가지기도 한다. 그러나 다른 모든 것들보다 신학적으로 가장 중요하고 또 특징적인 용례는 "그리스도 예수 안에 있는 자에게는 결코 정죄함이 없나니"라는 표현에서 보는 것과 같이 우리가 "그리스도와 한 짝으로 묶임으로써 하나님께서 우리를 그리스도의 한 부분으로 보시는" 것과 같은 경우이다.[130] 바이스는 이를 그리스도와의 연합의 종말론적 지위라 부르는데, 불트만 역시 여기에 동의하고 있다.[131] 다만 우리가 불트만에 대해 한 가지 지적하지 않을 수 없는 것은, 예수님에 대해 바울이 "육신을 따라" 알지 않는다고 천명하는 것을 불트만은 역사적 차원의 예수가 바울에게 더 이상 의미가 없게 되었음을 뜻하는 것으로 잘못 이해하고 있다는 점이다. 데이비스W.D. Davies가 잘 지적하는 것처럼, "바울이 거부하는 것은 육체적 차원의 그리스도가 아니라 육체적 차원의 지식이다."[132]

트롤은 17절의 "그리스도 안에"가 "신자와 그리스도의 인격적 연합"을 가리키는 것으로 보지만, 그러면서도 이 배후에는 그리스도인의 연합적 인격성이 놓여 있다고 주장한다. 다시 말해서 이 문구는 그리스도의 몸인 신자들의 공동체에 연합됨의 의미도 포함한다고 보는 것이다.[133]

묵상을 위한 질문

① 하나님께서는 왜 복음의 보배가 깨어지기 쉬운 질그릇에 담기도록 하실까요? 이것이 오늘 교회의 사역자들이나 우리 그리스도인들에게 어떤 함의가 있을까요?

---

130. Weiss, *History of Primitive Christianity*, vol. 2, 468-69.

131. Bultmann, *Second Corinthians*, 157.

132. Davis, *Paul and Rabbinic Judaism*, 195.

133. Thrall, *Second Corinthians*, 425.

② 고린도후서에서 바울은 그리스도의 대사로서의 사명이 사람들을 설득하는 일이라고 이야기합니다. 그러면서 그는 사람들의 양심을 언급하고 있는데, 이 둘의 연결점을 어떻게 찾을 수 있을까요? 양심에의 호소는 그리스도인 사역자의 사명과 어떻게 연결되는 것일까요?

③ 바울은 하나님께서 그에게 주신 남다른 '영적' 경험들을 자랑삼아 내세우지 않습니다. 그는 이런 경험들을 어떻게 암시하고 있습니까? 그는 합리적이고 논리적이며 통상적인 담론을 천거하는데, 그 목적은 어디에 있습니까?

④ 세상을 향한 그리스도의 사랑이 바울을 사로잡고 있습니다. 그는 여기에 어떤 방식으로 즉각적 반응을 나타내고 있습니까? 우리를 사로잡아 이끄는 삶의 동인은 무엇입니까? 여기에 대한 우리의 응답은 무엇입니까?

⑤ 우리가 그리스도와 여타 사람들을 평가하는 평가의 근거나 기준은 무엇입니까? 출생이나 문화, 교육, 외모나 재산 등입니까? "새 창조"에 속한 새로운 존재가 된다는 것이 이런 문제와 관련하여 우리에게 어떤 변화를 주고 있습니까?

⑥ 우리는 "그리스도 안"이라는 문구를 어떤 방식으로 이해하고 있습니까? 바울이 가장 빈번히 사용하는 이 문구의 가장 중요하고 특징적인 용례는 어떤 것입니까?

(b) 화목하게 하는 사역(5:18-6:2)

18 모든 것이 하나님께로서 났으며 그가 그리스도로 말미암아 우리를 자기와 화목하게 하시고 또 우리에게 화목하게 하는 직분을 주셨으니 19 곧 하나님께서 그리스도 안에 계시사 세상을 자기와 화목하게 하시며 그들의 죄를 그들에게 돌리지 아니하시고 화목하게 하는 말씀을 우리에게 부탁하셨느니라 20 그

러므로 우리가 그리스도를 대신하여 사신이 되어 하나님이 우리를 통하여 너희를 권면하시는 것 같이 그리스도를 대신하여 간청하노니 너희는 하나님과 화목하라 21 하나님이 죄를 알지도 못하신 이를 우리를 대신하여 죄로 삼으신 것은 우리로 하여금 그 안에서 하나님의 의가 되게 하려 하심이라

6:1 우리가 하나님과 함께 일하는 자로서 너희를 권하노니 하나님의 은혜를 헛되이 받지 말라 2 이르시되 내가 은혜 베풀 때에 너에게 듣고 구원의 날에 너를 도왔다 하셨으니 보라 지금은 은혜 받을 만한 때요 보라 지금은 구원의 날이로다

거스리는 18-19절이 새로운 단락의 시작을 알린다고 보면서, 이 단락의 제목을 '하나님의 화목 프로그램과 바울의 사명'으로 잡고 있다.[134] 새 창조는 "하나님께로서" 난 일이며, 여기에는 두 가지 국면이 포함된다. 첫째, 하나님께서는 우리를 그분 스스로와 화목하게 하셨다. 둘째, 하나님께서는 우리에게 화목하게 하는 사역"직분"—역주을 주셨다. 바울이 여기서 "우리"를 말하는 것은 다시 한 번 문학적 복수 표현의 용례이며, 실질적으로는 바울 자신을 가리킨다. 화목의 범주는 온 세상이다. "화목"(헬, 카탈라게, 동사는 카탈라소)은 매우 특징적인 바울의 용어이다. 하나님으로부터 죄인이 소외되어 있는 상황을 다시 되돌리는 것, 또는 그를 향한 적대감을 없애는 것이 화목인데, 바울이 이 용어를 채택해서 사용하는 것은 매우 탁월한 일이 아닐 수 없다. 헬라어 카탈라게는 "단절된 또는 깨어진 관계의 복구"라는 의미가 있으며, 동사형 카탈라소는 "적대감을 친구 관계로 바꾸다" 또는 "화해하다"를 의미한다.[135]

신학 용어로 굳어진 단어들을 설명하는 것이 한때 어렵게 느껴졌던 때도 있었지만, 오늘날은 우리가 화목과 같은 용어를 설명하는 데 어려움을 느낄 필요

134. Guthrie, *2 Corinthians*, 308.
135. Danker, BDAG, 521.

가 없다. 왜냐하면 불화의 관계가 너무나 일상화되어 있기 때문이다. 별거 중인 남편과 아내, 나라들 사이의 갈등, 고용자와 노동자 단체 사이의 불화 등이 일상의 경험이 되다 보니, 화목을 설명하는 것도 결코 어려운 일이 아니다. 바울은 이 용어를 로마서 5:10-11, 그리고 남편과 아내의 화목에 대한 고린도전서 7:11 등에서 사용하고 있다. 고린도후서 5:18-19에서는 하나님께서 우리를 그리스도를 통해 자신과 화목하게 만드셨다는 사실을 천명하며, 복음의 사역을 "화목하게 하는 직분"이라 부른다. 이는 자연스럽게 20절의 "하나님과 화목하라"라는 선포의 말씀으로 연결된다. 바울은 다른 서신에서 "전에 악한 행실로 멀리 떠나 마음으로 원수가 되었던 너희"를 하나님께서 그리스도로 말미암아 "자기와 화목하게 되기를 기뻐"하셨다고 말한다(골1:20-22).

제임스 데니James Denney는 화목이 "완료된 사역이며 …… 우리 바깥에서 이루어진 사역으로, 하나님께서 그리스도 안에서 세상의 죄가 더 이상 그분과 사람 사이의 벽으로 작용하지 못하도록 이를 처리하신 일"을 가리킨다고 설명한다.[136] 데니가 화목을 "객관적 또는 완료된" 일이라고 강조하는 것은 옳은 지적이다. 그러면서도 화목에는 인간 편에서 이루어져야 하는 일이 포함된다. 곧 성령께서 이 새로운 환영의 관계가 우리의 매일의 삶 속에 현실화되도록 만들어주셔야 한다. 그래서 바울은 "그리스도를 대신하여 간청하노니 너희는 하나님과 화목하라"라고 덧붙이는 것이다(20절).[137]

바울이 자신을 가리켜 "사신이 되어"라고 할 때 사용하는 헬라어 프레스뷰오멘presbeuomen을 단커는 "사신으로 일하다"의 의미로 정의한다(엡6:20에서와 같이).[138] 아돌프 다이스만은 파피루스 자료에서 황제의 특사 활동을 가리킬

---

136. Denney, *The Death of Christ*, 145.
137. Cf. Thiselton, *Systematic Theology*, 201-3.
138. Danker, BDAG, 861.

때 이 용어가 사용된 용례들을 제시하고 있다.[139] 바울은 자신에게 주어진 이런 지위와 직무에 대해 자부심을 가졌을 것이 분명하다. 로버트슨이 말하는 것처럼, 특사는 자신이 대표하는 나라와 자신이 보내진 나라 양쪽 모두에서 인정을 받아야만 했다. 하나님께서는 그리스도의 특사로 세상에 보내시는 바울을 통해 말씀하신다.[140]

많은 주석가들은 21절이 대리적인 속죄를 말하는 것이 분명하다고 본다. 바울은 예수님께서 죄가 없으신 분이심을 분명히 밝히고 있고, 하나님께서 그분을 "죄로 삼으"셨다(헬, 하마르티안 에포이에센)고 선언한다. 트롤은 이 구절을 19상반절의 확장으로 보고 있다. "사람들의 죄를 그들에게 돌리지 않는 것이 어떻게 가능할 수 있는지"에 대한 설명으로 보고, 이렇게 볼 때 "화목과 칭의의 주제가 결합된다"고 보는 것이다.[141]

그리스도를 "죄로 삼으신 것"은 어떤 의미일까? 트롤은 교부들 가운데 이와 관련한 두 가지 주된 해석의 흐름이 있다고 지적한다. 하나는 여기서 "죄"를 **속죄 제물**로 이해하는 관점이다(주로 서방 교회가 취하는 입장이다). 또 하나는 이것이 "죄인들의 운명을 함께 겪음"을 가리킨다고 보는 관점이다. 오늘날에 와서는 휘틀리Dennis Whiteley가 이 두 번째 견해를 가장 강하게 대변한다. 그는 이 문구를 "하나님께서 그분[그리스도]을 인간들의 죄성을 함께 가진 자로 만드셨다"라고 옮긴다.[142] 이와 대립되는 위치에 서서 레온 모리스Leon Morris는 휘틀리의 견해를 강하게 반박하고 있다. 그는 이렇게 주장한다. "세상의 그 어떤 언어적 요술을 동원한다 하더라도 '죄로 삼으셨다'는 표현이 휘틀리의 해석

139. Deissmenn, *Light from the Ancient East*, 374.
140. Robertson, *Word Pictures*, vol. 4, 233.
141. Thrall, *Second Corinthians*, 439.
142. Whiteley, *The Theology of St. Paul*, 136.

처럼 [결국] '자기 위에 인간 본성을 취하셨다'를 의미하게 만들 수는 없다."[143]

퍼니쉬는 "속죄 제물"(레4:25, 29) 개념은 거부하면서도 휘틀리의 관점보다는 조금 더 온건한 견해를 제시한다. 그는 이 문구가 문맥에 잘 어울리지 않는다고 지적하면서, 이 배후에 "여호와께서는 우리 모두의 죄악을 그에게 담당시키셨다"는 이사야 53:6, 9이 놓여 있을 수 있다고 주장한다.[144] 불트만은 퍼니쉬의 견해에 큰 틀에서 동의를 표한다. 하지만 우리가 문맥을 잘 살펴보면 여기서 바울이 성육신 문제를 다루고 있다고 보기는 어렵고, 오히려 그리스도의 죽음의 문제가 직접적인 배경을 이루는 것을 볼 수 있다. 거스리는 바울의 생각의 흐름을 주의 깊게 살피고 나서 이렇게 결론짓는다. "이 구절의 의의는 …… 그리스도께서 죄를 위한 적합한, '흠결 없는' 대리 속죄 제물이 되셨다는 것이다."[145] 브루스와 마틴 역시 이를 설득력 있게 잘 논증하고 있다.

마틴과 바레트는 이 구절이 갈라디아서 3:13과 유사성이 있다고 지적한다.[146] 바레트가 볼 때 "바울은 교환의 관점에서 자신의 생각을 전개시키고 있다. 그리스도께서 **죄**가 되게 하셨다. 이는 우리가 **하나님의 의**가 되게 하기 위함이다. …… 그리스도께서 죄가 되셨다. 다시 말해서 그분께서는 죄의 결과로 인해 하나님과 맺어지는 관계, 곧 하나님으로부터 떨어져 그분의 진노의 대상이 되는 그 자리에 서기 위해 오셨다."[147] "그리스도께서는 그분 자신이 저주가 되심으로써 우리를 율법의 저주에서 속량하셨다."[148] 나지안주스의 그레고리 Gregory of Nazianzus는 이와 유사하게 그리스도를 인간의 불순종을 자신의 것으

---

143. Morris, *The Cross in the New Testament*, 332-33.

144. Furnish, *II Corinthians*, 341, 351.

145. Guthrie, *2 Corinthians*, 313.

146. Martin, *2 Corinthians*, 157.

147. Barrett, *Second Corinthians*, 180(강조는 원문 그대로).

148. Barrett, *Second Corinthians*, 180.

로 삼으신 분으로 여기며, 마치 그분께서 죄인이셨던 것처럼, 그분을 아우토아마르티아autoamartia, 죄 그 자체—역주라고 부른다.

바울은 6:1-2에서 자기의 생각을 계속 이어가고 있다. 여느 때와 같이 여기서도 권면의 핵심 기반은 하나님의 은혜이다. 거스리는 이 짧은 단락을 "5:18에서 시작된 화목에 대한 바울의 신학적 사고가 적용된 결론"이라고 부른다.[149]

바울이 스스로를 가리켜 "우리가 하나님과 함께 일하는 자"라고 부르는 것은 고린도전서 3:9에서와 같이 그가 자신을 하나님의 동역자로 이해하고 있다는 것을 보여준다. 바울은 여기서 "우리"를 모든 신자들을 포함하는 보다 넓은 의미로 사용하는 것으로 보인다. "하나님의 은혜"(헬, 카리스)는 "하나님의 구원의 은혜가 가지는 다각적인 측면, 곧 칭의와 화목의 축복을 포괄적으로 지칭한다."[150] 고린도 교인들은 그 은혜를 "헛되이"(헬, 케노스) 받아서는 안 된다. 다시 말해서 마치 그것이 아무것도 아닌 것처럼 그렇게 취급해서는 안 된다는 것이다. 왜냐하면 하나님께서는 "내가 은혜 베풀 때에(헬, 카이로 데크토) 너에게 듣고 구원의 날에 너를 도왔다"고 말씀하시기 때문이다. 이는 이사야 49:8의 인용이다. 바울은 이를 적용하여 "보라 지금은 은혜 받을 만한 때(헬, 카이로스 유프로스데크토스)"라고 말한다. '호의적인'이라는 의미를 가진 유프로스데크토스라는 단어는 접두어가 이중이며(유+프로스+데크토스), '환영하다'의 의미를 가지는 헬라어 동사 데코마이dechomai에서 유래한 단어이다.

시간을 가리키는 헬라어 단어 카이로스kairos는 어떤 결정적이고 적합한 순간을 가리키는데, 이는 어떤 기간이나 시간의 길이를 가리키는 크로노스chronos와 대비를 이룬다. 이런 점은 일찍이 오스카 쿨만 등이 세밀하게 잘 고

---

149. Guthrie, *2 Corinthians*, 315.
150. Thrall, *Second Corinthians*, 451.

찰한 바 있다.[151] 하나님께서는 그분의 은혜의 역사를 위해 "호의적인 순간"을 정하기도 하신다. 히브리서에서처럼 이는 "오늘"로 지칭되기도 한다(히4:7). 이 순간은 우리가 너무 꾸물거리다가 그 기회를 놓칠 수 있다.

바울은 이 호의가 베풀어지는 시간을 "구원의 날"이라고 부른다(6:2). 이사야의 말씀(사49:8)은 우리의 응답을 요구한다. 케이트 매킬하가Kate McIlhagga 의 기도가 이런 점을 잘 압축하고 있다. "모든 시간의 하나님, 시간 너머에 그리고 시간 뒤에 계신 하나님, 우리로 하여금 언제가 너무 늦은 때인지, 무엇이 너무 이른 것인지 알게 하소서. 우리로 하여금 당신님의 무한한 사랑의 관점에서 어느 때가 적합한 때인지를 항상 깨닫게 하소서."[152]

묵상을 위한 질문

① 바울이 "화목"이라는 용어를 사용하는 것은 어떤 점에서 탁월하다고 볼 수 있습니까? 이 단어는 오늘 이 시대에 우리가 겪고 있는 어떤 상황들에 적용될 수 있습니까? 오늘 우리 주변에 화목이 적용되어야 할 관계들에는 어떤 것들이 있을까요?

② 제임스 데니는 어떤 면에서 화목이 "완료된" 일이라고 말하는 것일까요? 또한 어떤 면에서 이 "완료된" 일이 아직 완료되지 않았다고 말할 수 있을까요?

③ "대사"가 된다는 것은 어떤 의미가 있을까요? 대사는 어떤 조건하에서 환영을 받고 영접을 받는 것일까요?

---

151. Cullmann, *Christ and Time*, 39-44; Danker, BDAG, 497-98.
152. Angela Ashwin, *The Book of a Thousand Prayers*, 111에서 인용.

④ 하나님께서 그리스도를 "죄"로 삼으셨다는 것은 어떤 의미일까요? 우리는 그분께서 우리를 대신하는 대체물로 죽으셨다는 것을 잘 알고 있습니까? 또 다른 어떤 의미를 우리는 생각할 수 있을까요?

⑤ 하나님의 은혜를 헛되이 받을 수 있을까요? 하나님의 은혜를 헛되이 받는다는 것은 어떤 의미일까요?

⑥ "은혜 받을 만한 때"라는 말은 우리에게 어떤 도전 과제를 줍니까? 우리는 하나님께서 주시는 기회를 잘 수용하고 있습니까? 이 문구가 우리에게 어떤 권면을 주고 있습니까?

7. 사도의 사역이 신뢰성을 잃지 않도록 애씀(6:3-10)

3 우리가 이 직분이 비방을 받지 않게 하려고 무엇에든지 아무에게도 거리끼지 않게 하고 4 오직 모든 일에 하나님의 일꾼으로 자천하여 많이 견디는 것과 환난과 궁핍과 고난과 5 매 맞음과 갇힘과 난동과 수고로움과 자지 못함과 먹지 못함 가운데서도 6 깨끗함과 지식과 오래 참음과 자비함과 성령의 감화와 거짓이 없는 사랑과 7 진리의 말씀과 하나님의 능력으로 의의 무기를 좌우에 가지고 8 영광과 욕됨으로 그러했으며 악한 이름과 아름다운 이름으로 그러했느니라 우리는 속이는 자 같으나 참되고 9 무명한 자 같으나 유명한 자요 죽은 자 같으나 보라 우리가 살아 있고 징계를 받는 자 같으나 죽임을 당하지 아니하고 10 근심하는 자 같으나 항상 기뻐하고 가난한 자 같으나 많은 사람을 부요하게 하고 아무 것도 없는 자 같으나 모든 것을 가진 자로다

3절의 단어들 하나하나가 다 중요하다. "이 직분이 비방을 받지 않게 하려고"라는 문구는 헬라어 메 모메떼 헤 디아코니아mē mōmēthē hē diakonia의 번역

이다. 여기에 사용된 헬라어 동사 모마오마이mōmaomai는 '허물을 찾다' 또는 '비난하다'의 의미가 있다. 휴즈와 플러머는 이 단어가 또한 "조롱과 조소의 함의를 전한다"고 보고 있다.[153] 이는 자주 사용되지 않는 단어인데, 고린도후서 8:20에 한 번 더 나타나며, 잠언 9:7(LXX)에서도 사용되고 있다. 휴즈는 칼뱅의 다음과 같은 말을 인용한다. "사탄은 사역자들의 비행을 찾아내어 이를 통해 복음에 불명예를 안기는 데 선수이다. 일단 사탄이 사역을 경멸의 대상으로 만드는 데 성공하면 모든 진보의 소망은 다 무너지고 만다."[154] 사역자가 자신의 부끄러운 삶 때문에 사람들의 비난을 자초하면서도 다른 사람들 앞에서 허황된 명성을 유지하려고 애쓰는 것은 우스꽝스러운 일일 수밖에 없다.

우리는 바울이 부정어들을 연이어 사용하는 방식(헬, 메데미안+메데니+메)으로 하나의 수사적 강조를 이루어내고 있는 점을 잘 포착할 필요가 있다 단 하나라도 불미스러운 일이 일어나지 않도록 자신을 철저히 살피는 바울의 모습이 이런 표현 속에 잘 묻어난다—역주. 마지막으로 우리는 바울이 "비방"이라고 할 때 '방해물' 또는 '걸려 넘어지게 하는 것'을 가리키는 비교적 후기의 헬라어 단어 프로스코펜proskopēn을 사용하는 것을 눈여겨볼 필요가 있다. 단커는 이 단어를 "가해를 당하게 되는 상황"이라고 정의하면서, "그리스도인은 외부인들에게 기독교 메시지와 관련하여 허물을 불러일으킬 만한 그 어떤 빌미도 주지 말아야 한다"라고 덧붙인다.[155] 바울이 걸려 넘어지게 하는 방해물이라는 의미로 더 자주 사용하는 단어는 프로스콤마proskomma이다(롬14:20, 고전8:9).

4절에서 바울은 "자천self-commendation"의 문제를 다시 끄집어낸다. 그는 "오직 모든 일에 하나님의 일꾼으로 자천하여"라고 말한다. 앞에서 그는 추천

---

153. Danker, BDAG, 663; Hughes, *Second Corinthians*, 221; cf. Plummer, *Second Corinthians*, 192.
154. Hughes, *Second Corinthians*, 221.
155. Danker, BDAG, 882.

서를 거부하는 입장을 보인 바 있다. 하지만 4b-5절에 나타나는 고난의 목록은 바울이 제시하는 자천이 거짓 사도들이 제시하는 추천서와 얼마나 다른지를 잘 보여준다. 이 거짓 사도들은 "많이 견디는 것과 환난과 궁핍과 고난"을 자기 추천서에 넣지 않을 것이다. "매 맞음과 갇힘과 난동과 수고로움과 자지 못함과 먹지 못함"은 더 말할 것도 없다. "고난"으로 번역된 스테노코리아이스stenochōriais는 심하게 압박을 받는 상황을 가리킨다. "매 맞음"은 밧줄에 묶이고 채찍에 맞음으로 인해 상처와 출혈이 생겨나는 일을 포함한다. 이 각각의 단어들이 목회자와 설교자로서 바울의 삶 속에서 실제로 일어났던 일들을 그림처럼 생생히 전달해준다.

이곳에 소개된 '고난 목록'과 유사한 목록이 고린도후서 11:23-27에도 나타나며, 앞에서 언급했던 고린도전서 4:8-13, 15:30-31, 고린도후서 1:8-10, 2:4, 4:17 등에도 단편적인 고난의 항목들이 소개되고 있다. 피츠제럴드, 칼 플랑크, 헤이프만 등이 바울의 고난 목록에 대한 전문적인 연구를 수행한 바 있다. 5절에서 바울은 잠을 자지 못하고 "난동"(헬, 엔 아카타스타시아이스)의 표적이 되는 등, 반복되는 두려움을 야기하는 고난들을 이야기하고 있다.

6-7a절과 관련하여 거스리는 이렇게 말한다. "바울의 묘사 가운데 첫 열 개의 문구는 진정한 사역에 수반되는 생생한 도전들이 어떤 것인지를 제시하며, 이어지는 여덟 개의 문구는 바울의 사역이 수행된 방식(6:6a)과 그의 사역을 가능하게 했던 수단들(6:6b)을 이야기하고 있다."[156] "깨끗함과 지식과 오래 참음과 자비함"은 바울의 사역 **태도**를 나타낸다. "성령의 감화와 거짓이 없는 사랑과 진리의 말씀과 하나님의 능력"은 그의 사역의 **수단**들을 가리킨다.

"깨끗함"을 가리키는 헬라어 하그노테스hagnotēs는 행동의 단정함과 동기의

---

156. Guthrie, *2 Corinthians*, 329.

진실함을 함의한다. 11:13에서는 이 단어가 부패함의 반대말로 사용되고 있다. 바울은 그의 의도가 깨끗하다고 역설한다. 이곳에 나오는 단어들 중 세 개('오래 참음'을 가리키는 마크로뛰미아, '사랑'을 가리키는 아가페, '자비함'을 가리키는 크레스토테스)는 갈라디아서 5:22의 성령의 아홉 가지 열매들 속에도 나타난다.[157]

"지식"(헬, 그노시스)은 바울 서신에서 부정적으로 사용되는 경우가 많다 (대표적으로, 고전8:1). 이 때문에 트롤은 이 지식이 "카리스마적 지식"을 가리킨다고 주장한다. 하지만 고린도전서에서 지식은 **완전한** 혹은 **정적인** 지식을 가리키는데, 이에 비해 바울은 하나의 과정으로서의 **자라가는** 혹은 **역동적인** 지식을 인정한다. 이런 지식 속에서 성령께서 역사하신다. "진리의 말씀"(7절)은 이 서신의 다른 곳에도 유사한 언급이 나타난다(참조, 4:2). 7b절에서는 "의의 무기를 좌우에 가지고"라는 표현이 나오는데, 이는 흔히 공격용 무기인 칼을 오른손에 들고, 방어용 무기인 방패를 왼손에 들었던 관습을 배경으로 한다. 여기서 "의"는 사람의 도덕적 의를 가리키며, 조작적 술수와 대비되는 개념이다.

우리는 고린도 사람들 가운데 일부가 바울이 자기들을 속이려 한다고 생각했을 것으로 추측할 수 있다. 예수님께서도 유사한 비난을 받으셨다(마27:63). 이를 의식하면서 사도는 그의 말이 진실되고 정직하다고 주장한다. 9절에서 그는 자신이 "무명한 자 같으나 유명한 자"라고 말한다. 이는 그가 학문과 정치라는 공적 세계에서 인정받는 사람도 아니고, 유명한 웅변가들처럼 인기를 끄는 사람도 아니지만, 교회들 속에서는, 특히 바울의 공동체들 속에서는 잘 알려진 사람이라는 것을 이야기한다.[158] 바레트는 이를 "사도로 …… 인정받지

---

157. Thrall, *Second Corinthians*, 459.
158. Thrall, *Second Corinthians*, 464-65; Guthrie, *2 Corinthians*, 335.

못하기도 하지만" 그러나 하나님에 의해서와 또한 예루살렘의 기둥들이라 불리는 사도들에 의해(갈1:12, 2:9) "인정된 자"라고 풀이하기도 한다. 로버트슨은 "무명한 자"의 개념을 "존재 가치도 없고 명망이나 신임장도 없이 무시당하는 존재"라고 설명한다. 여기서 바울이 제시하는 역설들은 고린도후서 10-13장의 배경 위에서 읽으면 더 잘 이해할 수 있다.

"죽은 자 같으나 보라 우리가 살아 있고"라는 역설은 11:23-27의 실제 경험들을 반영한다. 10절의 다섯 번째 대조 "근심하는 자 같으나 항상 기뻐하고"(헬, 호스 뤼푸메노이 아에이 데 카이론테스) 역시 11:23-27의 실제 경험들을 반영할 뿐만 아니라, 데살로니가전서 5:16, 로마서 5:3-5, 9:2과 같은 말씀들과도 연관성이 있다. 이는 바울이 자신의 매일의 삶 가운데서 발견하는 진정한 사도의 삶의 모습이다. 여섯 번째 대조 "가난한 자 같으나 많은 사람을 부요하게 하고"는 사도가 실제로 재정 수입의 부족을 겪고 있었다는 것을 보여준다. 그러나 그가 누리는 영적 자원은 그 누구보다 풍부하였고, 그 사역의 결과 또한 풍요하였다(참조, 11:7-10). 기독교 사역에 있는 역설적 특성은 이 서신 전체에서 지속적으로 등장하는 중심 주제 가운데 하나이다.

고린도의 거짓 사도들은 소위 '번영 복음'을 내세웠던 것으로 보인다. 그들은 재정적 성공을 하나님의 축복이나 인정의 징표로 보았을 것이다. 퍼니쉬는 바울의 가난이 고린도 사람들의 입장에서는 '실패'로 보였을 것이며, 따라서 이것이 그의 사도적 권위를 부정하는 빌미로 작용했을 것이라고 잘 지적한다(참조, 고전9:1-18, 고후11:7-11).[159] 그들은 바울이 "아무 것도 없는 자"라고 스스로 인정하는 것을 들을 때 자기들의 생각이 옳다고 여겼을 것이다. 그러나 바울은 이것을 뒤집는다. 그들이 그리스도께 속할 때 모든 것이 그들의 것

---

159. Furnish, *II Corinthians*, 359.

이 된다(참조, 고전3:21-22). "아무 것도 없는 자 같으나 모든 것을 가진 자"라는 표현 속에는 일종의 언어유희가 담겨 있다. 바울은 '가지다'를 뜻하는 헬라어 단어 에코echō를 먼저 쓰고, 이어서 '굳게 붙잡다' 또는 '소유하다'를 뜻하는 합성 동사 카테코katechō를 사용하고 있다.

묵상을 위한 질문

① 얼마나 많은 목회자들이 "외부인들"이 볼 때 자기 구미에 맞지 않는다고 생각되는 일로 인해 조롱과 모욕을 당하고 있습니까? 우리는 어떻게 이런 목회자들을 지지하며 도와줄 수 있을까요? 반면 어떤 목회자들은 그들의 일상생활 속에서 비방 들을 만한 일을 행함으로써 스스로의 명성을 망가뜨리고 있는 것을 보는데, 어떤 경우들이 여기에 해당할까요?

② 우리는 바울의 '고난 목록'이 진정한 그리스도인의 소명과 좋은 짝을 이룬다고 생각합니까? 아니면 우리는 이런 고난들은 실패나 불순종의 징표라고 보고 있습니까? 우리는 이와 같은 고난의 항목들이 오직 사도들에게만 국한된 것으로 생각하지는 않습니까?

③ 바울은 얼마나 자주 자신이 당한 고난의 예들을 소개하고 있습니까?

④ "오래 참음"과 "자비함"(친절)이 얼마나 자주 험한 상황에서 우리를 구해줍니까? 우리가 그리스도인으로서 겪은 고난은 바울이 겪은 것과 어떻게 비교가 됩니까?

⑤ 우리가 이 세상의 정치와 학문의 영역에서 별것 아닌 사람들이라 할지라도, 교회 안에서나 동료 그리스도인들 안에서 알려진 사람이 될 때 우리는 그것을 뿌듯하게 여길 줄 압니까?

⑥ 우리는 재정적 상황이 위태로운 가운데서도 기뻐할 수 있습니까? 가진 것이 없거나 필요한 것들이 부족할 때 우리는 이것을 하나님께서 나를 버리신 표시로 생각하지는 않습니까? 우리는 이런 상황 속에서 어떤 자세를 취해야 할까요?

8. 열린 마음과 깨끗함의 요청: 살아 있는 하나님의 성전(6:11-7:4)

(a) 열린 마음과 깨끗함(6:11-18)

11 고린도인들이여 너희를 향하여 우리의 입이 열리고 우리의 마음이 넓어졌으니 12 너희가 우리 안에서 좁아진 것이 아니라 오직 너희 심정에서 좁아진 것이니라 13 내가 자녀에게 말하듯 하노니 보답하는 것으로 너희도 마음을 넓히라 14 너희는 믿지 않는 자와 멍에를 함께 메지 말라 의와 불법이 어찌 함께 하며 빛과 어둠이 어찌 사귀며 15 그리스도와 벨리알이 어찌 조화되며 믿는 자와 믿지 않는 자가 어찌 상관하며 16 하나님의 성전과 우상이 어찌 일치가 되리요 우리는 살아 계신 하나님의 성전이라 이와 같이 하나님께서 이르시되 내가 그들 가운데 거하며 두루 행하여 나는 그들의 하나님이 되고 그들은 나의 백성이 되리라 17 그러므로 너희는 그들 중에서 나와서 따로 있고 부정한 것을 만지지 말라 내가 너희를 영접하여 18 너희에게 아버지가 되고 너희는 내게 자녀가 되리라 전능하신 주의 말씀이니라 하셨느니라

바울은 6:11-13에서 고린도 교회를 향한 자신의 따뜻한 애정을 숨김없이 표현한다. 그는 고린도 교인들을 향하여 솔직하게 말할 뿐만 아니라 자신의 마음을 활짝 열었다고 밝힌다. 그는 그들에게 아무것도 숨기지 않으며, 자기편에서 벽을 쌓는 것이 전혀 없다고 말한다. 만일 그런 벽이 있다면 그것은 저들

편에서 세운 벽일 것이다. "우리의 마음이 넓어졌으니"라는 표현에서 '넓어졌다'(헬, 페플라튄타이, '넓히다'의 뜻을 가진 플라튀노platynō 동사의 완료 수동태 직설법)라는 단어는 그 마음이 이미 활짝 다 열려 있는 상태를 가리킨다. 호격呼格을 사용하여 "고린도인들이여"라고 부르는 것은 바울에게는 매우 드문 경우이다. 이는 고린도 교인들 전체를 대상으로 한다.

"입이 열리고"라는 말은 바울이 그들에게 모든 것을 솔직하게 말했다는 것을 뜻하는데, 이것이 고린도후서에서 지금까지 이야기한 것을 가리키는지, 아니면 앞서 그가 편지들을 통해 이야기한 것들을 다 포함하는 말인지를 두고는 다소 논란이 있다. 바울이 바로 앞에서 자신의 '고난 목록'을 이야기했는데, 어쩌면 그는 자기 사역의 부정적인 측면에 대해 의도했던 것보다 더 멀리 나갔다고 생각했을 수도 있다.

"좁아진 것이 아니라"에서 사용된 헬라어 스테노코레오stenochōreō는 '좁은 공간에 가두다'라는 의미이며 감정적으로 압박받는 상태를 나타내기도 한다.[160] 좁아진 것은 바울이 아니라 "너희 심정"이다. 여기서 "심정"은 헬라어 스플랑크논splanchnon의 번역인데, 이 단어는 강한 애정, 친밀한 사랑, 깊은 감정을 나타내는 은유적 용어이다. 바울은 고린도 교인들을 향하여 상호적 차원에서 마음이 넓어지기를 요청하고 있다. "보답하는 것으로"(13절)에서 사용된 헬라어 안티미스띠안antimisthian은 상호 거래 또는 적합한 보상을 가리키는 단어이다. 바울이 고린도 교인들을 향하여 자신의 시간과 애정을 쏟아붓는 만큼 그들에게 동일한 이해를 구하는 것이 너무 많은 것을 바라는 일일까? 바울의 이 간청은 "자녀에게 말하듯" 하는 말이다. 이는 고린도 교회에 일만 스승이 있을지라도 영적 "아버지"는 오직 한 사람뿐이라고 말하는 고린도전서 4:15을 반

---

160. Danker, BDAG, 942.

영한다. 이 "아버지"라는 용어는 카스텔리E. Castelli가 주장하는 것처럼 권위주의적 방식으로 어떤 것을 강제하기 위해 사용하는 권력의 용어가 아니다.[161] 여기서 "아버지"는 권위보다는 친밀감과 애정을 나타내는 단어이다.

6:14-7:1에서 바울은 깨끗함에 대한 권면을 다시 시작한다. "너희는 믿지 않는 자와 멍에를 함께 메지 말라"라는 권면은 어떤 사람들이 생각하는 것처럼 그렇게 급작스러운 주제의 전환은 아니다. 심지어 이 부분을 별도의 편지로 보는 사람도 많은데, 이와 관련하여 거스리는 이렇게 지적한다. "이런 관점과 반대되는 좋은 논증들이 많이 있다. 이 단락은 이를 둘러싸고 있는 자료와 통합하여 읽는 것이 옳다."[162] 헤이프만, 비일, 트롤, 데이비드 홀David Hall 등도 거스리와 같은 입장을 취한다.[163] 홀은 바울의 언어, 내적 일관성, 심리적 논증이 이를 뒷받침한다고 주장한다. 바울은 고린도 교인들이 부적절한 세상과의 관계로부터 스스로를 분리해야 한다는 이전의 권면을 강화하거나 되풀이하고 있다. 바울이 던지는 수사적 질문들의 마지막 부분에 나오는 "우상"에 대한 언급은 "우리가 살아 계신 하나님의 성전"이라는 인식과 직결된다. 하나님과의 친밀한 관계는 깨끗하지 못한 것들과의 단절을 포함한다.

14절에 나오는 "멍에를 함께 메다"(헬, 헤테로쥐군테스, 문자 그대로는 '어긋한 멍에를 메다'의 의미)라는 표현은 신약에서 오직 여기에만 나타나는 단어이다. 바울이 사용하는 현재 시제의 명령법헬, 메 기네스떼, '어긋한 멍에를 멘 상태가 되지 말라'는 방식의 명령—역주은 이미 그런 상태가 되어 있는 어떤 사람들을 금하는 것보다는(단순과거 시제의 명령법을 썼다면 그렇게 읽을 수 있겠지만), 그런

161. Castelli, *Imitating Paul*, 97-115.
162. Guthrie, *2 Corinthians*, 346.
163. Beale, "The Old Testament Background of Reconciliation in 2 Corinthians 5-7 and Its Bearing on the Literary Problem of 2 Corinthians 6:14-71"; Hafemann, *2 Corinthians*, 277; Hall, *The Unity of the Corinthian Correspondence*, 87-100, 113-14.

상태가 되지 않도록 금하는 명령 형태이다.[164] 서로 맞지 않는 것을 혼합하는 일에 대한 금지 규정은 레위기 19:19에 나타나며, 신명기 22:9 이하에서도 보다 넓은 범주의 금지 규정이 나타난다. 신명기는 소와 나귀를 한 겨리에 묶어 밭을 갈지 말라고 금한다. 바레트는 이런 규정이 미쉬나에서는 더 확대되고 있다는 것을 잘 보여준다.[165] 스피크는 헬라어 단어 헤테로쥐게오heterozygeō가 은유적 의미로 사용될 때는 그 적용 범위가 매우 넓어질 수 있음을 보여준다.[166]

형제단Brethren 중 배타적 그룹의 경우 이 구절을 불신자와의 결혼 문제에 적용하는 것을 넘어서 사업이나 다른 공적 관계에도 광범위하게 적용하는 것을 볼 수 있다. 바울의 시대에 이런 함의가 전혀 없었다고 볼 수는 없다. 왜냐하면 당시에 불신자와 사업 파트너가 된다는 것에는 이방 제의에 동참하는 일이 포함되기도 했기 때문이다. 어떤 주석가는 이 구절을 "상합할 수 없는 관계에 묶이기를 멈추라"라고 번역하는데, 어떤 관계가 여기에 포함될 수 있는지는 특정하지 않고 남겨 두는 것을 본다. 플러머는 이것이 불신자와의 결혼 문제에만 국한되는 것은 아니라고 밝힌다.[167] 따라서 이 구절을 결혼을 염두에 두고 "어긋한 결합을 하지 말라"로 옮기는 것은 너무 제한적이다. 바울은 서로 상합할 수 없는 관계의 여러 가지 쌍들을 제시한다. "의와 불법", "빛과 어둠", "그리스도와 벨리알", "믿는 자와 믿지 않은 자"가 그것이다(15절). 결정적인 쌍은 16절에서 나타난다. "하나님의 성전과 우상"이 일치를 이룰 수 없다. 이 둘 사이에는 그 어떤 "일치"(헬, 쉰카타떼시스, '합의 또는 결합')도 있을 수 없다.

바울은 이어서 레위기 26:11-12, 이사야 52:11, 에스겔 20:34, 37:27, 사무엘

---

164. Robertson, *Word Pictures*, vol. 4, 236.

165. Barrett, *Second Corinthians*, 195.

166. Spicq, *Theological Lexicon of the New Testament*, vol. 2, 80-81.

167. Plummer, *Second Corinthians*, 206.

하 7:8, 14과 같은 구약 본문들을 연속해서 인용한다. 이 구절들 가운데서도 핵심적인 주제는 "나는 그들의 하나님이 되고 그들은 나의 백성이 되리라"라는 말씀이다. 여기에 근거해서 "그들 중에서 나와서 따로 있"으라는 명령이 주어지고 있다. 하나님께서 거룩하신 분이시면 그분의 백성 또한 거룩한 백성이 되어야 한다.[168] "벨리알"(헬, 벨리아르Beliar)이라는 단어는 신약에서 여기서만 나타난다. 유대 문헌에서 이 단어는 통상 벨리알Belial 형태로 표기되며 사탄을 가리키는 고유명사로 사용된다. 트롤은 바울이 수사적 목적을 위해 이 익숙하지 않은 용어를 사용하는 것으로 보고 있다. "조화"(헬, 쉼포네시스)라는 단어는 여기서 단순히 '합의'나 '일치'의 의미로 사용되고 있다.[169]

바울은 믿는 자와 믿지 않는 자 사이에 진정한 의미에서 공통적인 것은 없다는 것을 함의한다. 결혼 문제에 있어서 불신 결합은 합당하지 않지만, 이미 그런 결합이 이루어져 있는 경우는 고린도전서 7:12-15에서 보는 것처럼 그 관계를 끊을 필요는 없다. 바울이 마지막 쌍으로 제시하는 하나님의 성전과 우상의 대비는 우상숭배에 대해서 그 어떤 타협도 있을 수 없다는 것을 분명히 한다. 이는 고린도전서 8-10장을 되돌아보게 한다. 고린도전서 10:21에서 바울은 "너희가 주의 잔과 귀신의 잔을 겸하여 마시지 못하고 주의 식탁과 귀신의 식탁에 겸하여 참여하지 못"한다고 못을 박는다. 16절에서 바울은 그리스도인 공동체를 하나님의 성전이라 부르는데, 이는 고린도전서 3:16-17에서도 이미 언급했던 내용이며, 그리스도인의 몸을 성령의 전으로 지칭하는 고린도전서 6:19과도 일치된다. 바울이 이전에 보수적 유대인 사상을 가졌던 사람인 것을 생각하면, 성전에 대한 이런 새로운 인식은 놀라운 것이 아닐 수 없다.

17절에서 바울은 구약에 나오는 명령 곧 "너희는 그들 중에서 나와서 따로

168. Cf. Thrall, *Second Corinthians*, 471-74.
169. Barrett, *Second Corinthians*, 197-98.

있고"라는 명령을 고린도 교인들에게 돌리고 있다. 여기에 이어지는 결과는 하나님께서 그들을 영접하시리라는 것이며, 그분께서 그들의 아버지가 되시리라는 것이다(17-18절). 성도들은 이방 세계의 타락으로부터 자신을 구분해야 한다. "그들 중에서 나오라"라는 첫 번째 인용은 이사야 52:11(바벨론에서 나옴과 관련)에 근거하며, "너희를 영접하시리라"라는 두 번째 인용은 에스겔 20:34에 근거한다. 과거 하나님께서 이스라엘의 역사 속에서 행하셨던 회복의 일을 그리스도인들은 그리스도 안에서 경험한다.

"내가 …… 너희에게 아버지가 되고 너희는 내게 자녀가 되리라"라는 말씀은 그리스도인과 하나님의 관계가 가족 관계라는 것을 말해준다. 신자를 하나님의 아들로 보는 개념은 로마서 8:14-17과 갈라디아서 3:26, 4:6-7에서 잘 나타난다. 그런데 바울은 여기서 '너희는 내게 아들이 되리라'고 말하지 않고 "자녀('아들들과 딸들')가 되리라"라고 말한다원래 본문(삼하7:14)의 '아들'(단수)을 '아들들'(복수)로 바꾸어 인용하는 것을 넘어 '딸들'을 의식적으로 첨가하고 있다—역주. '딸들'을 첨가한 표현은 바울 서신 가운데 이곳이 유일하다. 바레트와 마틴은 구약 본문을 인용하면서 이를 첨가한 것은 바울이 의도적으로 한 일이라고 지적한다.[170]

18절의 "전능하신 주"는 헬라어로 판토크라토르pantokratōr인데, 이는 '전능자almighty'를 의미한다. 피터 기치Peter Geach와 판 덴 브링크Gijsbert van den Brink 는 라틴어에서 파생된 '만능자omnipotent' 개념보다 성경적 형태(판토크라토르)를 무한히 더 좋아한다하나님께서 단지 '~위의 권력'(power over)을 보유한 존재이기만 하신 것이 아니라 그분의 선한 목적대로 그 권력을 사용(power for)하시는 분이라는 인식의 차이가 있다—역주. 이는 철학의 하나님 개념과 성경의 하나님 개념 사이에서 일어날 수 있는 충돌을 피하고자 하는 뜻에서 그렇게 하는 것인데, 헬라어 용어는 절대적

---

170. Barrett, *Second Corinthians*, 201; Martin, *2 Corinthians*, 206-7.

주권의 하나님 개념을 담고 있다.

묵상을 위한 질문

① 다른 사람을 향한 우리의 깊은 애정은 담대하고 솔직한 말을 할 수 있는 용기까지를 포함
합니까? 이런 면에서 우리가 주의해야 할 것이나 지혜가 필요한 부분은 무엇일까요? 우
리는 우리가 겪는 고난에 대해서 너무 솔직하거나 아니면 너무 솔직하지 못한 면을 가지
고 있지 않습니까?

② 오늘 우리를 가장 크게 위협하는 불신자들과의 '어긋한 결합'의 예로는 어떤 것을 들 수
있을까요? 우리는 기독교적 가치와 세속 문화 사이의 구분선을 어떤 부분에서 어떻게 그
을 수 있을까요?

③ 우리는 레위기와 신명기에서 이야기하는 정결의 규례들이 오직 과거의 이스라엘에게만
적용되는 것으로 너무 쉽게 치부해버리지 않습니까? 왜 바울은 거의가 이방인으로 구성
된 교회에 편지를 쓰면서 이와 관련된 구약 본문들을 연속해서 인용하는 것일까요? 이
시대에 그리스도의 교회를 향해 하나님께서 거룩함과 깨끗함을 요구하시는 것은 어떻게
적용될 수 있을까요?

(b) 바울의 거듭되는 요청(7:1-4)

1 그런즉 사랑하는 자들아 이 약속을 가진 우리는 하나님을 두려워하는 가운데
서 거룩함을 온전히 이루어 육과 영의 온갖 더러운 것에서 자신을 깨끗하게 하
자 2 마음으로 우리를 영접하라 우리는 아무에게도 불의를 행하지 않고 아무에

게도 해롭게 하지 않고 아무에게서도 속여 빼앗은 일이 없노라 3 내가 이 말을 하는 것은 너희를 정죄하려고 하는 것이 아니라 내가 이전에 말하였거니와 너희가 우리 마음에 있어 함께 죽고 함께 살게 하고자 함이라 4 나는 너희를 향하여 담대한 것도 많고 너희를 위하여 자랑하는 것도 많으니 내가 우리의 모든 환난 가운데서도 위로가 가득하고 기쁨이 넘치는도다

7:1에서 바울은 지금까지의 논의를 종결짓고 있다. "약속"(헬, 에팡겔리아이, 복수로 '약속들')이라는 단어가 사용된 것은, 마틴이 잘 지적하는 것처럼, 앞서 인용한 성경 구절들(6:16-18)이 메시아적 성격을 띠기 때문이다.[171] 이 약속은 또한 언약적 약속들을 가리키기도 한다. 바울이 "이"라는 지시어를 써서 "이 약속"이라고 말한 것은 강조 어법이다. 앞서 인용된 구약 본문들 속에서는 다윗 후손에 대해 나단 선지자가 전한 사무엘하 7:8-17의 약속(12절, "내가 네 몸에서 날 네 씨를 …… 세워 그의 나라를 견고하게 하리라")이 포함된다. 이 약속들을 바탕으로 고린도 교인들이 보여야 할 반응이 어떠해야 할 것인지에 대한 권면이 주어지고 있다.

무엇보다 하나님을 아버지로 찾고 갈망하는 것이 우선이다. 고린도 교인들이 하나님의 사랑을 받은 것은 그들의 행위 때문이 아니다. 그들이 그리스도께 속하여 하나님의 사랑을 받는 언약 백성이 되었기 때문이다. 이제는 그들이 하나님께 속한 사람들이 되었기 때문에 바울은 그들을 향하여 부도덕한 것과 더러운 것을 피하라고 요청하는 것이다. "더러운 것"으로 번역된 몰뤼스모스 molysmos는 종교적, 도덕적 차원에서의 더러움을 가리키며, 칠십인경에서 자주 나타난다. 마카비서에서는 이 용어가 강요된 헬레니즘의 위협과 이방 문화와

---

171. Martin, *2 Corinthians*, 207.

의 타협을 가리킬 때 사용되고 있다. 거룩함은 우리를 백성으로 삼으신 하나님을 합당하게 경외함을 통해 온전케(헬, 에피텔레오) 되어야 한다.

7:2-4은 지금까지의 논증을 매듭짓고 있다. 고린도 사람들이 여전히 그의 동기나 행동을 의심할지도 모르는 상황을 염두에 두면서 바울은 다시 한 번 애정에 호소한다. 이 고질적인 문제가 사라지지 않고 있는 것을 볼 때, 10-13장에서 나타나는 갑작스러운 어조의 변화는 결코 새삼스러운 일은 아님을 알 수 있다. 랄프 마틴이 이런 점을 잘 지적하고 있다.[172] 거스리는 "바울의 심한 꾸짖음(2:1-3, 7:8)이 일부 사람들에게는 남발로 여겨졌을지도 모른다"라고 말한다.[173] 바울은 다시 한 번 자신을 변호한다. "우리는 아무에게도 불의를 행하지 않고(헬, 우데나 에디케사멘)", "아무에게도 해롭게 하지 않고(헬, 우데나 에프떼이라멘)", "아무에게서도 속여 빼앗은 일이 없노라(헬, 우데나 에플레오넥테사멘)" 플러머는 여기서 사용된 용어들이 재정 문제나 도덕적 문제나 교리의 문제를 광범위하게 가리킬 수 있다고 말한다.[174] 트롤은 율법으로부터의 자유에 대한 바울의 가르침 때문에 그가 도덕적 타락을 조장한다고 잘못된 비난을 받았을 수 있다고 제안한다. 구체적 문제가 무엇이 되었든 간에, 바울의 도덕적 결백을 공격하고 나서는 사람들이 고린도 교회 안에 있었던 것으로 보인다. 이런 비난은 데살로니가에서도 있었던 일이다(살전4:6).

바울은 고린도 교인들을 향하여 그들의 사랑이 식지 않게 하라고 요청한다. "마음으로 우리를 영접하라"(헬, 코레사테 헤마스)라는 말은 문자적으로는 '우리를 위한 공간을 만들라'는 말인데, "마음을 넓히라"(6:13)라는 말과 같은 의

---

172. Martin, *2 Corinthians*, 218.
173. Guthrie, *2 Corinthians*, 362.
174. Plummer, *Second Corinthians*, 213.

미이다. 트롤은 바울의 관심이 마음에 집중되어 있다고 지적한다(3절).[175] "함께 죽고 함께 살게 하고자"라는 말에서 언급되고 있는 삶과 죽음은 진정한 사역의 깊이를 말해준다. 로마서 8:38-39에서 바울은 사망이나 생명 그 어떤 것도 우리를 하나님의 사랑에서 끊을 수 없다고 말한다.

거짓 사도들에 의한 공격이 계속되고 있음에도 불구하고 바울은 고린도 교인들을 향한 자신의 진정한 애정을 확인하고 있을 뿐만 아니라, 그들을 향해서 가진 진정한 확신과 "자랑"(헬, 카우케시스)을 또한 확인하고 있다(4절). 바울은 다른 사람들에게 고린도 교인들이 "자기" 사람들임을 자랑스럽게 밝힌다.[176] 데니와 바레트는 "담대한 것"(헬, 파레시아)을 담대함이나 발언할 자유로 번역하는 반면, 거스리는 공개성의 개념으로 이를 이해하고 있다.[177] 바울은 이 단락을 위로에 대한 언급으로 마무리 짓고 있다.

묵상을 위한 질문

① 오늘날의 "우상"에는 어떤 것들이 있을까요? 오늘날의 세속 문화를 살펴볼 때 소비지상주의, 부도덕, 하나님에 대한 변절 등을 생각할 수 있지 않을까요? 우리는 이런 영향들로부터 우리 자녀들을 어떻게 지킬 수 있을까요?

② 우리는 바울이 말한 것처럼 아무에게도 불의나 해를 끼치지 않고 아무에게서도 속여 빼앗는 일이 없다고 말할 수 있습니까? 플러머는 이를 돈의 문제나 도덕적 영역, 교리의 차원에 적용하는데, 우리는 이런 부분들 속에서 우리 자신을 어떻게 평가하고 있습니까?

175. Thrall, *Second Corinthians*, 483.
176. Martin, *2 Corinthians*, 221.
177. Denney, *2 Corinthians*, 248; Barrett, *Second Corinthians*, 193; Guthrie, *2 Corinthians*, 363.

③ 우리는 우리 주변의 특정 그리스도인 그룹이 우리를 오해하고 비판할 때, 그런 가운데서도 동료 그리스도인들을 여전히 신뢰하고 자랑스러워할 수 있습니까? 이것을 가능하게 하는 힘을 우리는 어디에서 얻을 수 있을까요?

IV. 마게도냐에서 디도를 만남

7:5-16

바울은 진정한 사역에 관한 자신의 주된 관심을 2:14-7:4에서 밝히고 난 후, 디도가 무사히 마게도냐에 도착함에 따라, 2:12-13과 7:5-6에서 다루었던 자신의 여행 이야기를 다시 다루기 시작한다. 앞서 2:13에서 바울은 디도를 드로아에서 만나지 못함으로 인해 그 마음이 편하지 못하였다고 밝힌 바 있다. 이런 경험을 7:5에서도 다시 한 번 언급한다. 고린도후서 7:5-16의 단락에서는 주로 세 가지 사항에 초점을 맞추고 있다. 첫째, 고린도 교인들이 그에게 관심을 가져주었고 특히 그의 혹독한 편지를 잘 받아들였다는 고무적인 보고(7:6-7), 둘째, 그의 편지가 하는 긍정적 효과가 무엇인지에 대한 더 구체적인 언급들(7:8-13a), 셋째, 고린도 교인들의 반응이 디도에게 준 기쁨(7:13b-16)이 그것이다.[1]

---

1. Guthrie, *2 Corinthians*, 368.

1. 힘든 상황을 겪은 후에 디도가 가지고 온 소식으로 큰 위로를 얻음(7:5-7)

> 5 우리가 마게도냐에 이르렀을 때에도 우리 육체가 편하지 못하였고 사방으로 환난을 당하여 밖으로는 다툼이요 안으로는 두려움이었노라 6 그러나 낙심한 자들을 위로하시는 하나님이 디도가 옴으로 우리를 위로하셨으니 7 그가 온 것뿐 아니요 오직 그가 너희에게서 받은 그 위로로 위로하고 너희의 사모함과 애통함과 나를 위하여 열심 있는 것을 우리에게 보고함으로 나를 더욱 기쁘게 하였느니라

바울은 5절에서 마게도냐에 이르러서도 그에게 편안함이 없었고, 오히려 "사방으로 환난을 당하"였다고 말한다. 그를 괴롭게 하였던 것은 "밖으로는 다툼"이었고 "안으로는 두려움"이었다. 그리스도인의 삶이나 사역자의 삶이 항상 편안하고 장밋빛일 것이라는 생각은 바울과는 거리가 멀다는 것을 알 수 있다.

진정한 사역과 관련된 2:14-7:4의 단락 속에서도 바울은 진정한 기독교 신앙과 사역이 고난을 수반한다는 것과 결코 순탄한 항해만은 아니라는 것을 강조하였다. 4절 끝에서 바울은 "우리의 모든 환란"을 언급하고 있다. 디모데가 고린도를 방문하였을 때(아마도 AD 54년), 그는 그곳에서 일어나고 있는 근심스러운 일들을 바울에게 전하였고, 바울은 서둘러 근심의 방문을 한 바 있다. 2:4에서 바울은 "마음에 큰 눌림과 걱정이 있어 많은 눈물로" 고린도 교회에 편지를 썼노라고 말한다. 바울이 "안으로는 두려움"을 느끼지 않는 사람이었다면 그는 결코 인간이 아닐 것이다. 사역자들이 당하는 시련과 관련하여 어떤 주석가는 스펄전Charles H. Spurgeon의 다음과 같은 고백을 인용하고 있다. "내가 겪는 영혼의 압박들은 너무나 두려운 것들인지라, 여러분 가운데 어느 누구라

도 내가 겪는 것과 같은 그토록 심한 아픔을 겪지 않게 되기를 바랍니다."[2]

6절에서 바울은 1:9에서 말했던 것을 거의 그대로 반복하는 투로 "낙심한 자들을 위로하시는(헬, 파라칼룬) 하나님이 …… 우리를 위로하셨다"라고 말한다. 이번에는 그 위로의 수단이 디도의 도착과 그가 가지고 온 기쁜 소식이었다(7절). 디도는 이방인 출신의 개종자로서, 바울이 전적으로 신임하는 동역자가 되었고, 바울과 바나바를 따라 예루살렘에 올라가기도 하였다(갈2:1). 디도는 고린도 교인들이 바울을 사모하고 있다는 소식을 전하여 주었다. 바울이 앞서 그들에게 가기를 꺼렸던 것에 비추어 볼 때(1:23) 이 소식은 이중으로 반가운 소식이었다. 이는 바레트가 보는 것처럼 바울을 공격하는 어떤 순회 선교사의 활동이 이루어지고 있었음에도, 고린도 교인들이 그 사람의 편을 들지 않았음을 의미한다. 바울은 감사의 마음으로 "나를 위하여 열심 있는 것"(7절)에 대해 이야기하고 있으며, 이 일이 그를 "더욱 기쁘게 하였"노라고 밝힌다.

7절에서 말하는 것처럼 고린도 교인들이 "애통함"을 품었다는 것은 그들이 바울에게 가한 잘못을 깨닫기 시작했다는 것을 말한다. 이와 관련하여 트롤은 이렇게 말한다. "고린도 교인들 편에서의 이와 같은 변화된 자세로 인하여 바울 역시 기뻐하고 있다. 그는 마게도냐에서의 어려움으로 인해 일어난 고통뿐만 아니라 그가 보낸 편지를 과연 썼어야만 했는지 흔들리는 마음 때문에 일어난 고통도 벗어버릴 수 있었다."[3]

---

2. Guthrie, *2 Corinthians*, 373.

3. Thrall, *Second Corinthians*, 489.

묵상을 위한 질문

○ 우리는 때로 "따끔한 사랑"을 보여야 할 순간에 지나치게 주저하는 모습을 보이지는 않습니까?

2. 바울의 편지에 있는 긴 안목에서의 긍정적 효과(7:8-13a)

> 8 그러므로 내가 편지로 너희를 근심하게 한 것을 후회하였으나 지금은 후회하지 아니함은 그 편지가 너희로 잠시만 근심하게 한 줄을 앎이라 9 내가 지금 기뻐함은 너희로 근심하게 한 까닭이 아니요 도리어 너희가 근심함으로 회개함에 이른 까닭이라 너희가 하나님의 뜻대로 근심하게 된 것은 우리에게서 아무 해도 받지 않게 하려 함이라 10 하나님의 뜻대로 하는 근심은 후회할 것이 없는 구원에 이르게 하는 회개를 이루는 것이요 세상 근심은 사망을 이루는 것이니라 11 보라 하나님의 뜻대로 하게 된 이 근심이 너희로 얼마나 간절하게 하며 얼마나 변증하게 하며 얼마나 분하게 하며 얼마나 두렵게 하며 얼마나 사모하게 하며 얼마나 열심 있게 하며 얼마나 벌하게 하였는가 너희가 그 일에 대하여 일체 너희 자신의 깨끗함을 나타내었느니라 12 그런즉 내가 너희에게 쓴 것은 그 불의를 행한 자를 위한 것도 아니요 그 불의를 당한 자를 위한 것도 아니요 오직 우리를 위한 너희의 간절함이 하나님 앞에서 너희에게 나타나게 하려 함이로라 13 이로 말미암아 우리가 위로를 받았고

8절에서 바울은 자신의 편지가 고린도 교인들을 근심하게 하였다는 것을 인정한다. 이를 두고 바울은 후회하였지만, 아주 잠시 동안만 그랬을 뿐이다. 지나고 나서 되돌아보니 그 편지를 쓰기를 참 잘했다는 것을 알게 되었다. 이

편지가 고린도 교인들에게 야기한 결과로 인하여 그의 흔들리는 마음은 기쁨으로 변하였다. 이 편지가 그들에게서 일으킨 근심을 생각하면 미안한 마음이 들지만, 그러나 종국적으로는 이 편지가 의도했던 목표가 이루어졌다. 그들의 근심은 회개로 이어졌다(9절). 트롤은 이렇게 말한다. "애초에는 바울의 어투가 그가 일으킨 고통에 대한 변명을 염두에 둔 것으로 보인다. 그러나 변명하려는 시도는 이내 버려지고 있다."[4] 트롤은 바울의 표현이 담고 있는 구문상의 애매함과 복잡함에도 불구하고 전반적으로 그가 나타내고 있는 뜻은 분명하다고 지적한다. 8절의 구문상의 난점 때문에 다음과 같은 사본상의 다양한 이문들이 생겨나고 있다.

첫째, "너희로 잠시만 근심하게 한 줄을 앎이라"에서 "앎이라"(헬, 블레포 가르blepō gar)는 현재 직설법 동사와 이유접속사를 가지고 있다. 대부분의 사본들은 현재 직설법 형태('내가 안다')를 선호한다. 트롤, 해리스, 바레트 등도 이를 지지한다. 둘째, 분사 블레폰blepōn('알고서') 형태가 파피루스 사본(P⁴⁶)과 옛 라틴 역본들 속에 나타나고 있으며, 오늘날에는 NEBNew English Bible와 휴즈가 이를 지지하고 있다. 셋째, 이유접속사 가르 없이 블레포blepō만 나타나는 형태가 바티칸 사본(B), D*, 시리아-사히딕 역본 속에 나타나고 있다.

메츠거는 연합성서공회United Bible Society, UBS가 위의 사본들의 심의와 관련하여 한때 이견이 있었음을 언급한다. 대부분은 첫 번째 형태를 선호하였지만, "상당 수준의 의심"이 또한 있었음을 인정한다.[5] 이런 이문들이 이 구절의 의미에 심각한 영향을 미치지는 않는다. 하지만 이런 이문들이 있다는 것은 이 구절이 가지는 구문상의 난점이 있었고 필사자들이 이를 해결하려 시도했음을

---

4. Thrall, *Second Corinthians*, 490.

5. Metzger, *A Textual Commentary on the Greek New Testament*, 512; Furnish, *II Corinthians*, 387; Thrall, *Second Corinthians*, 490-91; Harris, *Second Corinthians*, 533.

보여준다.

디도가 고린도로부터 좋은 소식을 가지고 온 이후, 바울에게 감정상의 극적인 변화가 일어났다는 점은 과장이 필요 없는 사실이다. 그는 참 쓰기 어려운 편지를 쓰지 않으면 안 되었다. 이는 그의 사역 중에 만났던 많은 일들 가운데서 가장 어려운 일 중의 하나였다. 이 편지를 쓴 것을 두고 처음에는 잠시 후회하지 않을 수 없었다. 그러나 그 원래의 목표가 이루어진 지금은 이를 지나간 일로 밀쳐놓을 수 있게 되었다.

고린도 교회는 이 편지가 없었더라면 지금의 행복한 상태에 도달하지 못했을 것이다. "후회한다"(헬, 메타멜로마이)는 단어는 마음의 변화를 함축하는 단어이며, 다른 맥락에서는 '회개하다'의 의미가 있는 메타노에오metanoeō와 유사한 용어로 사용되기도 한다. 바울이 후회를 인정하는 것은 앞의 질책을 유연하게 하는 효과를 낳는다. 크리소스토무스는 수술의 고통이 결과적으로는 기쁨을 낳는다고 말한다.[6]

바울은 고린도 교인들이 겪은 슬픔, 상처, 격앙, 근심 등이 하나님의 뜻에 따른 것이며, 바울 자신의 울분을 발산하는 일과는 상관없다는 것을 밝힌다(10절). 그들이 겪은 근심은 실망과 때로는 죽음을 낳는 세상 근심과는 다르다. 죄를 두고 슬퍼하는 것은 매우 고무적인 일이다. 바울은 고린도 교인들이 겪은 근심이 그들 속에서 얼마나 좋은 결과를 낳았는지를 언급한다. 11절을 보면 바울은 이를 나타내기 위해 "간절하게 …… 변증하게 …… 분하게 …… 두렵게 …… 사모하게 …… 열심 있게 …… 벌하게"라는 일곱 개의 단어를 사용한다. "간절하게"는 헬라어 스푸데spoudē의 번역인데, 이는 신속한 행동, 근면, 열정적인 헌신 등을 의미하는 단어이다. 이 단어는 12절과 8:7에서도 사용되고 있다.

---

6. Chrysostom, "Homily on 2 Corinthians," 350.

"변증하게"(11절)는 헬라어 아폴로기아(apologia)의 번역인데, 이는 자기변호를 의미하는 단어이며, 법정에서의 변호를 의미하기도 한다. "분하게"는 아가낙테시스aganaktēsis의 번역으로, 바울이 직전 방문 시에 고린도에서 받은 부당한 대접을 그들이 불쾌하게 여긴다는 것을 보여준다. "두렵게"는 하나님에 대한 경외를 의미하는 것일 수도 있고, 사람에 대한 존경을 의미하는 것일 수도 있다. "사모하게"는 바울을 친히 보고자 함을 가리키며, "열심 있게"(헬, 젤로스)는 바울에 대한 열정적인 관심을 가리킨다. 마지막으로 "벌하게"는 헬라어 에크디케시스ekdikēsis의 번역인데, 여기서는 벌의 의미보다 정의의 의미로 보는 것이 더 낫다. 다른 맥락에서 이 단어는 보복이나 복수를 의미하지만, 여기서는 이런 의미가 적합하지 않다. 오히려 정의의 시행이라는 의미로 보는 것이 더 좋다. 단커는 에크디케시스를 "정의의 수여, 불의를 행한 자에게 가해지는 제재(특히 고후7:11에서 바울의 대적들에 대하여)"로 정의하고 있다.[7] 이상의 일곱 가지 반응은 바울에 대한 고린도 교인들의 태도가 전적으로 달라졌음을 보여준다. 그들은 모든 면에서 마음의 변화를 나타내고 있다.

12절에서 바울은 그가 오직 자신의 감정에만 신경을 쓰고 있었던 것이 아닌가 하는 의구심을 염두에 두고 있다. 플러머는 이렇게 지적한다. "편지를 쓴 바울의 주된 목적은 불의를 행한 자를 벌주도록 하기 위함도 아니고 불의를 당한 자의 억울함을 풀기 위함도 아니다. 오히려 고린도 교인들이 자신을 향하여 얼마나 한결같은 마음을 가지는지를 보일 기회를 주고자 하는 것이다. 불의를 당한 자는 다른 사람이 아닌 바울 자신이었음을 우리는 거의 확실하게 말할 수 있다."[8] 이는 잃어버린 "엄중한" 편지를 두고 하는 말이다. 바울은 근심하게 한 자의 행위가 일부 사람들에게만이 아니라 고린도 교회 전체에 아픔을 주었음

7. Danker, BDAG, 301.
8. Plummer, *Second Corinthians*, 224.

을 분명히 밝히고 있다. 어떤 사람들은 불의를 당한 자가 디모데였다고 주장하기도 하지만, 그보다는 바울 자신이 공격을 당한 것으로 보는 것이 더 합당하다. 그의 편지는 고린도 교회가 바울에게 등을 돌리게 될 때 그들 속에서 어떤 결과가 생길지를 지적하는 내용이었을 것으로 보인다.

고린도 교인들의 간절함이 "하나님 앞에서" 확인되었다는 것이 두드러지는 위치에서 엄숙한 어조로 진술되고 있다. 다음 절의 첫 부분(13a)은 이로 인하여 "우리가 위로를 받았다"(헬, 파라케클레메따)라는 말로 이 단락을 종결짓고 있다.

묵상을 위한 질문

① 우리는 때로 우리가 아끼는 사람들에게 하기 힘든 말을 할 때 너무 몸을 사리지 않습니까? 대립이 일어나는 일을 피하고자 하는 유혹을 받지는 않습니까?

② 말해야 할 것을 숨기지 않고 말했을 때의 결과는 어떻게 나타납니까? "하나님 앞에서" 어떤 선한 일들이 이루어집니까? 그 결과는 만족스럽고 축하할만한 것입니까? 그렇지 않다면 우리는 사태가 사그라들도록 내버려두기보다 어떤 시도를 더 해보아야 할까요?

3. 고린도 교인들의 반응에 대한 디도의 기쁨(7:13b-16)

우리가 받은 위로 위에 디도의 기쁨으로 우리가 더욱 많이 기뻐함은 그의 마음이 너희 무리로 말미암아 안심함을 얻었음이라 14 내가 그에게 너희를 위하여 자랑한 것이 있더라도 부끄럽지 아니하니 우리가 너희에게 이른 말이 다 참된 것 같이 디도 앞에서 우리가 자랑한 것도 참되게 되었도다 15 그가 너희 모든 사람들이 두려움과 떪으로 자기를 영접하여 순종한 것을 생각하고 너희를 향하여 그의 심정이 더욱 깊었으니 16 내가 범사에 너희를 신뢰하게 된 것을 기뻐하노라

세 번째 단락은 디도가 고린도 교인들과의 만남을 통해 얻게 된 기쁨을 이야기한다. 그들과의 만남을 통해 디도가 "안심함을 얻었"다고 말하는데, 이는 원기가 회복되었다는 것을 의미한다(헬, 아나페파우타이, 완료 수동태형으로, 일어난 일의 결과가 존속함을 나타낸다). "디도의 기쁨으로 우리가 더욱 많이 기뻐함은"이라는 문구를 NIV는 "디도가 얼마나 기뻐하던지 그것을 보고 우리가 특별히 기뻐한다We are especially delighted to see how happy Titus was"로 번역하고 있다. 이 번역은 헬라어 페리소테로스 말론 에카레멘perissoterōs mallon echarēmen의 어감을 잘 살리고 있다. 페리소테로스(더 많이)에다가 말론(더욱더)을 중복적으로 사용해서 '차고 넘치도록 많이' 기뻐했다는 것을 나타내고 있다. 이런 표현이 암시하는 것은 디도가 고린도에서 바울을 대리하여 행한 사역이 스스로 자랑스럽게 여길 만큼 성공적이었다는 것이다. 디도의 기쁨은 다른 사람들에게도 전염되고 있다.

14절에서 바울은 고린도의 상황이 하나님의 일하심을 나타내게 되리라고 디도에게 자랑하였다는 것을 밝힌다. 하나님께서 하신 일에 대해서는 우리 그리스도인들이 이를 자랑하거나 자부심을 표현하는 것을 전혀 거리낄 필요가 없다. 바울은 자기 자신이 이룬 일에 대해서는 자랑하기를 삼간다. 고린도에서의 상황이 원치 않는 방향으로 흘러가는 결과를 낳았더라면 그는 많이 부끄러웠을 것이다. 바울이 디도와 함께 고린도를 걱정하고 서로 관심을 기울이는 모습은 그가 항상 동료 사역자들과 협력하여 일하는 사람임을 잘 보여준다. 그는

결코 고립된 외톨이가 아니다.[9]

결과적으로 고린도 교인들을 향한 디도의 애정이 더욱 깊어졌으며, 바울 또한 그 애정을 함께 나누고 있다. 바울은 그들을 마음으로 품을 뿐 아니라, 그들에 대한 신뢰감을 더욱 깊이 가질 수 있게 되었다. 신뢰와 관련하여 바울이 16절에서 사용하는 동사 따르레오tharreō는 누군가에게 대한 기쁨이나 용기, 기대 등을 나타내는 단어이다. 이는 그가 한때 느꼈던 '두려움과 떨림'과 대비를 이룬다.

묵상을 위한 질문

① 우리는 바울이 팀 사역자였다는 사실을 충분히 잘 숙지하고 있습니까? 우리는 협력 사역을 귀하게 여기며 그것을 권장하고 있습니까? 아니면 우리는 한 사람의 단독 지도자가 모든 일을 혼자 다 하도록 맡기고 있지 않습니까?

② 우리는 다른 누군가의 사역이 명백히 하나님께서 일하심의 결과인 것을 볼 때 이를 사심 없이 기뻐하고 있습니까?

---

9. Ollrog, *Paulus und seine Mitarbeiter*; Ellis, "Paul and his Co-workers"; Harrington, "Paul and Collaborative Ministry"; Bruce, *The Pauline Circle*.

V. 예루살렘 교회의 가난한 자들을 위한 헌금

8:1-9:15

1. 헌금을 마무리하라는 바울의 권면(8:1-15)

1 형제들아 하나님께서 마게도냐 교회들에게 주신 은혜를 우리가 너희에게 알리노니 2 환난의 많은 시련 가운데서 그들의 넘치는 기쁨과 극심한 가난이 그들의 풍성한 연보를 넘치도록 하게 하였느니라 3 내가 증언하노니 그들이 힘대로 할 뿐 아니라 힘에 지나도록 자원하여 4 이 은혜와 성도 섬기는 일에 참여함에 대하여 우리에게 간절히 구하니 5 우리가 바라던 것뿐 아니라 그들이 먼저 자신을 주께 드리고 또 하나님의 뜻을 따라 우리에게 주었도다 6 그러므로 우리가 디도를 권하여 그가 이미 너희 가운데서 시작하였은즉 이 은혜를 그대로 성취하게 하라 하였노라 7 오직 너희는 믿음과 말과 지식과 모든 간절함과 우리를 사랑하는 이 모든 일에 풍성한 것 같이 이 은혜에도 풍성하게 할지니라 8 내가 명령으로 하는 말이 아니요 오직 다른 이들의 간절함을 가지고 너희의 사랑의 진실함을 증명하고자 함이로라 9 우리 주 예수 그리스도의 은혜를 너희가 알거니와 부요하신 이로서 너희를 위하여 가난하게 되심은 그의 가난함으

로 말미암아 너희를 부요하게 하려 하심이라 10 이 일에 관하여 나의 뜻을 알리노니 이 일은 너희에게 유익함이라 너희가 일 년 전에 행하기를 먼저 시작할 뿐 아니라 원하기도 하였은즉 11 이제는 하던 일을 성취할지니 마음에 원하던 것과 같이 완성하되 있는 대로 하라 12 할 마음만 있으면 있는 대로 받으실 터이요 없는 것은 받지 아니하시리라 13 이는 다른 사람들은 평안하게 하고 너희는 곤고하게 하려는 것이 아니요 균등하게 하려 함이니 14 이제 너희의 넉넉한 것으로 그들의 부족한 것을 보충함은 후에 그들의 넉넉한 것으로 너희의 부족한 것을 보충하여 균등하게 하려 함이라 15 기록된 것 같이 많이 거둔 자도 남지 아니하였고 적게 거둔 자도 모자라지 아니하였느니라

첫 번째 단락(8:1-15)에서 바울은 마게도냐 교회들을 풍성한 연보의 모범으로 제시하고 있다. 두 번째 단락(8:16-9:5)은 디도에게 초점을 맞추어 그가 간절한 마음으로 고린도를 다시 방문하고자 한다는 것을 밝히고 있다. 세 번째 단락(9:6-15)은 다른 그리스도인들의 복을 위하여 하나님의 일에 참여하는 것에 대한 바울의 더 깊은 생각들을 다루고 있다.

트롤은 8장을 1-7장과 함께 하나의 단위로 묶고 있고, 9장, 그리고 10-13장을 별도의 편지들로 보고 있다. 그러면서 10-13장은 잃어버렸다고 보는 '고통스러운 편지'(또는 '눈물의 편지')라고 주장한다.[1] 우리는 10-13장을 '고통스러운 편지'로 보는 트롤의 견해에 전적으로 동의하기는 어렵지만, 그 속에도 나름의 논리는 있다고 인정하지 않을 수 없다. 바울은 2:3에서 현재의 편지 이전에 한 편지를 썼다는 것을 밝힌다. 1:23에서 바울은 예정되었던 방문을 포기한다고 밝히는데, 13:2에 보면 그는 또 한 번의 방문을 예고하고 있다. 2:9에서 바울은 고린도 교인들의 순종에 만족감을 표하는데, 10:6에 보면 그는 그들의

---

1. Thrall, *Second Corinthians*, 503, 또한 vol. 1, 13-18.

"순종"이 온전하여질 것을 요구하고 있다.

트롤과 베츠, 그리고 불트만은 8장과 9장을 바울의 글로 보기는 하지만 그 각각을 별도의 편지들로 보고 있다.[2] 불트만은 8장에서의 바울의 주된 동기는 "갈라디아서 2:10의 하나님의 약속"인 반면, 9장의 주된 동기는 "바울과 그 공동체의 명예"라고 본다.[3] 이런 차이를 인정하면서도 트롤은 "내용상 8장과 9장은 하나로 묶을 수 있다"고 인정한다.[4] 해리스는 8장과 9장이 "특정 연결점들의 구성"을 볼 때 "하나에 속한다"고 주장한다.[5] 8:20과 9:3-5은 불트만이 주장하는 것처럼 예루살렘에 헌금을 보내는 이유를 서로 다르게 제시하는 것처럼 보일 수도 있다. 그러나 다수의 명망 있는 학자들, 예를 들어 퍼니쉬, 마틴, 위더링턴, 홀 등은 고린도후서 1-9장의 일체성을 지지한다. 다만 마틴은 8장이 원래는 고린도를 대상으로 했던 반면, 9장은 아가야의 더 넓은 지역을 대상으로 두었다고 보고 있다.[6] 이런 제안의 타당성은 8:18, 24의 형제들이 9:3의 형제들과 동일한지, 나아가서 8:4의 "성도"와 9:1의 "성도"가 동일한지에 달려 있다.

8:1에서 바울은 하나님께서 마게도냐 교회들에게 보여주신 특별한 은혜를 고린도 교인들에게 알리고 있다. 마게도냐 교회들은 빌립보와 데살로니가, 베뢰아 같은 "로마화된" 도시들 속에 세워진 교회들이다. 빌립보는 고린도와 같이 로마 식민도시colonia였고, 데살로니가와 베뢰아는 '자치도시'municipia에 속

---

2. Thrall, *Second Corinthians*, 564; Betz and MacRae, *2 Corinthians 8 and 9*; Bultmann, *Second Corinthians*, 253-58.

3. Bultmann, *Second Corinthians*, 253, 257.

4. Thrall, *Second Corinthians*, 504.

5. Harris, *Second Corinthians*, 27-29.

6. Furnish, *II Corinthians*, 41-44; Martin, *2 Corinthians*, xxxvi, xlv-xlvi, 249-50; Witherington, *Conflict and Community in Corinth*, 411-14; Plummer, *Second Corinthians*, xix-xx; Hughes, *Second Corinthians*, xxi-xxxv; Hall, *The Unity of the Corinthian Correspondence*, 114-19.

하였다.[7]

"은혜"(헬, 카리스)라는 단어는 예수 그리스도의 사역과 모든 그리스도인 삶의 기반을 이루는 말로 매우 폭넓게 사용되는 용어이다. 하지만 여기서는 마게도냐 교회들의 희생적인 관대함에서 예시된 선물 또는 호의라는 보다 좁은 의미로 사용되고 있다.[8] 거스리는 오늘날 대부분의 서구 교회들이 "부에 풍덩 빠져" 누리고 있는 풍족함과, 그러면서도 궁핍에 빠져 있는 세계의 다른 교회들에게 은혜를 나누는 측면에서 보여주는 빈곤함을 잘 대비시키고 있다.[9]

바울은 8:2-5에서 연관된 상황을 보다 자세하게 설명한다. 특히 마게도냐 교인들의 너그러움에 대한 묘사가 매우 정교하다. 그들의 헌금은 "환난의 많은 시련"과 "극한 가난"(헬, 헤 카타 바뚜스 프토케이아 아우톤) 속에서 이루어진 것이기에 매우 특별하다(2절). 가난을 가리키는 헬라어 단어 프토케이아 ptōcheia는 한때 '거지가 되다'의 의미로 통용되던 프토큐오ptōcheuō에서 유래한 단어이다.[10] 마게도냐 교인들은 정말 큰 너그러움을 보여주고 있다. 그들의 가난의 원인이 무엇인지에 대해서는 몇 가지 의견들이 제시되고 있는데, 트롤의 경우는 "그들의 가난이 그들이 받아들인 새로운 신앙에 따른 사회적 매장과 학대 때문에 생겼을 것"으로 보고 있다.[11]

가난에도 불구하고 기뻐할 수 있다는 것은 대단히 큰 역설이다. 그들의 가난의 경험은 오히려 동일하게 가난한 다른 형제들에 대해 동정적인 자세를 가지도록 이끌었다. 너그러움으로 번역된 헬라어 단어 하플로테스haplotēs는 보통 단순함, 솔직함, 성실함의 의미로 통용되는 단어인데, 우리 문맥에서는 관

---

7. Betz, *2 Corinthians 8 and 9*, 49-53; Thrall, *Second Corinthians*, 521.

8. Danker, BDAG, 1079-80.

9. Guthrie, *2 Corinthians*, 393.

10. Robertson, *Word Pictures*, vol. 4, 243.

11. Thrall, *Second Corinthians*, 523.

대함의 의미가 적합하다. 이런 용례는 로마서 12:8에도 나타난다.[12] 마게도냐 교인들은 매우 어려운 상황에 놓여 있었다(참조, 행17:5-8, 빌1:28-30, 살전1:6, 2:14, 3:3-4). 그런 힘든 상황과 극심한 가난에도 불구하고 그들은 넘치도록 풍성하게 남을 위한 나눔을 실행하고 있다.

"넘치다"로 번역된 단어(헬, 페리슈오)는 고린도후서에서 총 열 번 사용되었는데, 그중 세 번이 8장에서, 그리고 또 다른 세 번이 9장에서 사용되고 있다. 이 단어는 때에 따라 "풍성하게" 또는 "넘치게", 심지어는 "과도하게"라는 표현으로 나오고 있다. 마게도냐 교인들은 자신들에게 가용한 자원 이상으로 자원하여 드렸다.

3-4절에서 바울은 어려움 가운데 있는 예루살렘 교회를 돕고자 하는 그들의 반응이 자발적이었음을 강조한다. 바울은 그들이 "힘대로 할 뿐 아니라 힘에 지나도록 자원하여" 하였다고 말하면서, 문법적으로 충분히 예상되는 동사 '그들이 드렸다'를 생략하고 있다. 그만큼 그는 마게도냐 교인들의 자발성을 돋보이게 하고자 하는 것이다. 이와 관련하여 트롤은 헌금이 사도의 압력으로 이루어진 일이 아닌가 하는 의심을 불식시키고자 하는 의도가 작용한 것이라고 보고 있다.[13] 그들의 헌금의 동기는 하나님을 섬기고 다른 사람들을 섬기고자 하는 데 있다. 구제 사역에의 참여와 나눔(헬, 코이노니아)이 그들의 주된 동기이다. 트롤은 "디아코니아(섬김)에의 참여를 마게도냐 교인들이 간절히 구했다(헬, 데오마이)"는 사실에 우리의 눈길을 이끌고 있다.[14]

콜린스와 베츠는 섬김으로 번역된 헬라어 단어 디아코니아가 이 경우에는

---

12. Danker, BDAG, 104.
13. Thrall, *Second Corinthians*, 525.
14. Thrall, *Second Corinthians*, 525.

예루살렘 교회를 위해 모금된 헌금의 관리를 가리킨다고 지적한다.[15] 콜린스는 디아코니아를 여기서 "미션"으로 옮기는데, 오히려 이를 "참여" 또는 "나눔"으로 보는 것이 헌금의 "관리"나 예루살렘까지 바울을 따라가는 일 등의 부수적인 일보다는 드림의 사역 자체에 더 잘 부합된다. 마게도냐 교회들은 그들이 드려야만 할 일로 그들의 반응을 보이고 있다. 넉넉한 가운데서가 아니라 극심한 가난에도 불구하고 드리는 일은 너무나 놀라운 일이어서 바울은 "내가 증언하노니"(헬, 마르튀로)라는 말을 덧붙이고 있다(3절). 5절에서도 바울은 자신의 놀람을 "우리가 바라던 것뿐 아니라"라는 말로 표현하고 있다. 마게도냐 교인들은 단지 돈만 드린 것이 아니라 "자신을" 드렸다. 이는 전적인 자기 드림을 말하는데, 바울은 이를 두고 기뻐하고 있다. "먼저"라는 단어는 시간적인 순서를 가리키는 것이 아니라 '최우선의 중요도'를 가리키는 표현이다.

6절에서 바울은 고린도 교인들로 하여금 마게도냐 교회들의 본을 따르도록 권면하고 있다. 그는 디도가 고린도에서 이루어 놓은 일을 기반으로 삼아 이를 더 발전시키고 있다. 퍼니쉬는 예루살렘의 가난한 이들을 위한 고린도 교회의 헌금 사역을 디도가 "이미 시작했다"는 사실을 잘 지적하면서, 이와 같은 디도의 시도가 고린도전서 16:1-4을 앞서는 것인지에 대해서는 그 어떤 증거도 나타나지 않는다고 밝힌다.[16] 디도의 방문은 바울로 하여금 헌금 문제와 관련하여 보다 적극적인 자세를 취할 수 있도록 만들었다. 바울은 7절에서 "이 은혜에도 풍성하게 할지니라"라는 말로 자신의 뜻을 분명하게 밝히고 있다.

바울은 고린도 교회의 너그러움이 그들의 믿음과 말과 지식과 모든 간절함에 부합되는 것이기를 소망하고 있다. 바울이 언급하는 이런 자질들은 디도의 방문에서뿐만 아니라 고린도전서의 기록을 통해서도 확인되고 있다. 이런 점

---

15. Collins, *Diakonia*, 218, 336.
16. Furnish, *II Corinthians*, 414.

은 필자를 포함하여 포골로프나 엥겔스, 타이슨, 그 밖의 많은 주석가들이 강조한 바 있다.[17] 고린도가 번창하는 무역과 사업의 중심지였던 점을 생각하면 (서론 참조), 고린도 교회도 마게도냐 교회들이 겪고 있는 것과 같은 심한 가난에 노출되어 있었다고 보기는 어렵다. 하지만 우리가 주목해야 할 것은 교회의 역사를 되돌아볼 때 가장 가난했던 교회들이 궁핍한 사람들을 돕는 일에 가장 너그러웠다는 점이다. 이는 오늘날에도 아프리카에 있는 많은 교회들 속에서 그대로 재연되고 있다. "성취하다"(6절, 에피텔레오)라는 단어는 "시작하다"와 짝을 이룬다.

8절에서 바울은 헌금에 동참하기를 바라는 자신의 말이 "명령"(헬, 에피타게)이 아니라는 것을 밝힌다. 그는 이 일이 자발적인 차원에서 이루어지기를 원하고 있다. 바울이 고린도 교인들의 "사랑의 진실함을 증명(헬, 도키마조'시험하여 증명하다'로, NRSV에서는 test로 번역—역주)하고자" 한다고 말할 때 의도한 것이 바로 이것이다. "진실함"으로 번역된 그네시오스gnēsios라는 단어는 '참된, 적법한'이라는 의미가 있다.[18] 이 구절에서 나타난 바울의 모습은 카스텔리E. Castelli와 같은 사람이 말하는 권위적인 인물과는 거리가 멀다. 바울은 권위가 아니라 마게도냐 교회들이 보인 것과 같은 사랑과 "간절함"(헬, 스푸데)에 호소하고 있다.

바울은 9절에서 마게도냐 교회들이 보인 사랑의 예보다 더 근원적인 모범을 제시한다. 예수 그리스도께서 행하신 일이 바로 그것이다. 이는 좀 더 시간이 흐른 뒤에 그가 빌립보서 2:5-11에서 말하는 것과 유사한 방식으로, 그리스도께서는 부요하신 분이시지만 "그의 가난함으로 말미암아 너희를 부요하게

---

17. Pogoloff, *Logos and Sophia*, 전반적으로; Engels, *Roman Corinth*, 8-143; Theissen, *The Social Setting of Pauline Christianity*, 69-174; Thiselton, *The First Epistle to the Corinthians*, 1-29.
18. Danker, BDAG, 202.

하려"고 우리를 위해 가난하게 되셨다. 크리소스토무스가 지적하는 것처럼, 가난함이 부요함을 만들어낼 수 있다는 믿음이 예수 그리스도의 모범을 통해 확증되었다.[19] 하나님의 은혜는 나사렛 예수의 삶 속에서 가시적으로 구현되었다. 이 은혜를 누리는 우리 그리스도인들은 그리스도의 관대함에 참여하도록 부름을 받고 있다.

바울은 10절에서 자발적인 헌금에 대한 이야기를 되풀이하고 있다. 바울은 이를 "나의 뜻(헬, 그노메)"이라고 부른다. 퍼니쉬는 그노메라는 단어에 "깊은 뜻" 또는 "숙고된 의견"이라는 의미를 돌리고 있다.[20] 11절에 가면 바울은 명령형을 사용하여 "하던 일을 성취하라"고 말한다. 그러면서 그들이 드리는 것을 받음직하게 하는 것은 선물의 크기가 아니라 형편에 따라 "할 마음" 곧 선의로 드리는 자세라고 덧붙인다(12절).[21] 그는 고린도 교인들에게 그들이 드릴 수 있는 것 이상을 드리라고 요구하지 않는다.

바울은 13-15절에서 평균케 하는 드림의 원칙을 제시한다. 퍼니쉬와 거스리, 트롤 등은 이 단락을 "균등의 원리"라는 이름으로 부르며, 휴즈는 "균형의 법칙"이라고 부른다.[22] "균등하게"로 번역된 헬라어 문구 엑스 이소테토스ex isotētos는 공평 또는 평등을 가리킨다.[23] 마틴은 바울의 모금 사역과 관련된 보충 해설을 덧붙이는데, 거기에서 그는 이 사역의 뿌리를 갈라디아서 2:10(참조, 고전16:1-4, 고후8-9; 롬15:27-29)의 예루살렘 합의에 따른 바울의 책임의식에서 찾고 있다.[24] 예루살렘 교회가 궁핍에 직면한 이유에 대해서는 추측만 있

---

19. Chrysostom, "Homilies in the Second Epistle to the Corinthians," Hom. 17, 360.

20. Furnish, *II Corinthians*, 405.

21. Furnish, *II Corinthians*, 419.

22. Hughes, *Second Corinthians*, 306.

23. Robertson, *Word Pictures*, vol. 4, 245.

24. Martin, *2 Corinthians*, 256-58.

을 뿐이라고 그는 말한다. 칼 홀Karl Holl과 디터 게오르기Dieter Georgi는 모금 주제와 관련하여 별도의 긴 글을 쓴 바 있다.[25] "균등하게 하려 함이라"라는 문구를 NRSV는 "공평한 균형이 있도록"으로 옮기고 있으며, 거스리는 "이것이 공평이 작용하는 방식이다"라고 옮기고 있다. "이제"(11절), 곧 '지금 이 시점에서의' 넉넉함(남음)과 부족함이 서로 연결되고 있다. 이런 상호성의 원리는 그리스-로마 세계에서는 매우 중요한 원리였다. 양측이 각각의 의무를 떠안아야 한다호혜자는 재화를 나누는 의무를, 수혜자는 감사와 존중을 돌려야 하는 의무를 떠안음으로써 이들 사이에 일종의 상하관계가 형성된다—역주. 그러나 바울은 그리스도인들 사이의 평등에 호소하고 있다.

바울은 15절에서 출애굽기 16:18을 인용한다. 이스라엘의 광야 생활 중에 하나님께서는 그들에게 만나를 공급하셨다. 하나님께서는 모든 사람이 자신에게 필요한 만큼만 거두고 남기지 못하도록 명하셨다. 매 하루의 필요를 따라 매 하루씩 양식을 공급하는 것이 그 원칙이었다. 그래서 "많이 거둔 자도 남지 아니하였고 적게 거둔 자도 모자라지 아니하였"다. 이 원리가 하나님의 백성이 서로에 대하여 어떤 자세를 가져야 할 것인지에 대한 기반을 제공한다. 이는 넓게 보면 바울이 고린도전서 12장에서 "한 몸"에 대해 이야기하는 것과도 연관성이 있다. 예루살렘의 가난한 성도들을 위한 바울의 호소는 모든 교회들을 위한 하나의 보편적 원리로 작용한다.

25. Georgi, *Remembering the Poor*; Holl, "Der Kirchenbegriff des Paulus in seinem Verhältnis zu dem der Urgemeinde."

묵상을 위한 질문

① 마게도냐 교회들(빌립보, 데살로니가, 베뢰아를 포함)은 너그러움이 어떤 것인지 그 생생한 모범을 보여주고 있습니다. 그들은 "극심한 가난"을 겪고 있으면서도, 풍성한 연보를 넘치도록 하였습니다. 종종 가장 가난한 교회들이 너그러운 나눔에 남달리 앞장서는 것을 보는데, 그 이유가 무엇이라고 생각합니까? 이것이 오늘 서구 교회나 세계 여러 지역의 부요한 교회들에게 주는 도전이 무엇인가요?

② 우리는 드림의 특권을 위해 "간절히 구하는" 모습을 생각해볼 수 있을까요? 다른 사람들에게 주고자 하는 우리의 열망은 자발적인가요, 아니면 억지나 의무감에서 나오는 것인가요?

③ 우리의 드림의 동기는 얼마만큼이나 예수 그리스도, 곧 부요하신 분이면서 우리를 위하여 가난하게 되신 그분께 영향을 받고 있습니까?

④ 우리는 동료 그리스도인들이나 교회들에 대하여 "평균의 원리"를 얼마나 중요하게 받아들이고 있습니까? 우리 교회는 지금의 재정 상태에 상관없이 언제나 도움의 손길을 뻗칠 준비가 되어 있는 "부요한" 교회입니까?

2. 디도가 간절한 마음으로 다시 고린도를 방문하고자 함(8:16-9:5)

16 너희를 위하여 같은 간절함을 디도의 마음에도 주시는 하나님께 감사하노니 17 그가 권함을 받고 더욱 간절함으로 자원하여 너희에게 나아갔고 18 또 그와 함께 그 형제를 보내었으니 이 사람은 복음으로써 모든 교회에서 칭찬을 받는 자요 19 이뿐 아니라 그는 동일한 주의 영광과 우리의 원을 나타내기 위하여 여

러 교회의 택함을 받아 우리가 맡은 은혜의 일로 우리와 동행하는 자라 20 이것을 조심함은 우리가 맡은 이 거액의 연보에 대하여 아무도 우리를 비방하지 못하게 하려 함이니 21 이는 우리가 주 앞에서뿐 아니라 사람 앞에서도 선한 일에 조심하려 함이라 22 또 그들과 함께 우리의 한 형제를 보내었노니 우리는 그가 여러 가지 일에 간절한 것을 여러 번 확인하였거니와 이제 그가 너희를 크게 믿으므로 더욱 간절하니라 23 디도로 말하면 나의 동료요 너희를 위한 나의 동역자요 우리 형제들로 말하면 여러 교회의 사자들이요 그리스도의 영광이니라 24 그러므로 너희는 여러 교회 앞에서 너희의 사랑과 너희에 대한 우리 자랑의 증거를 그들에게 보이라

9:1 성도를 섬기는 일에 대하여는 내가 너희에게 쓸 필요가 없나니 2 이는 내가 너희의 원함을 앎이라 내가 너희를 위하여 마게도냐인들에게 아가야에서는 일 년 전부터 준비하였다는 것을 자랑하였는데 과연 너희의 열심이 퍽 많은 사람들을 분발하게 하였느니라 3 그런데 이 형제들을 보낸 것은 이 일에 너희를 위한 우리의 자랑이 헛되지 않고 내가 말한 것 같이 준비하게 하려 함이라 4 혹 마게도냐인들이 나와 함께 가서 너희가 준비하지 아니한 것을 보면 너희는 고사하고 우리가 이 믿던 것에 부끄러움을 당할까 두려워하노라 5 그러므로 내가 이 형제들로 먼저 너희에게 가서 너희가 전에 약속한 연보를 미리 준비하게 하도록 권면하는 것이 필요한 줄 생각하였노니 이렇게 준비하여야 참 연보답고 억지가 아니니라

16-24절에서 바울은 디도가 어떻게 다른 두 형제와 함께 모금을 위한 특사 팀에 합류하게 되었는지를 설명한다. 그리고 9:1-5에서는 이 사역의 목적이 무엇인지를 밝히고 있다. 우리는 앞에서 이미 8장과 9장이 하나의 단일체를 이루고 있다는 것을 이야기한 바 있다.

바울은 디도가 간절한 마음으로 고린도를 다시 방문하려 한다는 것을 재차

언급하고 있다. 그러면서 디도 안에 이런 간절함을 주신 분이 하나님이시라는 사실을 강조한다. 바울 역시 이런 간절함을 공유하고 있다. 디도는 "자원하여" 이 일을 떠맡고 있다(17절). 트롤은 매우 상세한 그녀의 주석에서 이 부분을 두고는 더 이상의 설명이 필요치 않다고 말한다.[26] 트롤이 볼 때 바울이 "권함"이라는 단어를 사용하는 것은 그가 "명령을 주는 자가 아니라 오히려 요청을 하는 지도자"이기 때문이다.[27] 베츠는 디도를 "법적 대리인"이라고 부르는데, 이는 너무 형식적이며 지시적인 표현이다. 베츠는 우리 본문보다는 고대의 로마의 관행에 의존하는 것으로 보인다.

어떤 이들은 디도가 이미 고린도를 향해 떠났다고 보기도 하는데17절의 "나아갔고"와 18절의 "보내었으니"가 단순과거 시제로 되어 있는 것에 근거한다—역주, 그럴 개연성은 적어 보인다. 18절에서 바울은 디도와 함께 가는 또 다른 한 형제를 언급한다. 그는 "복음으로써 모든 교회에서 칭찬을 받는 자"로 소개되고 있다. 더군다나 이 형제는 바울 일행이 이 관대한 직무를 실행하는 동안 함께 다니도록 여러 교회들에 의해 임명을 받은 사람이다(19절). "택함을 받아"에서 사용된 동사 케이로토네인cheirotonein은 '손을 들어서 선출하다'라는 뜻이 있다.[28] 트롤과 JB예루살렘 바이블 역시 이를 '선출하다'로 읽는다. 트롤은 바울이 이 선출의 과정을 주도했을 것으로 보고 있다. 그를 선출하는 데 관여한 교회들이 정확히 어느 교회들인지는 밝히지 않고 있다. 이와 같은 선출 또는 임명의 결과는 이들을 보내는 바울 자신의 간절함이 얼마나 큰지를 잘 보여준다. 이 선출된 형제가 누구인지를 정확히 알기는 어렵다는 것이 주석가들의 공통적인 견해다. 어떤 이들은 바나바, 누가, 소바더 등을 거론하기도 하지만, 대부분의 주석가들은

---

26. Thrall, *Second Corinthians*, 544.

27. Thrall, *Second Corinthians*, 545.

28. Furnish, *II Corinthians*, 422.

이런 상상을 거절한다. 무엇보다 "주님 자신의 영광을 위하여" 이런 일을 한다는 것이 중요하다.

칭찬받는 형제에 대한 소개에 이어 바울은 20절에서 자기 자신의 명성과 관련된 언급을 하고 있다. "우리가 맡은 이 거액의 연보에 대하여 아무도 우리를 비방하지 못하게 하려" 한다는 것이다. 어떤 사람이 무엇 때문에 바울을 비방하려 하는가? 바울을 공격하는 사람들이 표적으로 삼을 만한 것은 바울의 동기와 관련된 문제일 것이다. 그가 그 자신을 위한 재정 후원을 도모하고 있다는 비방에 대해 바울은 고린도전서 9:4-18에서 이미 자신을 변호한 바 있다. 이와 관련하여 바레트는 이렇게 말한다. "바울이 자신의 선교 사역을 통해 부를 얻으려 한다는 비방을 면하기를 바랄 수는 없었을 것이다. 이를 피할 수 있는 복음 사역자는 거의 없다."[29] 21절에서 바울은 "우리가 주 앞에서뿐 아니라 사람 앞에서도 선한 일에 조심하려 함이라"라고 말하는데, 비록 인용 형태를 취하지는 않지만, 트롤이나 바레트 등이 지적하는 것처럼, 이 문구의 배후에는 잠언 3:4(칠십인경)이 놓여 있는 것으로 보인다. 바울은 자신의 진실성을 다시 한 번 강조하고 있다. 22절은 바울의 동역 정신을 잘 보여준다. 그는 동료 사역자들과 협력하여 사역하는 습관이 있었다.

23절에서 바울은 "그가 보내는 세 특사의 신임장을 요약적으로 진술하고 있다. 디도와 …… 다른 두 사람 사이에는 약간의 차이가 나타난다."[30] 디도에 대해서는 그를 자신의 "동역자"(헬, 쉬네르고스)라 부르고 있다. 베츠는 이 단어를 "행정적 보조자" 또는 "위임된 대리자"라는 말로 옮기는데, 이런 용어는 사업 관계의 맥락에서는 적합할지 모르겠지만, 헌금과 관련된 본문의 맥락에

29. Barrett, Second Corinthians, 229.

29. Barrett, *Second Corinthians*, 229.
30. Thrall, *Second Corinthians*, 553.

서는 그다지 적합해 보이지 않는다. 이런 점은 트롤도 잘 지적하고 있다.[31] 8장을 종결짓는 구절인 24절에서 "바울은 그의 독자들에게 이들에 대하여 그들의 기독교적 사랑을 보여줄 것과 또한 그들에 대한 바울의 자랑이 헛되지 않다는 것을 증명하기를 요청하고 있다."[32] 트롤은 8장에 소개되는 형제들과 관련하여 좀 더 상세한 논의를 이어가고 있다.[33]

9장 전체와 관련하여 트롤은 이렇게 말한다. "바울은 헌금과 관련된 고린도 교인들의 행위와 관련하여 다소 걱정하는 모습을 보이고 있다. …… 그가 보내는 특사들은 바울이 직접 고린도에 오기 전에 고린도 교인들의 헌금 드리는 일이 다 마무리되도록 조치해야 했다."[34] 베츠와 불트만, 트롤(다소 잠정적이긴 하지만)은 9장을 별도의 편지로 보고 있는데, 그렇다고 이것이 바울의 편지임을 부정하는 것은 아니다. 우리는 이를 별도의 편지로 보아야 할 증거가 결정적이지 않다는 것을 앞서 언급한 바 있다. 베츠는 냉담한 어투로 이렇게 말한다. "바울은 그의 독자들이 헌금 문제에 대한 이 이야기가 너무 식상해서 듣고 싶어 하지 않는다는 것을 알아차렸다. 수사학적인 차원에서 말한다면, 헌금의 문제는 '지루하거나 지겨운' 문제가 되어 있었을 공산이 크다."[35] 하지만 우리가 앞에서도 지적한 것처럼, 8장과 9장 사이에는 많은 연결점이 있다.

9:1에서 바울은 헌금에 대한 자신의 언급이 반복되는 이야기일 수 있다는 점을 인정한다. 그래서 그는 "성도를 섬기는 일에 대하여는 내가 너희에게 쓸 필요가 없나니"라고 말하는 것이다. 도입 문구인 페리 멘 가르peri men gar(문자적으로 '왜냐하면 ~에 관하여는')를 NRSV는 단순히 '이제now'로 옮기고 있다.

---

31. Betz, *2 Corinthians 8 and 9*, 79-80; Thrall, *Second Corinthians*, 553.

32. Thrall, *Second Corinthians*, 556.

33. Thrall, *Second Corinthians*, 557-62.

34. Thrall, *Second Corinthians*, 563.

35. Betz, *2 Corinthians 8 and 9*, 90.

베츠는 이런 독법을 기반으로 8장과 9장이 서로 독립된 "행정적" 서신이라는 주장을 발전시킨다. 반면 스탠리 스토어스Stanley Stowers는 위의 헬라어 문구가 바로 앞(8장)에서 이야기한 것과 긴밀한 연관성이 있다는 것을 보여주기 위해 사용되었다고 설득력 있게 논증하고 있다.[36]

바울은 아가야 교회들이 한 해 전부터 헌금을 준비하였다는 사실을 상기시키면서, 고린도의 준비된 모습을 기반으로 마게도냐 교회들을 권면하였다 (9:2). 이는 8:1, 8에서 마게도냐 교회들의 관대함을 통해 고린도와 아가야 교회들을 격려하려 하는 것과 한 쌍을 이룬다. 바레트는 3-4절을 두고 "바울은 이미 어느 정도 당혹감을 느끼고 있었으며, 더 이상의 당혹감을 겪게 될 것에 대해 두려워했다"라고 말한다.[37] 그러면서 바레트는 바울이 그가 보내는 사람들에 대해 항상 가장 좋은 점을 보려 하였고, 다른 사람들도 이렇게 보기를 권하였다고 지적한다. 바울은 마게도냐 교회들과 고린도 교인들이 그 관대함이라는 면에서 서로 본이 되기를 바랐는데, 만일 마게도냐 사람들이 고린도에 가서 헌금 사역에 아무런 준비가 되어 있지 않은 것을 보게 되면 비극적인 파국이 일어나게 될 것이다. 휴즈는 바울이 마게도냐 출신의 디도를 마게도냐 사절들과 함께 보낸 이유 중의 하나가 여기에 있다고 본다.[38] 디도가 간 후에 바울도 그를 따라 고린도로 가려 하고 있다.

베츠는 "3-5b 단락은 고린도에 보내는 사절단에 두 형제를 포함시킨 이유가 무엇인지에 대한 보고"라고 말한다.[39] 그는 이렇게 덧붙인다. "고린도의 상황을 너무나 잘 알고 있는 아가야 사람들이 이 두 형제를 포함시킨 일을 두고 뭔가

---

36. Stowers, "Peri Men Gar and the Integrity of 2 Corinthians 8 and 9."

37. Barrett, *Second Corinthians*, 233.

38. Hughes, *Second Corinthians*, 326.

39. Betz, *2 Corinthians 8 and 9*, 93.

새로운 문제가 생긴 것이라는 신호로 받아들여 걱정하기 시작했을 가능성이 있다."[40] 하지만 바울은 아가야 사람들의 도움에 호소하고 있다. 거스리는 이렇게 말한다. "바울은 지금 정도를 걷고 있다. 그는 인정해야 할 것을 인정하기를 원하며, 동시에 그 일이 잘 진행되도록 적합한 격려를 제공하고 있다."[41] 이는 9장 초반에 다소 중복적인 내용이 나타나는 이유에 대한 설명이다. 휴즈는 이 문제를 이렇게 해설한다. "우리가 9장의 첫 다섯 절을 살펴본 결과, 이 구절들이 결코 필요 없는 군더더기가 아님을 알 수 있다. 오히려 바울보다 앞서 고린도에 보내는 사절들에 대해 8:16-24에서 이야기했던 것을 보완하는 내용으로 되어있다."[42] 9장은 이 방문이 임박하였다는 것을 보여주는 반면, 8장(아마도 몇 주 앞서서 작성되었을 것으로 보인다)은 헌금 사역이 마무리 되어야 할 것을 강조하고 있다.[43]

UBS는 9:4의 사본 심의와 관련하여 이견을 보이고 있다. "너희는 고사하고" 부분에서 초기 파피루스 사본(P[46])과 C*, D 등의 사본들은 단수 형태'내가 말하건대', 이 부분이 개역개정에서는 생략되었다—역주를 취하지만, 바티칸 사본(B)을 포함하여 또 다른 사본들은 복수 형태('우리가 말하건대')를 취하고 있다. 메츠거에 따르면 USB의 대다수 위원들은 P[46], C*, D, G(서방 본문)을 지지하고 있다. 복수 형태는 필사자들이 본문 속의 다른 "우리"에 동화시킨 결과라고 보는 것이다.[44] 하지만 이 차이가 논지의 방향에 큰 영향을 미치지는 않는다. 9:5에서 바울은 형제들의 방문이 "필요한"(헬, 아낭카이온) 이유를 세 가지로 정리하고 있다. 실제적인 준비가 필요하다는 것, 고린도 교인들의 후한 선물이 준비되리

---

40. Betz, *2 Corinthians 8 and 9*, 94.

41. Guthrie, *2 Corinthians*, 434.

42. Hughes, *Second Corinthians*, 327.

43. Furnish, *II Corinthians*, 431.

44. Metzger, *Textual Commentary*, 514.

라는 것, 그리고 합당한 자세와 함께 드려지게 되리라는 것이다. 그들이 드리는 헌금은 "연보" 곧 '복'(헬, 율로기아) 또는 "풍성한 선물"(NRSV)이다.

묵상을 위한 질문

① 디도는 고린도를 방문하고자 하는 간절한 마음을 가지고 있었지만, 그 방문의 결과가 어떻게 나타나게 될지는 알 수 없었습니다. 결과적으로 볼 때 하나님께서 인간의 기대 이상으로 놀라운 복을 주셨음을 경험하게 되었습니다. 우리는 때로 하나님께서 놀라운 복을 계획하고 계신 줄도 모르고 쓸데없는 불안에 사로잡히지는 않습니까?

② 바울이 디도를 포함한 세 형제들을 앞서 보내는 것은 매우 적합한 조치입니다. 우리는 더 잘 준비할수록 더 좋은 결과가 일어난다는 것을 무시하고 때로 준비 없이 덤비지는 않습니까?

③ 마게도냐 교회들과 고린도 교회의 특사들이 함께 협력하여 헌금을 전달한다면 이는 단일 교회가 행하는 일보다 훨씬 의미 깊은 일이 될 것입니다. 우리가 속한 교회는 협력 사역을 잘 행하는 교회입니까?

3. 헌금에 관한 대체적인 설명들과 하나님의 넉넉하심(9:6-15)

6 이것이 곧 적게 심는 자는 적게 거두고 많이 심는 자는 많이 거둔다 하는 말이로다 7 각각 그 마음에 정한 대로 할 것이요 인색함으로나 억지로 하지 말지니 하나님은 즐겨 내는 자를 사랑하시느니라 8 하나님이 능히 모든 은혜를 너희에게 넘치게 하시나니 이는 너희로 모든 일에 항상 모든 것이 넉

넉하여 모든 착한 일을 넘치게 하게 하려 하심이라 9 기록된 바 그가 흩어 가난한 자들에게 주었으니 그의 의가 영원토록 있느니라 함과 같으니라 10 심는 자에게 씨와 먹을 양식을 주시는 이가 너희 심을 것을 주사 풍성하게 하시고 너희 의의 열매를 더하게 하시리니 11 너희가 모든 일에 넉넉하여 너 그럽게 연보를 함은 그들이 우리로 말미암아 하나님께 감사하게 하는 것이 라 12 이 봉사의 직무가 성도들의 부족한 것을 보충할 뿐 아니라 사람들이 하나님께 드리는 많은 감사로 말미암아 넘쳤느니라 13 이 직무로 증거를 삼 아 너희가 그리스도의 복음을 진실히 믿고 복종하는 것과 그들과 모든 사람 을 섬기는 너희의 후한 연보로 말미암아 하나님께 영광을 돌리고 14 또 그들 이 너희를 위하여 간구하며 하나님이 너희에게 주신 지극한 은혜로 말미암 아 너희를 사모하느니라 15 말할 수 없는 그의 은사로 말미암아 하나님께 감 사하노라

9:6을 시작하는 헬라어 문구 투토 데touto de는 동사를 포함하지 않은 생략 식 문형인데, NRSV와 트롤은 이를 "요점은 이것이다"로 옮기고 있다. 또 다른 사람들은 "자, 이것을 생각해보라"나 아니면 "이제 이런 원리를 기억하라"(플 러머)라는 방식으로 옮기기도 한다. 이 문구는 따라오는 내용을 소개하는 기능 을 한다. 바울은 보다 넓고 일반적인 함의가 있는 원리 하나를 언급하고 있다. 사람이 뿌린 대로 거두게 된다는 원리이다. 이 원리는 잠언 22:8과 욥기 4:8에 근거를 두며 지혜 전통을 배경으로 한다. 바울은 이 문구를 갈라디아서 6:7에 서 사용하기도 한다.

트롤은 이와 유사한 사상을 구약에서뿐만 아니라 아리스토텔레스, 키케로, 필론 등에게서도 찾아내고 있다. 이 사상은 그리스-로마 세계에서도 널리 알 려져 있었다. 바울은 이 격언을 헌금에 적용하여 "적게(헬, 페이도메노스) 심는

자는 적게 거두고 많이(헬, 에프 율로기아이스) 심는 자는 많이 거둔다"라고 말한다. 이 표현은 마게도냐 그리스도인들의 풍성한 헌금을 돌아보게 만든다. 교부 암브로시아스터Ambrosiaster는 적게 심는 자를 "구두쇠들"이라 부른다.[45] 이들은 "손이 오그라든" 사람들인데, 이와 반대되는 사람들이 "손이 열린" 사람들이다. 그들은 다른 사람들을 즐거이 축복하고자 하는 사람들이다. 우리가 어떻게 뿌리느냐 하는 것이 어떤 수확을 기대할 수 있을지와 직결된다.

플러머는 6-15절 단락이 "긴밀한 연관성이 있는 하나의 단일체"라고 지적한다.[46] 이 단락은 단지 베풀기에 대해서만 말하는 것이 아니라 바른 정신으로 베풀기에 대해서 이야기한다. 바른 정신으로 베풀 때 좋은 수확을 얻을 수 있다. 7절에서 바울은 "하나님은 즐겨 내는 자를 사랑"하신다고 밝힌다. "인색함으로나 억지로" 하는 것은 좋지 않다. 그러나 트롤이 잘 지적하는 것처럼, 하나님께서 즐겨 내는 자**만**을 사랑하시는 것은 아니다.[47] 그러므로 드리는 자는 먼저 내놓겠다는 마음을 굳게 먹어야 해야 한다. 바울이 강조하고자 하는 것은 헌금이 강요되어서는 안 된다는 것이다. 바울이 사용하는 언어는 넓게 보면 바울과 동시대를 살았던 철학자 에픽테투스Epictetus의 언어와 유사성이 있다. 그렇다고 해서 바울이 이 철학자의 말에 의존하고 있는 것은 아니다.

바울은 8-11절에서 하나님께서 너그럽게 내주는 자에게 복 주신다는 것을 확대해서 진술하고 있다. 8절에서 눈여겨보아야 할 중요한 단어 하나는 "능히"(헬, 뒤나테이는 부사가 아니라 하나님을 주어로 하는 동사이다—역주라는 단어이다. 하나님께서는 성도들에게 모든 것이 넘쳐나게 하시는 능력의 소유자이시다. 또 하나 우리가 눈여겨보아야 할 것은 "모든(헬, **파산**) 은혜", "넘치게"(헬, **페**리슈사

45. Ambrosiaster, *Commentary on Paul's Epistles*, 인용은 Gerald Bray (ed.), *1-2 Corinthians*, 279.
46. Plummer, *Second Corinthians*, 257.
47. Thrall, *Second Corinthians*, 576.

이), "모든 일에 항상"(헬, 엔 **판티 판토테**), "모든 것이 넉넉하여"(헬, **파산** 아우타르케이안), "넘치게"(헬, **페**리슈에테) 등과 같은 표현이다. 바울은 여기서 최소한 여섯 번 이상 'ㅍ'(헬라어 π) 음으로 시작하는 단어의 두음법頭音法을 사용하여 하나님의 은혜의 풍성함을 수사적 생동감을 살려서 전달하고 있다.[48]

바울은 9절에서 구약 본문 하나(LXX 시111:9개역개정은 시112:9—역주)를 인용한다. "흩어 가난한 자들에게 주"는 자에게는 "그의 의가 영원토록" 머물게 된다. 시편의 원래 문맥에서는 주는 행위의 주체가 경건하고 너그러운 신자이다.[49] 어떤 주석가는 9절의 주어도 8절과 같이 하나님이라고 보기도 한다. 핸슨은 그리스도인들에게는 이 주어가 그리스도라고 주장하기도 한다.[50] 바울은 이어지는 10절에서 하나님을 우리가 뿌릴 씨를 풍성하게 공급하시는 분으로 묘사하고 있다. 10절에 나오는 동사들에 사본상의 이문들이 있기는 하지만"주사 풍성하게 하시고 …… 더하게 하시리니"의 직설법 대신 부정사를 쓰는 사본, 직설법과 부정사가 섞여 있는 사본들이 있다—역주 의미에 큰 차이를 일으키지는 않는다. 하나님께서는 심는 자가 풍성하게 뿌리고 열매를 거두도록 씨를 넉넉하게 공급하시고 증대시키실 것이다. 프란세스 영Frances Young과 데이비드 포드David Ford는 그들의 책 『고린도후서의 의미와 진리Meaning and Truth in 2 Corinthians』에서 하나님의 풍성하심이라는 주제를 해석학적, 목회적 민감성을 가지고 잘 해설하고 있다.

바울은 11절에서 하나님께서 고린도의 그리스도인들을 풍성하게 해 주시리라는 것을 거듭해서 밝히고 있다. 그들의 경제적 부와 영적 부가 증대할 것이며, 또한 그들의 관대함이 하나님께 대한 감사를 증대시킬 것이다. 12절에서 바울은 감사의 증대가 예루살렘 교회의 필요를 채우는 데서부터 흘러나오게 된

---

48. Guthrie, *2 Corinthians*, 451; Robertson, *Word Pictures*, vol. 4, 249.
49. Thrall, *Second Corinthians*, 580.
50. Hanson, *Studies in Paul's Technique and Theology*, 179-80.

다는 것을 강조한다. 바울은 고린도 교회의 관대함이 마게도냐 교회들을 능가하게 될 것을 기대하고 있다.

9:12-15에서는 하나님께 드리는 기도가 중심 주제를 이룬다. 이 단락은 헌금의 궁극적 결과가 무엇인지에 초점을 맞추고 있다. 여기에는 (1) 하나님께 돌려지는 감사(12절), (2) 하나님께 돌려지는 영광(13절), (3) 고린도 교회를 위하여 드려지는 기도(14절)가 포함된다.

12절은 풍성한 헌금의 "직무"(헬, 디아코니아)가 "하나님께 드리는 많은 감사로 말미암아 넘"친다고 말한다. 바울이 여기서 "직무"라는 용어를 사용하는 것은 헌금 자체보다는 더 넓은 섬김의 의미를 함유한다. 이어서 13절은 하나님께 영광 돌림의 결과를 이야기한다. "영광을 돌리고"(헬, 독사존테스)라는 표현은 주격 분사 형태이다─분사이지만 주동사 역할을 하는 것으로 보아서 '그들이 영광을 돌린다'로 읽을 수 있다─역주. 베츠는 13절을 이렇게 번역한다. "이 후한 선물의 증거를 통해 그들이 하나님을 찬양하는데, 이는 그들과 또한 모두를 유익되게 하는 관대함에의 참여를 통해 [표현된] 복종 때문이다."[51] 이와 같은 결과는 "이 직무로 증거를 삼아", 다시 말해서 "이 사역의 검증"을 통해(NRSV), 또는 "그 입증된 성격"(헬, 테스 도키메스)을 통해 이루어지게 된다. 바울은 하나님께서 "너희가 …… 복종"하는 것을 통해 영광을 받으신다고 말하는데, '복종'(헬, 휘포타게이)은 드물게 사용되는 단어로 '내가 순종 또는 순복한다'라는 의미의 휘포타소hypotassō에서 나왔다.

13절의 "신앙고백confession"헬, 호몰로기아, 개역개정에서 "그리스도의 복음을 진실히 믿고"로 번역된 부분을 NRSV는 "the confession of the gospel of Christ"으로 번역하고 있다─역주의 성격이 정확히 무엇인지에 대해서는 논란이 일어나고 있다. 베츠Hans Dieter

---

51. Betz, *2 Corinthians 8 and 9*, 87.

Betz는 이 용어가 "계약적 합의"라는 전적으로 법적인 의미가 있는 것으로 보고 있다.[52] 그는 현재의 문맥에서는 이 용어가 "제의적 행위로서의 '신앙고백'이나 신약에서 통상 사용되는 의미를 나타내지는 않는다"라고 주장한다.[53] 그는 이렇게 적고 있다. "우리는 바울의 언어가 호몰로기아라고 불릴 수 있는 문서 양식의 언어를 반영한다고 결론짓고자 한다."[54] 하지만 베츠의 제안이 타당성이 있으려면 이를 입증하는 충분한 용례를 신약 속에서 찾을 수 있어야 할 것이다. 오히려 호몰로기아는 신약 속에서 넓게 보면 "복종"(헬, 휘포타게)과 같은 범주에 속하는 단어이다. 베츠는 계약적 합의의 관점에서 볼 때 예루살렘 교회가 다른 이방인 교회들과의 관계에서 우위의 자리를 얻게 한다고 주장한다. 헌금은 교회들 사이에 이와 같은 합의를 창출하는 기능을 한다는 것이다.

그러나 트롤을 비롯한 다른 많은 학자들은 베츠의 해석을 반대한다. 그들은 호몰로기아라는 단어가 신약 다른 곳에서와 같은 전통적인 의미로 사용되는 것으로 보고 있다. 신약에서 "신앙고백"은 쿨만과 뉴펠드Vernon H. Neufeld가 잘 보여주는 것처럼 공개적으로나 공적으로 신앙을 표방하는 행위를 가리킨다.[55] 이런 표방의 행위는 말과 행위를 아우른다. 트롤은 이렇게 해설한다. "예루살렘의 성도들은 그들을 위하여 헌금을 하는 이방인들의 회심으로 인하여 하나님께 영광을 돌린다. 헌금은 이 이방인들이 '믿어 순종함'(롬1:5)에 이르렀다는 증거다."[56] 트롤은 이렇게 결론짓는다. "신약 다른 곳에서의 호몰로기아 용례(6:12-13, 히3:1, 4:14, 10:23 등)를 고려할 때 우리는 현재의 구절과 관련하여

---

52. Betz, *2 Corinthians 8 and 9*, 122-29.
53. Betz, *2 Corinthians 8 and 9*, 123.
54. Betz, *2 Corinthians 8 and 9*, 125.
55. Cullmann, *The Earliest Christian Confessions*, 10-34; Neufeld, *The Earliest Christian Confessions*, 7-33, 42-68.
56. Thrall, *Second Corinthians*, 589.

베츠가 제시하는 의미를 결코 지지할 수 없다. 바울이 동사형 호몰로게오[고백/시인하다]를 사용하는 두 번의 용례 또한 마찬가지다."[57] 유사한 방식으로 거스리 또한 "복종"을 복음에의 복종으로 이해한다.[58]

"그들이 …… 너희를 사모하느니라"(14절, 헬, 아우톤 에피포뚠톤)는 속격 독립구문이며, 비록 분사이지만 정동사의 역할을 한다. 따라서 '그들이 너희를 사모한다'로 번역하는 것이 합당하다.[59] 바울은 깊은 애정을 나타내는 동사 에피포떼오epipotheō(사모하다, 갈망하다)를 사용하고 있다. 이는 또한 기도와 연결된다. "간구하며"로 번역된 데에세이deēsei는 동사가 아니라 '기도'를 가리키는 명사 데에시스deēsis의 여격인데, '기도 중에'나 '기도로'를 의미한다. "하나님이 너희에게 주신 지극한 은혜로 말미암아"에서 사용된 전치사 디아dia는 우리 본문에서처럼 대격(목적격)과 함께 사용될 때는 이유의 의미가 있으므로, 바울의 기도의 이유가 다름 아닌 '하나님의 지극한 은혜 때문'임을 나타낸다. "은혜"(헬, 카리스)는 이 서신에서 지속적으로 등장하는 핵심 주제이다.

이 단락은 하나님을 향한 탄성과 같은 감사로 종결되고 있다. "말할 수 없는 그의 은사로 말미암아 하나님께 감사하노라" 여기서 "말할 수 없는"으로 번역된 헬라어 단어 아네크디에게토anekdiēgētō는 성경 문헌 속에서는 오직 여기서만 나타나는 단어이다. 후에 로마의 클레멘트(AD 95년 무렵)가 하나님의 심판의 형언할 수 없는 경이를 묘사할 때 두 번 이 단어를 사용한 바 있다(1Clem. 20:5, 61:1). 퍼니쉬는 여기서 말하는 "말할 수 없는 그의 은사"를 마게도냐 교회들 가운데 역사하신 하나님의 은혜로 보고 있다. 반면 플러머는 이를 유대인과 이방 그리스도인들 사이의 사랑의 연합으로 보고 있으며, 랄프 마틴은 복음

---

57. Thrall, *Second Corinthians*, 590.

58. Guthrie, *2 Corinthians*, 459.

59. Guthrie, *2 Corinthians*, 460; Robertson, *Word Pictures*, vol. 4, 250.

을 가능하게 하는 하나님의 가장 근본적인 은혜로 보고 있다.[60] 바레트는 이를 은혜로 의롭게 함의 선물이라고 본다.[61] 트롤은 이렇게 해설한다. "바울이 하나님의 형언할 수 없는 선물로 인해 매우 극적이고 예전적인 형식의 감사 표현으로 이 부분을 마무리하고 있는 것은 결코 놀라운 일이 아니다."[62] 바울이 감사를 돌리는 선물과 관련해서는 그것이 헌금 모금 가운데 나타난 하나님의 은혜일 수도 있고 아니면 그리스도의 선물을 가리키는 것일 수도 있다고 보지만, 트롤의 결론은 "그리스도라는 최고의 선물이 의도되었다"라는 것이다.[63] 강조되어야 할 것은 이것이 **하나님의** 선물이라는 사실이다. 하나님 이분께서는 자기 아들을 우리에게 주신 아버지시다.

묵상을 위한 질문

① 우리는 사람이 자기가 뿌린 그대로 거둔다는 원리를 얼마나 심각하게 받아들이고 있습니까? 우리에게 이것은 경고로 작용합니까 아니면 권면이 되고 있습니까? 아니면 둘 다입니까?

② 사회 전체 속에 보편적으로 통용되고, 또 우리가 주의를 기울여야 할 그런 원리 혹은 격언, 잠언들로는 어떤 것들이 있습니까?

③ 하나님은 즐겨 내는 자를 사랑하신다 하였는데, 우리의 모습은 어떻습니까? 우리는 손이 오그라든 사람입니까 아니면 나누는 일을 위해 손이 열린 사람입니까?

---

60. Plummer, *Second Corinthians*, 267-68; Furnish, *II Corinthians*, 452; Martin, *2 Corinthians*, 295.
61. Barrett, *Second Corinthians*, 241-42.
62. Thrall, *Second Corinthians*, 594.
63. Thrall, *Second Corinthians*, 594.

④ 우리의 행실은 복음에 대한 우리의 신앙고백과 일치하고 있습니까?

⑤ 우리를 감동시키며 또한 본받고 싶게 만드는 관대한 내어줌의 예들을 우리는 얼마나 많이 알고 있습니까?

⑥ 우리는 어떤 말할 수 없는 은사로 인해 하나님께 가장 깊은 감사를 돌려드리고 있습니까?

VI. 대적들의 적대적 사역과 바울의 대응

10:1-13:13

우리가 서론에서 다루었던 것처럼, 고린도후서의 단일성과 관련된 의문이 가장 결정적으로 일어나는 부분이 1-9장과 10-13장 사이의 연결 문제이다. 이와 관련하여 트롤은 "이 책의 마지막 네 장이 두 세기 이상 동안 치열한 비평적 관심의 대상이 되어 왔다"라고 말한다.[1] 고린도후서 10:1은 "나 바울"이라는 말로 시작하고원문과 NRSV의 경우—역주, 2절에서는 바울을 공격하는 "우리를 육신에 따라 행하는 자로 여기는 자들"을 언급하며, 10:11에서는 "이런 사람"을 말하고 있고, 더 뒤에 가서는 "기회를 찾는 자들이 그 자랑하는 일로 우리와 같이 인정받으려는 그 기회"(11:12), "거짓 사도"(11:13), "사탄의 일꾼들도 자기를 의의 일꾼으로 가장하는 것"(11:15)을 언급한다. 많은 주석가들이 퀌멜Werner G. Kümmel의 견해를 따라 이것이 "바울이 그 교회를 향해 1-9장에서 나타낸 것과는 전적으로 다른 입장"을 반영한다고 본다.[2] 퀌멜은 10-13장을 고린도전서와 후서 사이에 쓴 '중간intermediate' 시기의 편지라고 보는 열세 명 정도의 학자들

---

1. Thrall, *Second Corinthians*, 595.
2. Kümmel, *Introduction to the New Testament*, 212.

의 이름을 거론하고 있다.

큄멜은 "1-9장과 10-13장이 연속해서 곧바로 불러주고 받아 쓴 편지일 가능성은 거의 없다"라고 말하면서, "바울이 하나의 편지를 쓰고 어느 정도의 기간이 지나서 그 공동체를 향한 자신의 계속되는 관심을 더 날카롭게 표현한 결론부를 첨가했을 가능성이 전혀 없는 것은 아니다"라고 덧붙인다.[3] 그러면서 이문제에 대해 너무 성급한 결론을 내려서는 안 된다고 주의를 주기도 한다. 뭉크Johannes Munck는 바울이 고린도 교회와 관련된 새로운 염려되는 보고를 받았을 것이라고 추정한다. 리츠만H. Lietzmann은 바울이 잠 못 드는 밤을 보냈을 것이라고 상상하기도 한다. 이에 반해서 퍼니쉬(1984)는 이 서신의 단일성을 주장하며, 영과 포드(1987) 역시 단일성을 지지하고, 마틴(1991), 위더링턴(1995), 홀(2003), 해리스(2005), 거스리(2015) 등이 단편 이론을 반대하는 입장을 표명하고 있다.

우리는 단일성을 주장하는 이들의 입장을 강하게 지지한다. 그렇다고 다른쪽의 개연성 있는 주장들을 다 무시하는 것은 아니다. 가장 최근에 와서 거스리는 이 논란이 많은 두 단락 사이의 연결점들을 자세히 살펴본 뒤에 이와 같은 결론을 내리고 있다. "사도는 대적들을 향한 매우 직설적이고 대결적인 말을 편지의 마지막까지 보류해 두었는데, 이는 수사적 효과를 위해서다."[4] 바레트는 이렇게 말한다. "10-13장에서 나타나는 새로운 어조를 이해할 수 있는 유일한 설명은 바울이 고린도로부터 새로운 소식을 들었다고 보는 것이다. 상황이 전적으로 새롭게 바뀐 것은 아니고, 대립이 더 격화되었다. 그가 편지를 쓰고 있는 동안에 이런 소식이 전해졌고, 그래서 그는 자신이 이미 쓴 것을 그대

---

3. Kümmel, *Introduction to the New Testament*, 213.
4. Guthrie, *2 Corinthians*, 464.

로 두고 그 위에 보완하는 한 부분을 더하기로 결정했던 것으로 보인다."[5]

1. 비판에 대한 응답: 함께 있으나 떠나 있으나 바울의 권위는 동일하다(10:1-11)

1 너희를 대면하면 유순하고 떠나 있으면 너희에 대하여 담대한 나 바울은 이제 그리스도의 온유와 관용으로 친히 너희를 권하고 2 또한 우리를 육신에 따라 행하는 자로 여기는 자들에 대하여 내가 담대히 대하는 것 같이 너희와 함께 있을 때에 나로 하여금 이 담대한 태도로 대하지 않게 하기를 구하노라 3 우리가 육신으로 행하나 육신에 따라 싸우지 아니하노니 4 우리의 싸우는 무기는 육신에 속한 것이 아니요 오직 어떤 견고한 진도 무너뜨리는 하나님의 능력이라 모든 이론을 무너뜨리며 5 하나님 아는 것을 대적하여 높아진 것을 다 무너뜨리고 모든 생각을 사로잡아 그리스도에게 복종하게 하니 6 너희의 복종이 온전하게 될 때에 모든 복종하지 않는 것을 벌하려고 준비하는 중에 있노라 7 너희는 외모만 보는도다 만일 사람이 자기가 그리스도에게 속한 줄을 믿을진대 자기가 그리스도에게 속한 것 같이 우리도 그러한 줄을 자기 속으로 다시 생각할 것이라 8 주께서 주신 권세는 너희를 무너뜨리려고 하신 것이 아니요 세우려고 하신 것이니 내가 이에 대하여 지나치게 자랑하여도 부끄럽지 아니하리라 9 이는 내가 편지들로 너희를 놀라게 하려는 것 같이 생각하지 않게 함이라 10 그들의 말이 그의 편지들은 무게가 있고 힘이 있으나 그가 몸으로 대할 때는 약하고 그 말도 시원하지 않다 하니 11 이런 사람은 우리가 떠나 있을 때에 편지들로 말하는 것과 함께 있을 때에 행하는 일이 같은 것임을 알지라

---

5. Barrett, *Second Corinthians*, 244.

바울은 "나 바울 자신이 너희를 권한다"라는 말로 이 단락을 시작한다원문과 NRSV의 경우—역주. 비어클룬트Bjerkelund는 『파라칼로Parakalō』라는 제목의 책에서 헬라어 동사 파라칼로의 어감이 '제발please'보다는 다소 강하지만, '내가 명한다'에는 못 미친다고 말한다. 이 단어는 '탄원하다, 간청하다, 요청하다'의 의미가 있지만, 그 배후에는 도덕적 분별력이나 권위와 상대방의 영적 자주성에 대한 존중이 동시에 놓여 있다.[6] 바울은 고린도 교인들에게 확신을 가지고 다가가지만, 그러면서도 "그리스도의 온유와 관용"을 잃지 않는다. 휴즈는 온유와 관용이 엄함과 병립되지 못하는 것은 아니지만, 갈라디아서의 경우에는 엄함이 지배적이었던 것을 상기시킨다.[7] 거스리는 1-2절의 제목을 "유약함이 아닌 온유함"으로 잡고 있다.[8]

바울의 서명과도 같은 "나 바울 자신"이라는 표현은 그의 대적자들의 부당한 비방에 대해 바울 자신이 개인적으로 변호하지 않을 수 없다는 사실을 강조하는 문구다. 플러머는 이것이 일차적으로 "바울의 권위에 대한 자기주장"이며 또 "어쩌면 질책의 어조"를 띤다고 보는데,[9] 이는 다소 지나친 주장이다. 위더링턴과 샘플리는 이를 바울 당대의 특히 자기 칭찬과 관련된 그리스-로마 수사학과 비교하는데, 이런 접근이 조금 더 목표점에 가까이 다가가는 것이라고 본다.[10] 그러나 가장 나은 관점은 에드윈 저지E. A. Judge의 이와 같은 견해이다. "바울은 자신이 전문적 수사의 영역에 있어서 꺼려지고 별로 환영받지 못하는 후보자임을 발견하였다 …… 그는 그런 가치 기준을 정면으로 들이받는 방식을 의도적으

---

6. Bjerkelund, *Parakalo*, 24-58, 190; cf. Danker, BDAG, 764-65.

7. Hughes, *Second Corinthians*, 345-46.

8. Guthrie, *2 Corinthians*, 466.

9. Plummer, *Second Corinthians*, 272.

10. Witherington, *Conflict and Community in Corinth*, 433; Sampley, "Paul, His Opponents in 2 Corinthians 10-13, and the Rhetorical Handbooks."

로 선택했다."[11] 어쩌면 바울이 이런 유형의 수사적 관행을 잘 알고 있었던 사람들 속에서 패러디의 방식을 취하는 것일 수도 있다. 바레트는 바울이 "자기 대적자들의 언어를 반향 형태로 사용했을 개연성이 매우 크다"고 말한다.[12]

바울이 고린도 교인들을 대면해 있을 때는 약하고 멀리 떨어져서 편지를 쓸 때는 담대하다고 평가를 받는 것은 일면에서는 바울 자신이 고린도전서 2:3-5에서 두려움과 떨림으로 고린도에 들어왔다고 인정하는 것과 연결되기도 한다. 바울의 설교는 십자가의 메시지를 반영한다. 그의 설교는 십자가를 전하는 것을 넘어 십자가의 메시지를 실질적으로 구현하여 보여주기도 한다.

2-3절을 해설하면서 바레트는 "육신에 따라"(NRSV, "인간적 기준에 따라")라는 문구가 바울에게는 그의 대적들이 쓸 때와는 매우 다른 의미가 있다고 이야기한다.[13] 플러머는 2절의 "구하노라"는 1절의 "권하고"를 눈에 띄지 않게 되풀이하는 것이라고 본다.[14] 트롤은 3-4a절을 이렇게 잘 옮기고 있다. "비록 우리가 인간 세상 속에 살고 있지만, 우리는 단순히 인간적 방식으로 싸우는 것이 아닙니다. 왜냐하면 우리의 싸움을 위한 무기는 단순히 인간적인 것이 아니라, 견고한 진을 무너뜨리는, 하나님을 위하여 강력한 무기들이기 때문입니다."

빈디쉬는 이 부분에서 바울의 시작 단계의 수사적 전략이 드러난다고 보는데, 처음에는 비교적 가벼운 어조를 취하다가, 뒤에 가서 그의 대적들을 향해 더 강한 대응을 취하는 순서로 가고 있다는 것이다.[15] 위더링턴을 포함하여 많은 주석가들이 그의 입장을 수용하고 있다.[16] 타스커R. V. G. Tasker는 바울이 가

---

11. Judge, "Paul's Boasting in Relation to Contemporary Professional Practice," 47.

12. Barrett, *Second Corinthians*, 247.

13. Barrett, *Second Corinthians*, 249.

14. Plummer, *Second Corinthians*, 274.

15. Windisch, *Der zweite Korintherbrief*, 292.

16. Witherington, *Conflict and Community in Corinth*, 434-41.

진 딜레마를 이런 방식으로 설명한다. "바울은 그리스도의 참된 사역자는 사람들을 그리스도께 대한 순복으로 이끌고자 할 때 항상 온유한 방법을 사용해야 하고, 보다 엄한 방법은 마지막 수단으로만 사용해야 한다는 원칙을 가진 사람이다."[17] 누군가를 "담대한 태도"로 대한다는 것은 결단과 용기를 가지고 행하는 것을 말하는데, 바울의 대적들은 바울이 대면하는 상황이 아닌 멀리 떨어져 있는 상황에서 이런 태도를 취한다고 비난한다. 하지만 바울은 떠나 있을 때나 함께 있을 때나 언제나 동일한 사람이다(10:11).[18] "육신에 따라"(또는 "인간적 기준에 따라") 행한다는 것은 부당한 권위주의를 함의한다. 바울의 대적들이 '영지주의적gnostic' 성격의 사람들이었다고 한다면, 그들은 바울이 수사적 자질보다는 "영적" 은사가 부족하다고 공격했을 것이다. 공격의 실체를 우리는 정확히 알 수는 없지만,[19] 트롤은 이와 관련하여 일곱 가지의 가능한 유형들을 제시한다.

바울은 우리가 "육신으로"(헬, 엔 사르키) 사는 사람이라는 것을 인정한다. 하지만 이는 바레트가 잘 지적하는 것처럼 로마서 8:8의 "육신에 있는 자들"(헬, 호이 엔 사르키 온테스)과 같은 개념은 아니다. 로마서에서 바울이 말하는 것은 하나님 없이, 세속적 차원으로 제한된 삶을 사는 존재를 가리킨다.[20]

우리 본문에서 "육신으로" 산다는 것은 땅 위에서의 일상적인 삶을 산다는 것을 말한다. 단순히 인간 존재를 가리키는 표현이다. 이와 대조적으로 "육신에 따라"(헬, 카타 사르타) 산다는 것은 이 세상의 가치 기준에 따라 자기중심적 존재로 살아간다는 것을 의미한다. 바울은 마틴이 지적하는 것처럼 엔 사르

17. Tasker, *The Second Epistle of Paul to the Corinthians*, 132-33.
18. Hodge, *The Second Epistle to the Corinthians*, 231.
19. Thrall, *Second Corinthians*, 605.
20. Furnish, *II Corinthians*, 457.

키와 카타 사르카의 언어유희를 하고 있지만, 이 두 개념을 엄격히 구별한다.[21] 필립스는 3절을 이렇게 옮긴다. "물론 우리는 일반적인 인간의 삶을 살아가고 있지만, 우리가 싸우는 싸움은 영적 차원에 속한다."[22]

이어서 바울은 군사적 활동에 기반을 두는 은유를 사용한다(3-6절). 그는 복음을 위한 자신의 활동을 전쟁 용어를 통해 묘사하고 있다. "싸우지"(헬, 스트라튜오메따, 3절), "싸우는"(헬, 스트라테이아스, 4절), "무기"(헬, 호플라), "견고한 진"(헬, 오퀴로마톤), "사로잡아"(헬, 아이크말로티존테스) 같은 단어들이 다 여기에 해당한다.[23] 게일Herbert M. Gale이 잘 지적하는 것처럼 바울은 군사적 은유를 즐겨 사용한다(고후6:7, 롬7:23, 13:12-13, 살전5:8, 그밖에도 고전9:7, 딤전1:18, 6:12, 딤후2:3-4 등). 바울이 사용하는 무기는 소극적으로 말하면 "한낱 인간의"NRSV의 번역으로, 개역개정에서는 "육신에 속한"—역주 무기가 아니며, 적극적으로 말하면 "강력한"(헬, 뒤나타)개역개정의 "하나님의 능력"과 달리 헬라어 원문은 "무기들"을 "강력한(헬, 뒤나타)"이라는 형용사로 수식한다—역주 무기들이다. 우리는 이런 이미지를 에베소서 6:12-14과 비교해볼 수 있다. 여기서도 영적 싸움은 인간적 차원에서는 약하지만, 성령이 능력이 되는 그런 싸움이다. 로빈슨이 이런 점을 설득력 있게 잘 설명한 바 있다.[24]

바울이 사용하는 무기가 "한낱 인간의" 것이 아니라는 말은 웅변이나 수사법, 또는 강력한 인격 등을 전적으로 무시한다는 말은 아니다. 크리소스토무스는 육신적인 차원에 속하는 것들로 "부와 영광, 권력, 달변, 잔꾀, 절반의 진리, 아첨, 위선, 그 밖에 이와 유사한 것들"을 들고 있다.[25] 이에 반해 "강력한" 무기

21. Martin, *Second Corinthians*, 300.
22. Phillips, *Letters to Young Churches*, 81.
23. Gail, *The Use of Analogy in the Letters of Paul*, 163-64.
24. Robinson, *The Body*, 20.
25. Chrysostom, "Homilies on the Second Epistle to the Corinthians," Homily 21, 376.

들개역개정은 "하나님의 능력"―역주은 성령의 능력에 속하는 것들을 말하며, 이는 모두 '하나님을 위하여' 작동한다. 휴즈는 이 무기들이 "신적으로 강력하다"라고 말한다.[26] 특히 바울은 그의 대적들인 거짓 사도들에 맞서서 이와 같은 영적 무기들로 무장하고 싸운다.

6절에서 사용된 표현은 보다 더 강하다. "벌하려고"(헬, 에크디케사이)로 쓰인 동사 에크디케오ekdikeō는 일반적으로 "누군가를 위해 정의를 구현하다"라는 의미가 있지만, 여기서는 "벌주다" 또는 "잘못된 일에 대하여 합당한 대가를 부여하다"라는 의미로 사용되고 있다.[27] 그렇다면 이것이 "그리스도의 온유와 관용으로"(1절) 행한다는 것과 어떻게 조화를 이룰 수 있는가? 바울이 대항하고 있는 거짓 사도들은 바깥에서 들어온 자들로서 고린도 교인들을 기만하는 자들이며, 바울의 사역을 허물어뜨리는 자들이다. 5절에서 바울은 그들의 교만을 가리켜 "하나님 아는 것을 대적하여 높아진 것", 곧 쌓아 올린 성벽과 같은 것이라 부른다. 이것은 품어야 할 대상이 아니라 무너뜨려야 할 대상이다.[28] 그러므로 6절에서 바울은 엄하고 강한 조치를 준비한다. 폴 바네트는 이렇게 적고 있다. "우리는 하나님에 대한 불신과 인간 정신에 대한 자부심으로 확립된 세력에 대해 바울이 내리는 것과 같은 현실주의적인 진단을 따를 필요가 있다. 하나님 위에 자신을 두려 하는 이런 교만하고 강한 반역을 사로잡고 무너뜨리기 위해서는 이를 행하기에 합당한 무기가 있어야만 한다."[29] 바울은 생생한 군사적 은유를 사용하여 벽은 무너져야 하고 성은 정복되어야 하며 적군은 포로로 사로잡아야 한다고 이야기한다.[30] 특별히 그는 "모든 생각"을 그

26. Hughes, *Second Corinthians*, 350-51.
27. Danker, BDAG, 300-301.
28. 28) Kruse, *The Second Epistle of Paul to the Corinthians*, 174.
29. Barnet, *The Message of 2 Corinthians*, 158-59.
30. Guthrie, *2 Corinthians*, 474-75.

리스도를 위해 사로잡아야 한다고 말하는데, 이것의 결과는 "너희의 복종이 온전하게" 되는 것이다.

퍼니쉬는 7절에 대하여 이와 같은 생생한 번역을 시도한다. "너희 얼굴 앞에 다가와 있는 것을 직시하라"(NRSV, "너희 눈앞에 놓인 것을 직시하라"; NEB, "사태의 면목을 바라보라"개역개정의 "너희는 외모만 보는도다"는 동사 블레페테를 직설법으로 읽어서 '너희는 본다'로 옮긴 경우이고, 여기에 소개된 번역들은 이를 명령법으로 읽어서 '너희는 보라(주의하라)'로 새긴 경우이다. 이 두 독법이 다 가능하다—역주).[31] 휴즈는 이 구절을 이렇게 해설한다. "만일 그들[고린도 교인들]이 자기들의 마음을 돌아보고 그들이 가진 부정할 수 없는 영적 경험의 사실들을 살펴보기만 하면, 그들은 바울이 그들의 진정한 사도라는 것을 인정하지 않을 수 없을 것이며, 자기들의 공동체에 침입한 저 거짓 사도들의 알맹이 없는 주장들을 물리칠 수 있을 것이다."[32] 일부 사람들은 이 문장을 의문문으로 읽기도 하는데, 이 또한 문법적으로 가능한 독법이다.[33] 이 경우 "사실들"("외모", 헬, 타 카타 프로소폰)은 "바깥으로 드러나는 모습"(KJV, RV의 난외주) 또는 "외부적으로 볼 수 있는 것"(불트만)의 의미로 해석될 수 있다.[34] 거스리는 이 문구를 겉으로 드러나는 것들만을 보는 사람들과 결부시킨다.[35]

7b-11절은 바울의 "권세"에 대한 주장을 다루고 있다. 7b절에서 바울은 고린도 교인들에게 그와 그리스도의 관계에 주목할 것을 요청한다. "자기가 그리스도에게 속한 것 같이 우리도 그러한 줄을" 알라는 것이다. "그리스도에게 속한다"라는 말과 관련하여, 트롤은 바울이 자신의 믿음의 차원을 말하는 것이 아

---

31. Furnish, *II Corinthians*, 686.
32. Hughes, *Second Corinthians*, 355.
33. Bultmann, *Second Corinthians*, 187.
34. Cf. Harris, *Second Corinthians*, 686-88.
35. Guthrie, *2 Corinthians*, 477.

니라 그가 가진 "권세"를 변호하는 것이라고 잘 지적한다. 트롤은 이 복잡한 구절과 관련하여 제기된 여섯 가지의 해석들을 소개하는데, 그중의 하나는 바울이 여기서 고린도전서 1:12의 '그리스도 그룹'("나는 그리스도께 속한 자라")을 가리키는 것일 수도 있다는 주장이다.[36] 8절에서 바울은 교회를 무너뜨리기 위해서가 아니라 세우기 위해 주님께서 주신 권위의 지위에 대해서는 아무리 그것을 자랑한다고 하더라도 결코 부끄러움을 당하지 않을 것이라고 선언한다.

9절에서 바울은 자신의 편지가 고린도 교인들을 위협하기 위해 쓰는 것이 아님을 밝힌다. 바울이 무거운 질책과 부드러운 돌봄 및 관심 사이에서 균형을 맞추어 가기 위해 애를 쓰는 모습을 앞에서도 밝힌 바 있는데, 바울이 여기서 이런 말을 하는 것은 다소 이상한 일이다. 트롤은 이 부분에서의 바울의 생각의 흐름이 선명하지 않다는 것을 인정한다.[37] 그러면서 그녀는 9절이 명령법적 성격을 가진 것으로 보아서 이런 번역을 시도한다. "내가 나의 편지들로 당신들을 겁주려 한다고 보지 마십시오."[38] 퍼니쉬는 "내가 편지들로 당신들을 겁주려고 한다고 보시면 안 됩니다."라는 번역을 시도한다.[39]

이런 측면은 많은 목회자들의 현실적인 고민일 것으로 보인다. 어떻게 권위주의적으로 비치지 않으면서 적법한 권위를 시행할 수 있을 것인가? 적법한 권위는 교회를 세워가는 데 꼭 필요한 요소이다. 대적들이 자기 스스로에 대하여 "그리스도에게 속하였다"라는 주장을 앞세우고 나왔다면, 우리가 이 구절을 다른 번역으로 이해하지 않는 한 이는 그저 고린도전서 1:12의 구호일 뿐이다.[40]

---

36. Thrall, *Second Corinthians*, 620-23.
37. Thrall, *Second Corinthians*, 626.
38. Thrall, *Second Corinthians*, 627.
39. Furnish, *II Corinthians*, 465.
40. Cf. Thiselton, *First Epistle to the Corinthians*, 121-31.

10절에서 바울은 대적자들의 공격에 대하여 답하고 있다. 그들은 바울의 편지들은 힘이 있고 효력이 있지만, 그의 인격적 풍모는 그에 미치지 못한다고 공격한다. 바울은 고린도에서 유행하고 있는 이러한 비판에 반응하게 된 것으로 보인다. 편지와 관련해서 거스리는 이렇게 말한다. "바울은 자신의 편지들을 통해 그의 회중을 위협하는 것처럼 인식되기를 원치 않는다."[41] 바울의 편지들이 무게가 있고 "강하다"(헬, 이스퀴로스)는 것은 맥락에 따라 '난폭하다'나 '인상적이다'를 의미할 수 있다.[42] 고린도의 그의 대적들은 그의 육체적 풍모가 "약하고"(헬, 아스떼네스) 그의 말이 "시원하지 않다"(헬, 엑수떼네메노스'경멸할 만하다'의 의미가 있다—역주)라고 비난한다. 이는 그의 웅변에 칭찬할만한 것이 없고, 오히려 경멸스럽다고 말하는 것이다. 11절에서 바울은 그가 그들과 함께 할 때 편지에서 썼던 그대로 그가 행할 것이라는 말로 이 단락을 종결짓고 있다. 거스리는 이 구절을 이렇게 풀어서 적고 있다. "그가 썼던 말과 그가 취할 행위 사이에는 절대적 일치가 나타날 것이다 …… 바울의 권위는 단지 말들만으로 이루어져 있지 않다."[43]

묵상을 위한 질문

① 우리는 어떻게 엄함을 "그리스도의 온유와 관용"과 조화(그것이 필요한 순간에)시키고 있습니까? 그리스도의 온유와 관용을 앞세워서 충분히 엄하지 못함을 핑계하고 있지는 않습니까? 우리는 이 양자 사이에서 어느 편에 더 치우치는 경향을 보이고 있습니까? 우리는 명령이 아니더라도 엄하게 잘 "권면"할 수 있는 자질을 키워가고 있습니까?

---

41. Guthrie, *2 Corinthians*, 482.
42. Danker, BDAG, 483-84.
43. Guthrie, *2 Corinthians*, 483-84.

② 우리는 얼굴을 맞대고 대면하여 말하는 것보다 멀리서 편지를 쓰는 것이 더 편하다고 느끼지 않습니까? 혹은 그 역방향으로 흘러가지는 않습니까? 이 양면이 다 꼭 같이 중요하고 또 필요한 이유는 무엇일까요?

③ 그리스도인으로서 우리는 이 세상 속에서 다른 사람들과 다를 바 없는 일상의 삶을 살아가고 있습니다. 이것을 잘 인식하면서 그리스도인으로서의 정체성을 지켜가는 것이 중요한데, 때로 우리의 이상주의가 현실주의를 부정하는 현상이 일어나지는 않습니까?

2. 바울과 그의 대적들: 적합한 자랑과 부적합한 자랑(10:12-18)

12 우리는 자기를 칭찬하는 어떤 자와 더불어 감히 짝하며 비교할 수 없노라 그러나 그들이 자기로써 자기를 헤아리고 자기로써 자기를 비교하니 지혜가 없도다 13 그러나 우리는 분수 이상의 자랑을 하지 않고 오직 하나님이 우리에게 나누어 주신 그 범위의 한계를 따라 하노니 곧 너희에게까지 이른 것이라 14 우리가 너희에게 미치지 못할 자로서 스스로 지나쳐 나아간 것이 아니요 그리스도의 복음으로 너희에게까지 이른 것이라 15 우리는 남의 수고를 가지고 분수 이상의 자랑을 하는 것이 아니라 오직 너희 믿음이 자랄수록 우리의 규범을 따라 너희 가운데서 더욱 풍성하여지기를 바라노라 16 이는 남의 규범으로 이루어 놓은 것으로 자랑하지 아니하고 너희 지역을 넘어 복음을 전하려 함이라 17 자랑하는 자는 주 안에서 자랑할지니라 18 옳다 인정함을 받는 자는 자기를 칭찬하는 자가 아니요 오직 주께서 칭찬하시는 자니라

헬라어 본문에 대한 필립스J. B. Phillips의 번역은 아마도 신약의 다른 어떤 책들보다 고린도후서에서 그 유용성을 가장 잘 드러낼 것이다. 특히 그는 12절에

서 사용된 바울의 역설법이나 풍자를 잘 포착하고 있다. "우리가 자기 자신을 내세우는 글들을 쓰는 사람들과 같은 범주에 우리 자신을 포함시키지 말아야 하는 것은 당연한 일이다. 그들과 우리를 비교하는 것도 온당치 않다."

바울은 자신의 입장을 네 가지 단계를 통해 밝히고 있다. 12절에서 그는 인간 지도자들을 서로 견주는 방식의 비교 행위를 거부한다. 이런 자랑은 고린도전서 1:12의 "나는 바울에게", "나는 아볼로에게", "나는 게바에게", "나는 그리스도에게" 속한다고 서로 자랑하는 잘못된 폐습의 연속이다(데이비드 홀은 크리소스토무스를 따라 이 이름들이 실제적인 이름이 아니고 실명을 감추기 위해 바울이 사용하는 가상적인 이름이라고 보고 있음을 적어 둔다).[44] 바울은 그의 "자랑"이 그의 대적들의 자랑과는 다르다는 것을 강조한다.

13-15a절에서 바울은 하나님께서 맡기신 사역의 범주를 넘어 과도한 자기 주장을 해서는 안 된다는 것, 곧 "분수 이상의 자랑"을 해서는 안 된다는 것을 강조한다. 이어서 15b-16절에는 "너희 지역을 넘어" 자신의 선교 사역을 계속 이어나가겠다는 바울의 소망이 표현되고 있다. 마지막으로 17-18절에서는 자랑의 유일한 근거는 주님 자체이며, 또한 주님의 "칭찬"(또는 천거)을 받는 것이라고 밝힌다. 필립스는 이 구절을 "중요한 것은 자천이 아니라 주님의 승인을 받는 것이다"라고 옮긴다.[45]

12절("우리는 자기를 칭찬하는 어떤 자와 더불어 감히 짝하며 비교할 수 없노라 그러나 그들이 자기로써 자기를 헤아리고 자기로써 자기를 비교하니 지혜가 없도다")은 사본상의 이문들이 있다. 보다 짧은 형태의 사본에는 "지혜가 없도다"에 해당하는 우 쉬니아신ou syniasin('그들이 이해하지 못한다') 부분이 없다. 이렇게 되면 바울이 대적들의 행위에 신경 쓰기보다 자신을 참 사도와

---

44. Hall, *The Unity of the Corinthian Correspondence*, 5-8.
45. Phillips, *Letters to Young Churches*, 83.

비교하고 짝짓는 것으로 드러나게 된다. 그러나 긴 형태의 사본을 취하면 대적들의 행위에 대한 평가가 부각된다. 메츠거Bruce M. Metzger와 트롤 등은 두 본문 형태의 적합성을 주의 깊게 살피고 있다.[46]

메츠거는 짧은 형태의 본문(주로 서방 계열의 사본들인 D*, G, it[d,g,ar], Ambrosiaster)이 "필사 과정에서 필사자의 눈이 [헬라어] ου에서 그 다음 행의 ουκ로 건너뜀으로써 그 사이의 단어들이 누락된 결과"의 산물이라고 설명한다.[47] 헬라어 본문 편찬 위원회는 P[46], ℵ, B, 33 등의 사본을 따라 긴 본문 형태를 취하고 있다. 트롤은 "자신의 사역이 주님에 의해 승인을 받았다는 바울의 확신은 '당연한 사실들' 중의 하나"라고 말한다.[48] 반면 그의 대적들은 스스로를 천거하고 있다. 자기 추천이 항상 잘못된 것은 아니다. 하지만 그 기준이 분명하지 않으면 이것은 늘 "건강하지 못한 태도와 행동 속으로 표류하게 된다."[49] 바울의 대적들은 자기 자신에게 속한 것들을 자랑하고 있다. 12절 중간의 "그러나"는 바울이 이와 다르다는 것을 부각시킨다. "헤아리고"로 번역된 동사 메트레오metreō는 '측정하다'의 의미도 있지만 '평가하다'로 읽는 것이 더 적합하다.[50] 한 사람의 사역을 다른 사람들과의 비교를 통해 평가하려 하는 것은 "무지한" 일이다(거스리).[51]

13-15a절에서 바울은 그 자신의 사역이 "범위의 한계"를 넘어간 일이 아니라는 것을 밝힌다. 여기서 핵심이 되는 문구는 "분수 이상 …… 을 하는 것이 아니라"라는 의미의 우크 에이스 타 아메트라ouk eis ta ametra라는 표현과 "하나

---

46. Metzger, *A Textual Commentary*, 514; Thrall, *Second Corinthians*, 636-40.

47. Metzger, *A Textual Commentary*, 514.

48. Thrall, *Second Corinthians*, 636.

49. Guthrie, *2 Corinthians*, 489.

50. Danker, BDAG, 643.

51. Guthrie, *2 Corinthians*, 490.

님이 우리에게 나누어주신 그 범위의 한계를 따라"(헬, 카타 토 메트론 투 카노노스 후 에메리센 헤민 호 떼오스)라는 표현이다. 이는 다르게 말하면, 바울의 대적들은 분수 이상의 자랑을 하고 있다는 이야기다. 하지만 바울은 하나님께서 그에게 정하여 주신 범위 이상을 넘어가지 않는다. 거짓 사도들이 범하는 핵심적인 실수는 자기 자신을 다른 인간 지도자들과의 비교를 통해 평가하려 한다는 사실이다. 하지만 바울은 하나님께서 그에게 맡겨 주신 범주 안에서 자랑하고 있다. 퍼니쉬는 헬라어 단어 카논kanōn이 '관할 구역jurisdiction'과 같은 의미를 담고 있다고 지적한다.[52]

트롤은 14절과 관련하여 이렇게 해설한다. "바울은 13절에서 암시적으로 언급한 것을 여기서 명확하게 구체화하고 있다. 다시 말해서 바울 자신이 자랑할 수 있는 사도적 업적의 영역 속에 고린도를 포함시킬지라도 이것이 자신의 정당한 범주를 넘어간 것이 아니라는 것이다."[53] 다른 많은 주석가들과 마찬가지로 트롤 역시 "이른 것이라"로 번역된 헬라어 동사 에프따사멘ephthasamen이 '우리가 제일 먼저 도착했다'를 의미한다는 것에 동의한다. 바울은 결코 다른 사람의 영역을 침범하지 않았다. 어떤 사람들은 적법한 '영역'에 대한 이런 인식이 뒤에 '교구'의 개념으로 발전했다고 생각한다. 그 안에서의 활동은 어디가 되었든 다 적법하다는 보장을 받는다. 바울은 "이방인의 사도"의 자격으로 이방 지역인 고린도에 교회를 세웠다. 그런데 그의 대적들은 어떤가? 바울은 고린도에서 고된 수고(헬, 코포스)를 아끼지 않고 18개월 동안 교회를 섬겼다. 고린도후서 11:27은 "수고하며 애쓰고"라고 말하는데, 그 수고의 결실이 고린도 교회다.

이어서 바울은 자신의 선교의 지경을 넓힐 것에 대해 이야기한다(15b-16

---

52. Furnish, *II Corinthians*, 465.
53. Thrall, *Second Corinthians*, 648.

절).[54] "풍성하여지기를 바란다"고 할 때 사용된 메갈륀떼나이megalynthēnai는 '더 넓히다, 더 크게 하다'를 의미하는 동사이다. 로마서 15:14, 18에서 바울은 자신의 선교 사역을 스페인까지 넓힐 것이라고 이야기하고 있다. 이와 관련하여 로버트 쥬잇Robert Jewett은 방대하고 적실성이 있는 언어적, 문화적 해설을 제시한다.[55] 지리적 관점에서 볼 때 바울의 선교 영역은 동방에서 서방에 이르는 방대한 지역을 포함한다.

마지막으로 바울은 이 단락을 종결지으면서 고린도전서 1:31에서도 인용한 적이 있는 예레미야 9:23(LXX)을 사용하여 "자랑하는 자는 주 안에서 자랑할지니라"고 당부한다.[56] 칼 바르트는 그의 책 『죽은 자의 부활The Resurrection of the Dead』에서 고린도전서 1:31을 매우 탁월하게 해설하고 있다. 그는 이렇게 말한다. "고린도 교회의 가장 큰 결점은 …… 그들의 믿음에 함유된 담대함과 확신과 열정이다. 다만 이것이 하나님께 기반을 두는 것이 아니라 자기가 믿는다고 생각하는 믿음, 그리고 특정 지도자들이나 영웅화된 인물에 기반을 둔다는 것이 문제이다. 사실상 그들은 믿음을 몇몇 구체적인 인간 경험이나 신념, 사상, 이론 같은 것들과 혼동하고 있다." 바르트는 또한 이렇게 덧붙인다. "이에 맞서서 바울이 울리는 경종의 나팔은 '누구든지 사람을 자랑하지 말라'(3:21)는 것이다. 좀 더 긍정적인 형태로 바꾸어서 표현하자면 '자랑하는 자는 주 안에서 자랑하라'(1:31 [또한 고후 10:17])는 것이다."[57] 고린도전서에서 바울은 "하나님으로부터 나서"(of God [1:30])를 말하는데, "이것이 분명 이 모든 단락의 숨은 근원이다."[58]

54. Danker, BDAG, 623.

55. Jewett, *Romans*, 74-91.

56. Thrall, *Second Corinthians*, 652.

57. Barth, *The Resurrection of the Dead*, 17.

58. Barth, *The Resurrection of the Dead*, 18; cf. 19-21.

이런 언급은 인간적 자랑을 앞세우고 들어온 새로운 침입자들에게 끌려가는 상황을 반영하는 고린도후서에도 그대로 적용된다. 오직 하나님만을 자랑하라고 요청하는 예레미야의 가르침 속에서도 "나 여호와" 또는 "나는 여호와라" 하시는 사상이 핵심을 이룬다. 이것이 "자랑"의 문제에 대한 가장 적절한 답이다. 그리스 영웅들의 세계에서는 그들이 구비한 인간의 자질들이 자랑의 대상이 된다. 오디세우스는 자기의 꾀를 자랑하고 아킬레스는 자기의 힘을 자랑한다. 그러나 그리스도인은 오직 주님을 자랑한다.

마지막 18절은 누가 시험을 통과하는 사람인지를 밝힌다. 주께서 "칭찬"(또는 추천)하는 그 사람이 시험을 통과하는 사람("옳다 인정함을 받는 자"헬라어 도키모스는 시험을 거쳐 인정을 받은 사람을 가리킨다—역주)이다. 거스리는 "바울의 '자기' 추천이 전적으로 하나님 중심적임을 보여준다"라고 말한다.[59]

묵상을 위한 질문

① 우리의 때로 우리의 진보(또는 진보의 결여)를 다른 사람들과의 비교를 통해 평가하려 하고 있지 않습니까? 우리 삶의 진정한 표준은 무엇이 되어야 할까요?

② 우리가 하나님의 인도를 따라 산다고 할 때, 우리는 하나님께서 우리에게 요구하시는 것에 순종하며 그 속에 머물 줄 압니까? 아니면 우리는 "분수 이상"으로 자신의 야망을 펼쳐가려 하고 있습니까?

---

59. Guthrie, *2 Corinthians*, 499.

3. 바울이 '바보의 변'(11:1-4)을 쓰다: 그가 그리스도께 고린도인들을 보증했는가?

1 원하건대 너희는 나의 좀 어리석은 것을 용납하라 청하건대 나를 용납하라 2 내가 하나님의 열심으로 너희를 위하여 열심을 내노니 내가 너희를 정결한 처녀로 한 남편인 그리스도께 드리려고 중매함이로다 그러나 나는 3 뱀이 그 간계로 하와를 미혹한 것 같이 너희 마음이 그리스도를 향하는 진실함과 깨끗함에서 떠나 부패할까 두려워하노라 4 만일 누가 가서 우리가 전파하지 아니한 다른 예수를 전파하거나 혹은 너희가 받지 아니한 다른 영을 받게 하거나 혹은 너희가 받지 아니한 다른 복음을 받게 할 때에는 너희가 잘 용납하는구나

이 단락을 이해하기 위해 세 가지 사항을 주목할 필요가 있다. 첫째, 11장에서 바울이 아이러니 화법을 사용할 뿐만 아니라, 당대의 수사적 관행에 비추어 낯설지 않은 '바보의 변'을 채용하고 있다는 점이다. 많은 주요한 연구들이 이런 점을 잘 포착하고 있다. 웰본L. L. Welborn의 책 『바울, 그리스도의 바보Paul, the Fool of Christ』가 그중의 하나다. 웰본의 연구는 주로 고린도전서 1-4장에 집중되고 있다.[60] 고린도전서 4장에서 바울은 고린도의 일부 교인들이 편안한 안락의자에 앉아 환호성을 지르고 있는 가운데 역설적으로ironically 경기장에서 싸우고 있는 검투사로 사도를 묘사한다. 이는 그들의 잘못된 승리주의에 대한 바울의 역설적 비판이다.[61] 그는 그들이 비천한 사도들을 큰 구경거리로 삼아 내려다보는 은유를 펼친 것과 마찬가지로, 강한 역설irony을 동원하여 그들이 우리 없이 왕 노릇하며(8절) 이미 배불러 있고 풍성함을 다 누린다고 말한다.

---

60. Welborn, *Paul, the Fool of Christ*.
61. Thiselton, *The First Epistle to the Corinthians*, 344-65.

웰본은 이를 고린도전서 1:18 등에서 소개되는 십자가의 그리스도(미련한 것 같은 십자가의 메시지)와 연결시킨다.

두 번째로 주목할 것은 거짓 사도들이 내세우는 "다른 예수"는 "다른 영"에 의해 계시되었다는 사실이다(11:3, 4). 이 예수는 바울이 고린도 교인들을 중매한 예수 그분이 아니다. 이 주제와 관련한 가장 결정적인 현대의 저작은 데이비드 홀의 『고린도 서신의 통일성The Unity of the Corinthian Correspondence』일 것이다. 홀이 지적하는 것처럼, 이 예수는 바울이 전한 대로의 "십자가에 못 박히신 예수 그리스도"가 아니다(고전1:17, 18, 2:1-9).[62] 또한 홀은 이렇게 덧붙인다. "고린도후서에 오면 그리스도의 고난과 사도의 고난은 더욱 눈에 띄게 연결된다. 바울은 1:3-11에 기록된 거의 죽음에 이를 뻔한 자신의 경험을 두고 '그리스도의 고난이 우리에게 넘친 것 같이 우리가 받는 위로도 그리스도로 말미암아 넘치는도다'라고 부르짖는다(5절)."[63]

홀은 고린도전후서를 통틀어서 "두 개의 복음과 두 개의 삶의 방식이 대조된다"라고 강조한다. 바울이 전한 복음의 중심을 이루는 것은 "예수의 십자가에 못 박히심이다 …… 이와 대조적으로 그의 대적들은 그들의 힘을 자랑거리로 삼았다."[64] 이런 점에서 그들은 "다른 영"에 의해 영감을 받은 사람들이다.[65] 바울의 대적들은 "다른 예수"와 "다른 복음"을 가르쳤다.[66]

이런 점을 생각하면 바울이 11장에서 그토록 강한 표현을 사용하는 것이 결코 놀라운 일이 아니다. 이는 세 번째 핵심 요점과 연결된다. 바울은 예수와 복음의 본질이 도전을 받을 때 그토록 강한 표현을 사용한다는 사실이 그것이

---

62. Hall, *The Unity of the Corinthian Correspondence*, 154.
63. Hall, *The Unity of the Corinthian Correspondence*, 155.
64. Hall, *The Unity of the Corinthian Correspondence*, 163.
65. Hall, *The Unity of the Corinthian Correspondence*, 170.
66. Hall, *The Unity of the Corinthian Correspondence*, 154.

다. 빌립보서 3:2-7이 이것을 잘 보여준다. "개들을 삼가고 행악하는 자들을 삼가고 몸을 상해하는 일을 삼가라 …… 그러나 무엇이든지 내게 유익하던 것을 내가 그리스도를 위하여 다 해로 여길뿐더러"라고 바울은 말한다. 갈라디아서에서도 바울은 "다른 복음"을 향하여 나아가는 일에 대해 강하게 질책한다(갈 1:6). 그는 심지어 천사라 할지라도 다른 복음을 전하면 "저주를 받을지어다"라고 선언한다(8절). 갈라디아서의 '심한' 언어 역시 고린도후서 11장에 뒤지지 않는다. 홀이 지적하는 것처럼 1980년대와 90년대에 고린도후서의 이 부분을 별개의 편지로 보려고 하는 시도들이 눈에 띄게 많이 일어난 것은 매우 이상한 일이다. 우리는 고린도후서를 몇 개의 편지들로 나누려고 하는 시도들을 조심해야 한다.

1절에서 바울은 "나를 용납하라"라고 말하는데(4절에서도 반복), 이는 분명 역설적 성격이 있다. 바울에게 하는 것과 대조적으로, 고린도 교인들은 "다른 예수"를 전하는 자들은 쉽게 용납해준다! 2-3절에서 바울은 이런 행위가 영적 간음에 해당한다고 지적하면서 그들을 향하여 거룩한 "열심"(또는 시기)을 표출하고 있다. 1절과 2절을 잇는 접속사 가르gar, NRSV와 개역개정에서는 생략되었다—역주를 잘 살려서 읽는 것이 중요한데, 왜냐하면 이는 고린도 교인들이 그를 용납하는 것이 왜 긴급한 일인지 그 이유를 제시하기 때문이다. 바울은 믿는 바의 순결함과 관련하여 그들의 탈선을 우려하고 있다. 그들은 이미 거짓 사도들의 위험한 사상에 귀를 기울이고 그것을 수용하고 있다(4절).

바울이 사용하는 "열심을 낸다"(헬, 젤로)'질투한다'로도 읽을 수도 있는데, 티슬턴은 일관되게 '시기한다'를 사용한다—역주라는 단어는 여기서 부정적이기보다는 긍정적 의미로 사용되고 있다. 트롤은 "이 시기하여 하는 걱정은 하나님에 의해 유발된 하나님 차원의 시기"라고 말한다.[67] 하나님께서는 그분 스스로를 "질투하는 하나님"(출20:5)으로 나타내신다. 바울은 고린도 교인들이 참 예수로부터 "다른 예수"에게로 유혹을 받아 이끌려간 일을 두고 질투심을 느끼고 있다. 그는 구약성경에 나오는 결혼이라는 표현을 사용한다(사54:5-6, 62:5, 렘3:14, 호 2:19-20). 트롤은 그의 주석에서 이 문제를 「다른 예수, 다른 영, 다른 복음」이라는 부록을 통해 상세히 다루고 있다.[68] 홀의 해설은 앞에서 이미 언급한 바 있다. 거짓 사도들은 고린도 교인들을 영적 간음의 길로 유혹한다.

아버지가 신부를 신랑에게 이끌어주는 결혼의 전통은 견고한 성경적 뿌리에 기반을 두고 있다. 휴즈는 이와 관련하여 "결혼 시에 자기의 딸을 적법한 신랑에게 이끌어 가는 것은 아버지의 특권"이라고 말한다.[69] 바울은 다른 곳에서 자신을 영적 아버지라고 부른다(고전4:15). 고린도 교회의 침입자들은 그곳의 성도들을 그리스도를 향한 정결함과 신실함에서 떠나도록 미혹하고 있다. 바울은 이를 에덴에서 뱀이 하와를 미혹한 일과 연결시켜 그 위험성을 일깨운다(3절). 에덴에서 뱀이 그 "간계"(헬, 파누르기아, 교활한 계책)로 파멸의 결과를 가져왔던 것처럼 고린도 교회에서 "부패함"(헬, 프따레, 파멸하다)이라는 결과가 생기지 않도록 바울은 온 힘을 쏟아 이를 경계하고 있다. 4절과 관련하여 해리스는 한 묶음이 된 예수-영-복음이라는 세 가지가 기독교 신앙의 요약이라고 말한다.[70] 거스리는 "참 예수와 성령 그리고 복음은 결코 분리될 수 없도록 서로 맞물려 있다"고 말한다.[71] 거짓 복음은 예수 그리스도와 성령을 잘못 이해하는 데서 비롯된다. 거짓 교사들에게 관용을 보이는 일은 교회의 모든 것

---

67. Thrall, *Second Corinthians*, 660.
68. Thrall, *Second Corinthians*, 667-71.
69. Hughes, *Second Corinthians*, 374.
70. Harris, *Second Corinthians*, 744.
71. Guthrie, *2 Corinthians*, 510.

을 위태롭게 만든다.

묵상을 위한 질문

① 오늘날 관용이 미덕으로 인식되고 있는데, 과연 관용은 무한히 확대될 수 있는 것일까요? 관용이 위험을 초래하는 경우가 있다면 그것은 어떤 경우일까요?

② "거룩한 시기(또는 열심)"가 다른 부류의 시기와 다른 점은 무엇일까요? 어떤 경우에 시기가 정당화될 수 있을까요? 하나님의 마음으로 시기하기까지 하는 강한 질투심을 느꼈던 적은 언제입니까?

③ 바울의 "바보의 변"은 고린도전서의 어떤 부분과 연관성이 있습니까? 이런 방식의 이야기에 있는 특성과 효과는 무엇입니까?

4. 계속되는 "바보의 자랑": 바울과 지극히 크다는 사도들(11:5-15)

5 나는 지극히 크다는 사도들보다 부족한 것이 조금도 없는 줄로 생각하노라 6 내가 비록 말에는 부족하나 지식에는 그렇지 아니하니 이것을 우리가 모든 사람 가운데서 모든 일로 너희에게 나타내었노라 7 내가 너희를 높이려고 나를 낮추어 하나님의 복음을 값없이 너희에게 전함으로 죄를 지었느냐 8 내가 너희를 섬기기 위하여 다른 여러 교회에서 비용을 받은 것은 탈취한 것이라 9 또 내가 너희와 함께 있을 때 비용이 부족하였으되 아무에게도 누를 끼치지 아니하였음은 마게도냐에서 온 형제들이 나의 부족한 것을 보충하였음이라 내가 모든 일에 너희에게 폐를 끼치지 않기 위하여 스스로 조심하였고 또 조심하리라

10 그리스도의 진리가 내 속에 있으니 아가야 지방에서 나의 이 자랑이 막히지 아니하리라 11 어떠한 까닭이냐 내가 너희를 사랑하지 아니함이냐 하나님이 아시느니라 12 나는 내가 해 온 그대로 앞으로도 하리니 기회를 찾는 자들이 그 자랑하는 일로 우리와 같이 인정 받으려는 그 기회를 끊으려 함이라 13 그런 사람들은 거짓 사도요 속이는 일꾼이니 자기를 그리스도의 사도로 가장하는 자들이니라 14 이것은 이상한 일이 아니니라 사탄도 자기를 광명의 천사로 가장하나니 15 그러므로 사탄의 일꾼들도 자기를 의의 일꾼으로 가장하는 것이 또한 대단한 일이 아니니라 그들의 마지막은 그 행위대로 되리라

바울에 대한 거짓 사도들의 공격은 두 가지 문제에 집중되어 있다. 첫째는 그가 수사학rhetoric이라는 면에서 열등한 대중 연설가라는 것이다. 두 번째는 그가 돈을 받지 않고 복음을 전하는데, 이는 전문 연설가들이 돈을 받는 관행에 부합하지 않는다는 것이다. 5절에서 바울은 자신의 관심이 복음의 **내용**에 있을 뿐, 말의 방식이나 형식, 수사학 등에 있는 것은 아니라고 답한다. 6절에서 그는 말 혹은 수사학과 하나님의 지식을 대비시킨다. 그런 다음 7절에 와서 두 번째 항목에 대해 답하고 있다. 그는 거짓 사도들을 "지극히 크다는 사도들"이라 부르는데(5절), 여기에는 무거운 역설이 깔려 있다. 휘페르리안hyperlian이라는 헬라어 단어는 바울 이전에는 그 용례를 찾아볼 수 없는 단어로, '초과하여'나 '대단히 많이'라는 의미가 있다. 이 단어는 바울의 대적들의 거만함을 잘 보여준다. 역으로 그들이 바울을 얼마나 깔보고 무시했을지도 잘 보여준다. 그들은 바울이 계시와 지식, 진리에 관심을 두고 있는 것과 대조적으로 대중을 사로잡는 수사학의 탁월성을 더 앞세웠다. 바울이 수사학의 면에서 부족함이 있음을 알고 있었다는 것은 그가 처음 고린도에 들어올 때의 상황을 이야기하는 고린도전서 2:1-4에 잘 반영되고 있다. 바레트가 잘 지적하

는 것처럼, 수사학은 그리스-로마 도시들 속에서 오랫동안 확립되어 온 인정받는 전문 영역 가운데 하나이며, 아볼로는 이런 면에서 높이 존중을 받고 있다.[72] 바울은 그라는 사람이 그다지 인상적이지는 못하다는 것을 인정한 바 있다(10:10). 그렇다고 해서 그가 말을 잘할 줄 모르는 사람이었던 것은 아니다. 대적들과 달리 그는 한정된 일에 집중하고 있었을 뿐이다.

새로 들어온 이 대적들은 바울이 전문가들처럼 돈을 받기를 원하였고, 그렇게 해야 자신들과 급을 겨루는 자리에 설 수 있을 것으로 보았다. 이와 관련하여 바울은 역설이 담긴 질문을 던진다. "내가 너희를 높이려고 나를 낮추어 하나님의 복음을 값없이 너희에게 전함으로 죄를 지었느냐"(7절) 13절에서 바울은 이들을 "거짓 사도요 속이는 일꾼"이며 "자기를 그리스도의 사도로 가장하는 자들"이라고 부른다. 14절에서는 사탄 역시 자신을 "광명의 천사"로 가장하는 존재라고 말한다. 거짓 사도들은 자기들의 사역이 바울과 동등한 것으로 인정받을 기회를 노리던 기회주의자들이었다. 15절에 나오는 "의의 일꾼"이라는 표현은 거짓 사도들이 유대인의 율법을 더 엄격하게 이해하고 앞세웠던 일을 반영하는 표현일 수 있다.

바울은 돈을 받는 문제와 관련하여 이 대적들의 공격적인 주장에 맞서 값없이 복음 전하는 일을 계속하기로 더욱 마음을 굳히고 있다(12절). 마게도냐 교회들(빌립보 교회를 포함한다)에 대한 9절의 언급은 바울이 재정적 지원(8절의 "비용", 헬, 옵소니온)을 받는 일에 대해 개방적이고 겸손한 자세를 가지고 있음을 보여준다. 다만 그것이 순수한 선물로, 그리고 복음에의 참여(빌 4:15-17)라는 차원에서 이루어질 때 그러하다. 마틴과 바레트는 자기 손으로 일을 해서 먹고살며 사회적으로도 낮은 계층에 속하였던 사람들이 대체적으로 부요

---

72. Barnett, *Second Corinthians*, 509.

하였던 고린도의 소위 전문가들에 비해 더 사회적인 기여를 많이 했다고 지적한다.[73] 바울이 고린도 사람들에게 그의 재정적 필요와 관련하여 "누"(9절)를 끼치지 않을 수 있었던 것은 마게도냐 교회들의 지원이 있었기 때문이다. '누를 끼치다'라는 의미의 헬라어 동사 카타나르카오katanarkaō는 후원인과 피후견인의 의존적 관계를 나타낼 때 주로 사용되던 단어이다. 여기에는 여러 가지 종류의 의무들이 수반된다.[74] 해리스는 바울이 초기에 브리스길라와 아굴라 부부와 협력했던 것처럼(고전4:11-12), 마게도냐로부터 재정적 지원이나 여타의 지원을 고린도에 들여왔을 것으로 보고 있다.[75] 이것이 그가 고린도 사람들에게 의존하지 않을 수 있었던 이유이다. 그럼에도 불구하고 바울은 일반적인 차원에서는 사역자들이 교회에서 돈을 받는 것을 허용하고 있다(고전9:3-14, 갈6:6, 딤전5:17-18).[76]

자랑하는 태도와 관련해서는 오늘날의 서양 문화와 고대 그리스-로마 문화 사이에 상당한 차이가 존재한다. 아마도 기독교의 영향 때문에 그렇겠지만, 오늘날의 서양 문화 속에서는 겸손과 겸양이 통상 덕으로 간주되어 왔다. 하지만 바레트가 지적하는 것처럼 "고대 그리스나 로마의 사람들은 사후 세계의 영광에 대한 소망 같은 것을 가지고 있지 않았다. 그저 독립된 불멸의 상태를 가지는 것 정도가 최대의 기대치였다. 그러므로 그들은 '영광'을 이생의 삶 속에서 이루려 했고, 자신의 업적을 살아 있는 동안에 자랑하고 싶어 했다."[77] 우리가 앞서 3:1-6을 다루는 자리에서 보았던 것처럼, 오늘날의 고린도 유적지의 아고라 서쪽 편에 서 있는 바비우스 기념비 같은 것이 좋은 예다. "바비우스가 자기

---

73. Martin, *2 Corinthians*, 344-45; Barnett, *Second Corinthians*, 513.

74. Keener, *1-2 Corinthians*, 229.

75. Harris, *Second Corinthians*, 761-62.

76. Barnett, *Second Corinthians*, 518; Thrall, *Second Corinthians*, 699-708.

77. Barnett, *The Message of 2 Corinthians*, 173.

비용으로 이 기념비를 세웠다"라는 문구가 새겨진 이 기념비는 로마식 고린도의 '행정관duovir'으로서 자신의 지위를 공적으로 선전하는 기능을 했다.[78] 이는 자기 홍보의 전형적인 예다. 고대 고린도의 또 다른 자리에는 에라스투스개역개정의 에라스도—역주의 이름과 관직이 적힌 비문이 포장도로 바닥에 누워 있는 것을 발견한다.

베츠는 바울 당시의 철학자들과 웅변가들 사이에 뚜렷한 구분선을 그으려는 시도를 하고 있다. 플라톤이 묘사한 바대로의 소크라테스는 철학자를 대표하는 사람으로서, 돈을 받고 웅변을 했던 소피스트 웅변가들의 수사학적 기교들을 거부했던 사람이다. 철학자들은 철학 차원에서의 진리를 추구했던 사람들로서 돈을 대가로 요구하지 않았다. 하지만 트롤은 플라톤 시대 이후로 이런 구분이 명확하게 지켜지지는 않았다고 주장한다. 따라서 바울이 자기 시대 이전에 있었던 돈과 관련된 논쟁을 의식적으로 염두에 두고 있었을 것으로 보기는 어렵다.[79]

묵상을 위한 질문

① 우리는 교회 안의 특정 사역들을 평가할 때 우리가 선호하고 선택하는 일부 자질의 관점에서만 이를 평가하려고 하지는 않습니까? 예를 들어 설교를 평가할 때 복음의 내용보다는 수사학적 기교를 더 중요하게 여기는 잣대를 적용하고 있지는 않습니까?

② 우리는 교회를 섬기는 목회자나 사역자들이 정기적으로 안정된 재정적 지원을 받도록 하기 위해 어떻게 협력하고 있습니까?

---

78. Thiselton, *First Epistle*, 8-9; Thiselton, *1 Corinthians*, 22.
79. Thrall, *Second Corinthians*, 679-81; Guthrie, *The Sophists*.

③ 우리는 우리의 강점이나 아니면 역으로 우리의 약점을 드러내고 자랑하는 일에 유혹을 느끼고 있지는 않습니까? 우리는 바울이 자랑을 금하는 일을 어떻게 생각하고 있습니까?

5. 바울이 자신의 고난에 대해 이야기함(11:16-33)

16 내가 다시 말하노니 누구든지 나를 어리석은 자로 여기지 말라 만일 그러하더라도 내가 조금 자랑할 수 있도록 어리석은 자로 받으라 17 내가 말하는 것은 주를 따라 하는 말이 아니요 오직 어리석은 자와 같이 기탄없이 자랑하노라 18 여러 사람이 육신을 따라 자랑하니 나도 자랑하겠노라 19 너희는 지혜로운 자로서 어리석은 자들을 기쁘게 용납하는구나 20 누가 너희를 종으로 삼거나 잡아먹거나 빼앗거나 스스로 높이거나 뺨을 칠지라도 너희가 용납하는도다 21 나는 우리가 약한 것 같이 욕되게 말하노라 그러나 누가 무슨 일에 담대하면 어리석은 말이나마 나도 담대하리라 22 그들이 히브리인이냐 나도 그러하며 그들이 이스라엘인이냐 나도 그러하며 그들이 아브라함의 후손이냐 나도 그러하며 23 그들이 그리스도의 일꾼이냐 정신없는 말을 하거니와 나는 더욱 그러하도다 내가 수고를 넘치도록 하고 옥에 갇히기도 더 많이 하고 매도 수없이 맞고 여러 번 죽을 뻔하였으니 24 유대인들에게 사십에서 하나 감한 매를 다섯 번 맞았으며 25 세 번 태장으로 맞고 한 번 돌로 맞고 세 번 파선하고 일 주야를 깊은 바다에서 지냈으며 26 여러 번 여행하면서 강의 위험과 강도의 위험과 동족의 위험과 이방인의 위험과 시내의 위험과 광야의 위험과 바다의 위험과 거짓 형제 중의 위험을 당하고 27 또 수고하며 애쓰고 여러 번 자지 못하고 주리며 목마르고 여러 번 굶고 춥고 헐벗었노라 28 이 외의 일은 고사하고 아직도 날마다 내 속에 눌리는 일이 있으니 곧 모든 교회를 위하여 염려하는 것이라 29 누가 약하면 내가 약하지 아니하며 누가 실족하게 되면 내가 애타지 아니하더냐 30 내가 부

득불 자랑할진대 내가 약한 것을 자랑하리라 **31** 주 예수의 아버지 영원히 찬송할 하나님이 내가 거짓말 아니하는 것을 아시느니라 **32** 다메섹에서 아레다 왕의 고관이 나를 잡으려고 다메섹 성을 지켰으나 **33** 나는 광주리를 타고 들창문으로 성벽을 내려가 그 손에서 벗어났노라

16-21절에서 바울은 자신이 왜 거짓 사도들이 하는 자랑을 의도적으로 뒤집을 수밖에 없는지 이해해주기를 바라는 요청을 반복하고 있다. 21b-22절에서 바울은 그의 사도됨의 진정한 자질과 관련하여 특히 유대인이라는 그의 배경을 '자랑'하고 있다. 23-33절에서는 자신의 고난과 약함을 '자랑'하고 있다. 사도 사역의 현장에서 그가 겪었던 어려움과 고난에는 수고와 투옥, 매 맞음, 생명의 위협 등이 포함된다. 그는 이 단락에서 다시 한 번 고대의 자랑의 문화를 역설의 방식으로 뒤집으려 하고 있다.

바울의 역설법은 32-33절에 와서 정점을 이룬다. 고대 그리스-로마 세계에서 공성전이 벌어질 때 '처음 성벽을 넘는' 용감한 병사나 용병에게 특별한 상을 주는 관행이 있었다는 것은 잘 알려진 일이다. 성을 지키는 사람들이 사다리를 타고 성벽을 기어오르는 무수한 병사들의 머리 위로 끓는 납이나 돌덩어리 같은 것들을 쏟아붓는 장면을 상상해보라. 바울은 비록 '처음 성벽을 넘는 자' 같은 표현을 직접 사용하지는 않지만, 고대의 독자들 같으면 그의 탁월한 역설 표현 속에서 이런 암시를 읽어내는 것이 어렵지 않았을 것이다. 바울은 "성벽을 넘는" 자신의 행보가 반대 방향으로 이루어졌음을 밝히고 있다. 그는 다메섹에서 그의 생명을 노리는 자들을 피하여 아레다 왕의 손길을 피해 도망가고 있다. 그는 분명 "처음 성벽을 넘는 자"였지만, **그 방향이 거꾸로다.** 이는 바울의 뛰어난 '익살joke'의 한 예다. 에드윈 저지E. A. Judge와 스티븐 트라비

스Stephen Travis를 포함한 많은 학자들이 이런 점을 잘 지적한 바 있다.[80] 바울은 지금 겁쟁이의 도망을 자랑하는 격이 되고 있다!

바울의 주장이 순전히 유대인 출신이라는 점에 근거한다는 것과 관련하여 바레트는 이렇게 말한다. "메시아 예수를 대변한다고 주장하는 사람이 유대인의 뿌리가 있는 사도가 아니라고 한다면 이는 사안의 본질상 치명적 결점이 될 수밖에 없을 것이다."[81] 이런 이유로 바울은 22절에서 "그들이 히브리인이냐 나도 그러하며 그들이 이스라엘인이냐 나도 그러하며 그들이 아브라함의 후손이냐 나도 그러하며"라고 확실하게 주장한다. 바울은 이런 점에서 그의 대적들과 동등하다고 밝힌다.

바울과 그들은 혈통이나 조상의 문제에 있어서는 동등하다. 하지만 그리스도의 일꾼으로서의 섬김이라는 면에서는 비교가 안 될 만큼 바울이 그들을 능가한다.[82] "히브리인"이라는 말은 중간에 유대교로 개종한 사람들과는 달리 타고난 유대교인임을 가리키는 표현일 수 있고, 아니면 순수 혈통의 유대인이나, 아람어를 말할 줄 아는 유대인, 혹은 팔레스타인 땅에 가까운 가족을 두고 있는 유대인을 가리키는 표현일 수 있다. "아브라함의 후손"은 하나님의 언약적 약속을 상기시키는 표현이다. 23절 이하 부분에서 바울은 자신의 선교 사역 속에서 겪었던 방대한 경험들을 이야기한다. 트롤의 표현처럼 "그는 거의 죽을 뻔한 위험들을 참 많이 겪었다."[83]

바레트는 23-30절에서 바울이 자신을 거짓 사도들이 아니라 예루살렘 사도들과 견주고 있다고 주장한다. 그러나 대부분의 주석가들은 이런 견해를 반박

---

80. Windisch, <i>Der zweite Korintherbrief</i>, 364; Travis, "Paul's Boasting in 2 Corinthians"; Martin, <i>2 Corinthians</i>, 384-85.

80. Windisch, *Der zweite Korintherbrief*, 364; Travis, "Paul's Boasting in 2 Corinthians"; Martin, *2 Corinthians*, 384-85.

81. Barnett, *The Message of 2 Corinthians*, 173.

82. Thrall, *Second Corinthians*, 722.

83. Thrall, *Second Corinthians*, 722.

한다. 바울은 바로 앞의 19-23절에서 명백하게 거짓 사도들의 문제를 다루고 있다. 거스리는 20절에서 바울이 거짓 사도들의 행위를 "고린도인들의 뺨을 치는"(헬, 에이스 프로소폰 후마스데레이)로 묘사하고 있는 것을 상기시킨다.[84] 바레트의 주장이 무리가 있기는 하지만, "유대화주의자들Judaizers의 '복음'을 받아들이는 것은 이교의 속박에 다시 떨어지는 일"이라는 그의 강조에는 나름의 일리가 있다.[85]

20절의 "뺨을 칠지라도"라는 바울의 말 속에는 '얼굴을 때린다'라고 할 때처럼 '때린다'라는 의미가 포함된다. 이런 행위를 서슴지 않는 대적들에게 이끌리고 있는 고린도 교인들을 두고 바울이 시기하는 듯한 감정을 느끼는 것도 결코 무리가 아니다. 23절과 27절에서 바울은 자신이 사역 과정에서 겪었던 수많은 어려움들을 나열하고 있다. 여기에는 투옥과 매 맞음, 눈앞에 닥친 죽음을 직면한 일, 힘들고 고된 노동, 자지 못하고 지낸 밤들, 배고픔과 목마름, 음식의 부족, 좋은 옷이 없어 추위를 견디어야 했던 일 등이 포함된다.

바울은 앞서 6:4-10에서 매 맞음과 투옥, 자지 못하고 먹지 못함 등을 포함하여 거의 죽을 것 같은 느낌을 받았던 일들을 이미 언급한 바 있다. 거스리는 바울의 고난과 관련하여 이렇게 말한다. "시골이나 도시 지역을 아우르는 고대의 여행길의 어려움은 천막 제조 노동을 통해 자신의 생계를 유지해야 했던 일, 대적들과 맞서 싸워야 했던 일, 지중해 세계의 넓은 곳에 퍼져 있는 다양한 형편의 교회들을 돌보는 일 등과 함께 복합적으로 바울의 사역을 심히 힘들게 만들었을 것이다."[86] 여기에다 다문화권을 넘나드는 사역의 어려움, 회심자들을 신학적으로 훈련하는 일, 복음 선포의 사역, 여러 가지 종류의 갈등 상황 등

84. Guthrie, *2 Corinthians*, 541.
85. Barrett, *Second Corinthians*, 291.
86. Guthrie, *2 Corinthians*, 554.

이 더해지면 그가 짊어져야 했던 짐은 상상을 초월한다. 퍼니쉬가 잘 지적하는 것처럼 선교사 목사로서 바울의 사역은 고린도 사역 하나에 그치지 않는다.[87]

24-25절에서 바울은 그가 겪은 구체적인 시련들을 이야기한다. 그는 유대인 지도자들로부터 다섯 번 "사십에서 하나 감한 매"를 맞았다고 말한다. 그는 또한 세 번 "태장" 곧 자작나무 매로 매질을 당하였으며, 한 번 투석投石을 당하였고, 세 번 난파를 경험하였으며, 하루 밤과 낮 내내 바다에서 표류하는 일을 겪기도 하였다.

"사십에서 하나 감한 매"는 **유대인 회당 책임자들**이 부과하던 형벌 방식이다. 이는 세 개의 가죽 끈이 달린 채찍으로 매질하는 것인데, 바울은 이런 매질을 반복적으로 당하였다. 그럼에도 불구하고 그는 새로운 도시에 들어갈 때마다 유대인 회당을 찾아 그곳에서 설교하고는 하였다. 이는 그가 얼마나 용감한 사람이었는지를 잘 말해준다. 바울은 세 번 "태장"(헬, 에르랍디스뗀)을 맞았다고 말하는데, 이는 자작나무 회초리로 때리는 로마식 매질을 가리킨다. 사도행전 16:23에 보면 바울과 실라가 빌립보에서 로마 행정관들에 의해 매를 맞았다는 사실이 기록되어 있다. 투석은 배도나 신성모독에 대해 유대인들이 가하는 형벌 방식이다(레20:2, 24:14, 신17:5-7). 투석을 당한 바울의 경험은 사도행전 14:19-20에 기록되어 있다. 바울은 또한 세 번 "파선"(헬, 에나우아게사)을 겪었다고 말하며, 하루 밤낮 내내 바다에서 표류했던 일을 진술한다. 그 당시의 배들은 구명정을 가지고 다니지 않았다. 항해는 겨울의 위험한 기후를 피해 주로 5월에서 10월 사이에 이루어지고 있었다.

26절에서 바울은 그가 겪은 일련의 "위험들" 곧 생명의 위협을 당하였던 일들을 이야기한다. 이는 그의 선교 여행 중에 일어났던 사건들이다. 이를 진술

---

87. Furnish, *II Corinthians*, 515.

하는 바울의 문법적 형식은 "해당 주제의 증거들을 풍성하게 제공하는 방식"을 취한다.[88] 그는 다양한 상황들 속에서의 위험을 묘사하기 위해 반복적으로 헬라어 엔en('속에서')을 사용하고 있다. 여기에는 "강의 위험", "강도의 위험", 유대인 "동족의 위험", "이방인의 위험", "시내" 곧 도시의 위험, 사람이 살지 않는 "광야의 위험", "바다의 위험", "거짓 형제"의 위험이 포함된다. 해리스는 버가Perga와 비시디아 안디옥 사이를 가로막고 있는 타우루스Taurus 산맥이 특히 급류와 강도들의 출몰로 악명 높은 지역이라고 소개한다.[89]

27절에서 바울은 좀 더 일반적인 차원에서 그가 당한 고난들을 정리하고 있다. 여기에는 힘들고 고된 노동(헬라어 표현코포 카이 모크또—역주에는 피곤과 지침이 암시된다)과 자지 못함, 배고픔과 목마름, 옷이 없어 추위에 노출되는 일 등이 포함된다. 우리는 이런 언급들을 쉽게 읽고 지나치기 쉽지만, 하나하나가 다 고통스러운 실제 상황을 담고 있다는 사실을 잊어서는 안 될 것이다.

28-29절에서는 바울이 교회들을 생각하면서 겪는 마음의 압박이 어떤 것인지를 이야기한다. 여기에는 하나님 앞에서의 책임에 따르는 감정적인 압박, 곧 "눌림"이 포함된다. 이 눌림은 그가 "날마다" 경험하는 일이다. 이를 생각하면 거짓 사도들에 대한 그의 반응이 그토록 강하게 표출되는 것이 결코 놀라운 일이 아니다. 그는 29절에서 "누가 실족하게 되면 내가 애타지 아니하더냐"라고 (바울을 실족하게 했던 그들을 향하여) 묻는다'애타다'라는 표현은 문자 그대로 '불타다'의 의미가 있다—역주. 바레트는 교회의 지도자와 사역자의 길이 "자아 여행ego-trip"이라고 생각하는 사람은 바울의 사역 개념과 거리가 먼 사람이라고 잘 지적한다.[90]

88. Guthrie, *2 Corinthians*, 559.
89. Harris, *Second Corinthians*, 806.
90. Barnett, *The Message of 2 Corinthians*, 175.

30-33절에 대해서는 위에서 이미 이야기한 바 있다. 이 부분은 역설적 유머의 방식으로 바울의 "바보의 자랑"의 대미를 장식한다. 그는 "처음 성벽을 넘는 자"였지만, **그 방향이 거꾸로**였다는 것이 문제다. 그의 "약함"은 십자가에 못박히신 그리스도를 반영한다. 그의 "능력"은 약함 속에 있다.

묵상을 위한 질문

① 우리는 그리스도의 "약함"을 함께 나누는 것이 진정한 그리스도인다움과 그 능력의 징표라고 바르게 이해하고 있습니까?

② 우리는 기독교 사역의 능력을 승리주의적, 권위주의적 방식으로 생각하면서, 이를 통해 다른 사람들을 내 뜻대로 몰아가는 것이 사역의 성공이라고 생각하지 않습니까?

③ 우리는 진리에 대한 분간 없이 무조건 모든 것을 포용하는 것이 보편적 미덕이라고 생각하지 않습니까? 우리가 그렇게 할 수 없는 이유는 무엇일까요?

④ 우리는 구약성경을 우리의 진정성을 뒷받침하는 본질적 원천으로 보고 있습니까, 아니면 우리를 당혹스럽게 만드는 문제들의 원천으로 보고 있습니까?

⑤ 바울이 수도 없이 많은 고난의 길을 용기 있게 걸어갔던 것은 오늘 우리 주변에서 일어나고 있는 자잘한 희생들과 어떻게 비교가 됩니까? 우리는 바울의 길을 통해 어떤 자극을 받습니까? 크고 작은 어려움을 겪고 있는 이 세상의 일부 지역의 사람들을 생각할 때, 우리는 그들의 아픔을 어떻게 함께 나눌 수 있을까요?

⑥ "모든 교회를 위하여 염려"하는 일 때문에 담임 목회 사역이 영예로운 것을 넘어 기피할 만한 일이라고 생각하지는 않습니까? 이를 감당할 수 있는 힘은 어디서 나오는 것일까요?

⑦ 우리는 바울이 유머 감각도 없는 그런 딱딱한 사람이라고 생각하지는 않습니까?(참조, 32-33절)

6. 바울의 환상과 계시 경험: "바보의 자랑"의 정점(12:1-13)

1 무익하나마 내가 부득불 자랑하노니 주의 환상과 계시를 말하리라 2 내가 그리스도 안에 있는 한 사람을 아노니 그는 십사 년 전에 셋째 하늘에 이끌려 간 자라 (그가 몸 안에 있었는지 몸 밖에 있었는지 나는 모르거니와 하나님은 아시느니라) 3 내가 이런 사람을 아노니 (그가 몸 안에 있었는지 몸 밖에 있었는지 나는 모르거니와 하나님은 아시느니라) 4 그가 낙원으로 이끌려 가서 말로 표현할 수 없는 말을 들었으니 사람이 가히 이르지 못할 말이로다 5 내가 이런 사람을 위하여 자랑하겠으나 나를 위하여는 약한 것들 외에 자랑하지 아니하리라 6 내가 만일 자랑하고자 하여도 어리석은 자가 되지 아니할 것은 내가 참말을 함이라 그러나 누가 나를 보는 바와 내게 듣는 바에 지나치게 생각할까 두려워하여 그만두노라 7 여러 계시를 받은 것이 지극히 크므로 너무 자만하지 않게 하시려고 내 육체에 가시 곧 사탄의 사자를 주셨으니 이는 나를 쳐서 너무 자만하지 않게 하려 하심이라 8 이것이 내게서 떠나가게 하기 위하여 내가 세 번 주께 간구하였더니 9 나에게 이르시기를 내 은혜가 네게 족하도다 이는 내 능력이 약한 데서 온전하여짐이라 하신지라 그러므로 도리어 크게 기뻐함으로 나의 여러 약한 것들에 대하여 자랑하리니 이는 그리스도의 능력이 내게 머물게 하려 함이라 10 그러므로 내가 그리스도를 위하여 약한 것들과 능욕과 궁핍과 박해와 곤고를 기뻐하노니 이는 내가 약한 그 때에 강함이라 11 내가 어리석은 자가 되었으나 너희가 억지로 시킨 것이니 나는 너희에게 칭찬을 받아야 마땅하도다 내가 아무 것도 아니나 지극히 크다는 사도들보다 조금도 부족하지

아니하니라 12 사도의 표가 된 것은 내가 너희 가운데서 모든 참음과 표적과 기사와 능력을 행한 것이라 13 내 자신이 너희에게 폐를 끼치지 아니한 일밖에 다른 교회보다 부족하게 한 것이 무엇이 있느냐 너희는 나의 이 공평하지 못한 것을 용서하라

1-6절에서 바울은 자신의 낙원 경험을 이야기한다. 그곳에서 그는 "말로 표현할 수 없는 말", "사람이 가히 이르지 못할 말"을 들었다. 그의 대적들의 자랑 때문에 바울은 그것이 무익하고 어리석은 일인 줄 알면서도(1, 11절) "바보의 자랑"을 하지 않을 수 없게 되었다.[91] 바울이 이 단락에서 소개하는 계시와 환상은 복수로 표현되어 있다. 이는 이 경험들이 사적인 차원에 속하며 그와 하나님 사이의 일임을 나타낸다. 바레트는 환상 경험을 묘사하는 이 말이 "아마도 그 의미가 거부된 것"을 가리킨다고 보는 반면, 거스리는 이를 환상 경험에 대한 언어적 "서툰 모방parody"이라고 부른다.[92] 7-9절에서 바울은 자신의 큰 약점, 곧 "육체의 가시" 또는 "나를 치는 사탄의 사자"에 대해 이야기하고 있다.

2-4절 단락은 하나의 통일성이 있는 단락으로, 이 서신을 쓴 AD 55년으로부터 14년 전, 곧 AD 42년 무렵에 있었던 일을 진술하고 있다. 이때는 바울이 회심과 소명의 경험을 한 후 얼마간 시간이 지나 길리기아나 수리아에 머물고 있던 때다. 바울은 이 환상을 경험한 그 사람(헬, 안뜨로포스'한 사람'을 뜻한다—역주)과 자신을 동일시하는 것을 꺼리면서 삼인칭으로 부르고 있다. 이 사람은 "셋째 하늘"(2절) 또는 "낙원"(4절)에 "이끌려" 갔다(헬, 하르파조, 단순과거 수동태 직설법으로 '끌어 올리어졌다'). 트롤을 포함한 대부분의 주석가들은 이 사람이 바울 자신이라는 것을 부정하지 않는다. 트롤은 네 가지 다른 대안적

---

91. Barnett, *Second Corinthians*, 556.
92. Barnett, *Second Corinthians*, 558; Guthrie, *2 Corinthians*, 580.

관점들을 소개하지만, 이를 잘 논박하고 있다.[93] 트롤은 바울이 삼인칭 표현을 사용한 이유와 관련해서도 네 가지 관점들을 논박하고 있는데, 그녀 자신의 결론은 바울이 교만하게 보일 것을 우려했기 때문이라는 것이다.[94] 이 사람이 들은 말을 "사람이 가히 이르지 못할 말"헬라어 원문은 '사람에게 말하는 것이 허락되지 않은 말'이라는 어조를 띤다—역주이라고 표현하는 것을 볼 때 바울이 이 일을 전에 한 번도 밝히지 않았던 이유가 설명된다. 바울의 환상 경험과 관련된 이 구절들은 많은 추측의 대상이 되어 왔다. 거스리는 이를 두고 "우리 앞에는 바울 문헌 가운데 가장 논란이 많이 일어난 구절이 놓여 있다"라고 이야기한다.[95]

"낙원"(헬, 파라데이소스)은 원래 페르시아 왕에게 속한 공원 또는 정원을 가리키는 용어였는데, 칠십인경이 이를 에덴동산을 가리킬 때 차용하였다(창 2:8, 13:10, 겔28:13, 31:8). 묵시문학에서는 이 용어가 복을 누리는 초월적 장소를 가리키는 데 사용되고 있다(에녹1서32:3). 이는 하나님의 임재를 함의하기도 한다. 바울은 이 놀라운 환상이 몸 안에서 일어났는지 몸 밖에서 일어났는지 밝히기를 거부한다. 다만 그는 이와 같은 환상이 통상적인 경험 영역 바깥에 놓인 일이라는 것을 강조한다. 그가 밝히고 있는 것 한 가지는 "말로 표현할 수 없는 말"(헬, 아르레타 레마타)을 그가 들었다는 사실이다. 바울은 이것이 표현할 수 없는 말이기에 표현하지도 않았지만, 또한 그는 이것을 말하도록 허락을 받지도 못하였다.

6절 초반의 "내가 만일 자랑하고자 하여도"라는 말이 가설적인 표현이라면, 6절 끝의 "(내가) 그만두노라"는 말은 강조적이고 단언적이다. 그가 말하기를 단념한 자랑은 낙원으로 이끌려 올라간 한 사람, 곧 자기 자신에 대한 것이다.

93. Thrall, *Second Corinthians*, 778-79.
94. Thrall, *Second Corinthians*, 781-82.
95. Guthrie, *Second Corinthians*, 576.

바울의 대적자들은 그의 약함과 그리스도에 대한 그의 설교를 '볼' 수도 '들을' 수도 있다.[96] 이는 서로 연결되어 있는 하나의 통합체다. 바네트는 이렇게 말한다. "역설의 방식을 통해 바울은 그들의 '자랑'을 그들 자신에게 되돌리고 있다. 그들은 바울의 아이러니 표현처럼 '지극히 크다'는 사도로 불린다. 하지만 그들에 대하여 바울은 '열등하지' 않다(11:5, 12:11)."[97] 그들은 수사적 능력이나 다른 많은 점들에 있어서 자기들이 '월등하다'고 자랑한다. 이에 비해 바울은 7절에서 보는 것처럼 "너무 자만하지 않게 하시려고 내 육체에(헬, 테 사르키) 가시(헬, 스콜로프스) 곧 사탄의 사자를 주셨"다고 말한다. 바울은 이 "가시"가 자신에게 '주어졌다'(헬, 에도떼, 단순과거 수동태)고 말하며, 그 목적은 그가 자기가 중요하다는 인식에 사로잡히지 않게 하기 위함이라고 말한다. 이 가시는 적극적, 변혁적 기능을 한다.

바네트는 이 가시와 관련하여 이와 같이 언급한다. "신약에서 이보다 더 큰 관심을 불러일으킨 문제도 별로 없다. 교회의 초기 시대부터 오늘에 이르기까지 많은 학자들이 이 문제에 대해 끊임없이 답변을 제시해왔다."[98] 마틴 역시 이렇게 이야기한다. "이 구절에 대한 논의가 계속되고 있지만, 바울의 '육체에 가시'가 무엇인지와 관련하여 해석자들이 확실한 답을 얻기는 어려울 것이다."[99] 휴즈는 이 가시 문제가 "가용한 증거 차원에서 볼 때 풀리지 않은 채 남아 있을 수밖에 없는 문제들 중의 하나"라고 말한다.[100]

트롤은(거스리도 유사하게) 이 가시를 무엇으로 볼 것인가의 문제와 관련하여, 이를 심리적 상황으로 보는 관점(네 유형), 고린도의 대적자들로 보는 관점

---

96. Barnett, *Second Corinthians*, 565.
97. Barnett, *Second Corinthians*, 565.
98. Barnett, *Second Corinthians*, 568.
99. Martin, *2 Corinthians*, 411.
100. Hughes, *Second Corinthians*, 442.

(두 유형), 육체적 질병이나 장애로 보는 관점(네 가지 이상)으로 크게 구분하고 있다.[101] 그중에서도 가장 구체적 답변을 제시하는 사람은 해리스인데, 그는 "세 번"(헬, 트리스)을 "세 번의 각기 다른 경우"로 이해한다. 그중의 하나가 아시아에서의 바울의 환난(고후1:8-11)이라는 것이다해리스는 이것을 생사의 경계를 오간 질병의 문제로 보고 있다—역주.[102] 오늘날의 많은 주석가들은 "육체에"라는 표현이 육체적 고통을 가리킨다는 데에 의견의 일치를 모으고 있다.

사탄은 때로 질병을 가져오는 존재로 인식되고 있다. 헬라어 스콜로프스 skolops는 날카로운 가시나 막대기를 가리키는 단어이다. 일부 영어 번역들(대표적으로 NJB와 NIV)은 "육체에 가시"라는 표현을 그대로 유지하지만, NEB는 이를 "날카로운 육체적 고통"이라 번역하며, 필립스역J. B. Phillips, *New Testament in Modern English*—역주은 이를 "육체적 장애"로 옮긴다. 휴즈는 이것이 "불쾌하고 낙담되게 하는 육체적 질병"이었을 것으로 보고 있다.[103] 육체적 질병 중에서도 뇌전증이나 눈병 등이 가능성이 큰 후보로 거론되지만, 이 역시 추측일 뿐 확실한 것을 알 길은 없다. 이를 바울의 생애 속에서 일어난 그의 생사를 뒤흔들었던 특별한 사건들로 보는 해리스의 제안이 가장 신빙성이 있는 것으로 보인다.

9절에서 보는 것처럼 바울이 이 고통스러운 "가시"를 제거해 달라고 하나님께 세 번 간구했다(헬, 파라칼레오, '간청하다')는 것을 우리는 주목할 필요가 있다. 하나님께서는 여기에 대하여 긍정적 답변을 주지 않으신다. 심지어 바울에게조차도 그렇게 하신다. 이는 우리가 기도하면 다 들어주신다는 식으로 기도를 지나치게 단순화하여 인식하는 것이 옳지 않음을 보여준다. 하나님의 응

101. Thrall, *Second Corinthians*, 809-17.
102. Harris, *Second Corinthians*, 860-61.
103. Hughes, *Second Corinthians*, 448.

답은 다른 방식으로 주어졌다. "내 은혜가 네게 족하도다 이는 내 능력이 약한 데서 온전하여짐이라"라는 것이 그분의 응답이다. 이것이 핵심 중의 핵심이다. 진정 하나님의 능력이 **약함 속에서**(헬, 엔 아스떼네이아) 완전하게 되는 것이라면, 바울이 그의 약함을 자랑하는 것은 결코 놀라운 일이 아니다! 이에 대하여 바네트는 이렇게 해설한다. "모든 시대에 변치 않는 궁극적 계시가 여기에 있다. 바울은 더 이상 '가시'의 제거를 위해 기도하지 않는다. 그것은 이제 과거의 일이 되어버렸다 …… 하나님의 은혜는 기독교적 삶의 시작 단계에서만 필요한 것이 아니라, 시작에도, 중간에도, 그리고 끝에서도 필요하다."[104]

바네트는 이런 말을 덧붙인다. "바울은 '가시'의 고통을 통해 우리가 이 땅에서 영원한 영광을 얻지 않는다는 것을 배워야 했다. 이는 영광스럽고 능력이 가득한 것으로 보이는 극적인 종교적 경험이 있다고 해도 마찬가지다. 때로는 우리를 의기양양하게 만드는 '능력'이 우리에게 있는 것처럼 보이기도 한다. 그러나 이것은 육체의 능력일 뿐, 그리스도의 능력이 아니다."[105] 바네트는 이렇게 결론을 짓고 있다. "우리가 강조해야 할 것은 바울이 여기서 말하는 것이 단순히 하나의 '경건한 생각'에 그치는 것이 아니라는 사실이다. 그것은 복음의 심장이며, 이 서신 전체의 핵심이다."[106]

은혜는 우리의 약함에 대한 인식 속에서만 바르게 이해될 수 있다. 하나님의 은혜와 능력은 인간의 약함과 맞물려 있다. 앞에서 바울이 언급했던 것처럼 복음의 보배는 깨어지기 쉬운 질그릇에 담겨 세상에 전하여진다(4:7). 이는 "이 특별한 능력이 우리에게서가 아니라 하나님으로부터 나온다는 것을 분명

---

104. Barnett, *The Message of 2 Corinthians*, 178.
105. Barnett, *The Message of 2 Corinthians*, 178.
106. Barnett, *The Message of 2 Corinthians*, 179.

히 하기 위함"이다.[107]

  "바보의 자랑"을 통해 바울이 제시하고자 하는 결론은 이것이다. "그러므로 내가 그리스도를 위하여 약한 것들과 능욕과 궁핍과 박해와 곤고를 기뻐하노니 이는 내가 약한 그 때에 강함이라"(10절) 여기서 바울은 그에게 다가오는 그토록 힘들고 괴로운 경험들이 왜 그에게 그토록 큰 기쁨을 주며 자랑의 이유가 되는지를 보여준다. 호메로스Homeros의 작품 속 오디세우스는 자기의 꾀를 자랑하고 아킬레스는 자기의 힘을 자랑한다. 그러나 바울은 자기의 약함을 자랑하고 있다. 뿐만 아니라 그는 "능욕"(헬, 엔 휘브레신) 곧 모욕이나 치욕들을 당하면서도 기뻐하고 있으며, "궁핍"(헬, 엔 아낭카이스) 곧 재난이나 위기의 순간들, "박해"(헬, 디오그모이스, 단커는 이를 "누군가를 괴롭히거나 압제하기 위해 고안된 계획이나 과정"으로 정의한다)와 "곤고"(스테노코리아이스) 곧 압박이 심한 상황들을 당해서도 기쁨을 잃지 않는다.[108]

  오늘날 우리가 몸담고 있는 정규적인 사역의 현장에서도 우리의 사역이 질병이나 그 밖의 원치 않는 상황들로 때로 위기를 맞는 순간들이 있다. 그럴 때마다 우리는 쉽게 원망이나 불평에 빠지고는 한다. 하지만 바울은 그런 상황들을 자랑하고 있다. 우리는 여기에 제시된 바울의 목록을 로마서 8:35과 비교해 볼 수 있을 것이다. 그 어떤 위기나 괴로움의 상황도 우리를 하나님의 사랑에서 끊어 놓을 수 없다. 바울은 이 모든 괴로움들을 "그리스도를 위하여"(헬, 휘페르 크리스투) 달게 받아들인다. 헬라어 전치사 휘페르는 소유격으로 쓰인 경우 누군가의 이익을 가리키는 의미를 나타낸다. 바울의 고난은 모두가 그리스도의 유익과 기회를 위한 것이다. 바울이 여기서 그리스도를 언급하는 것은 그의 고난의 목록이 자기중심의, 자기에게 도움이 되는 목록이 되지 않게 하는

---

107. Guthrie, *2 Corinthians*, 593.
108. BDAG, 253; 또한 Guthrie, *2 Corinthians*, 596.

것으로서 중요하다. 바울이 그의 약함을 자랑하는 것은 그리스도의 사도로서 행하는 일이다. 퍼니쉬가 잘 지적하는 것처럼, "바울은 그리스도의 능력의 사도적 대행자로서 **그리스도 때문에** 이 일을 하고 있다."[109]

11-13절은 바울의 "바보의 자랑"의 후기에 해당한다. 그가 "바보"의 역할을 취한 것은 그의 대적들이 시켜서 한 일이다. 바울은 거짓 사도들이 스스로를 높이기 위해 내세우는 것들에 대하여 자신에게 부족한 것이 조금도 없다고 밝힌다. 이에 대하여 바네트는 이렇게 해설한다. "바울은 역설의 방식을 통해 이 대적들이 사용하는 우월/열등 언어를 그들에게 반사시키고 있다. 그는 이 '지극히 크다'는 사도들보다 조금도 열등하지 않다는 것이다."[110]

바울이 자신의 환상 경험에 대해 말하기를 주저하는 점을 고려할 때, 그가 "사도의 표" 속에 "표적과 기사와 능력"을 포함시키는 것은 다소 의아한 일로 보일 수 있다. 그러나 이런 표적들은 사도행전을 보면 오순절 이후 사도들을 통한 하나님 역사가 진실한 것임을 표시하는 것들로 등장하는 것을 볼 수 있다. 해리스는 "표적과 기사와 능력"의 세 항목이 자주 함께 묶여서 나타난다고 지적하면서, "표적"은 승인을 부여하고, "기사"는 놀라움을 일으키며, "능력원문에서는 기적(miracle)—역주"은 하나님의 능력을 과시한다고 설명한다. 바울은 자신이 말한 것에서 조금이라도 물러나지 않는다. 그가 행한 놀라운 일들도 그의 겸손한 사도적 섬김에 비해 더 뛰어난 것은 아니다. 그는 "참음"(헬, 휘포모네) 가운데서 자신의 모든 사도적 직무를 수행하였다. 바울은 다시 한 번 자신이 "아무것도 아니"라고 밝힌다. 그리고 고린도 교회에 대하여 자신의 사도로서의 사역과 관련하여 아무런 경제적 "폐"를 끼치지 아니하였음을 밝힌다.[111]

---

109. Furnish, *II Corinthians*, 351, 강조는 원문 그대로의 것이다.
110. Barnett, *Second Corinthians*, 578.
111. Harris, *Second Corinthians*, 875.

묵상을 위한 질문

① 바울은 그가 경험한 "환상"에 대해서는 비교적 무관심한 듯 보입니다. 때로 우리는 그런 경험을 앞세우는 그리스도인들(과거의 인물이든 현재의 인물이든)을 너무 높게 평가하고 있지는 않습니까?

② 우리는 바울과 달리 우리에게 다가오는 가시들(육체적 질병이든, 정규적인 사역에 끼어드는 방해 요소든, 아니면 심리적 문제든)을 하나님의 일을 성가시게 방해하는 것으로 보지는 않습니까? 혹은 이것들을 우리가 더 배우고 자라도록 하기 위해 하나님께서 보내신 기회로 보고 있습니까? 우리를 부끄럽게 만드는 그런 일들이 어떻게 우리에게 유익이 될 수 있을까요?

③ 우리는 하나님께서 우리의 기도에 항상 좋은 응답만 주시기를 기대하고 있지 않습니까? 바울의 반복적인 간구에도 불구하고 부정적인 응답을 주신 하나님의 방식에서 우리가 배우는 것은 무엇입니까?

④ 우리가 가장 자주 자랑하는 것은 무엇입니까? 우리는 자신의 "약함"을 자랑의 대상으로 삼고 있습니까? 그렇게 할 수 있는 이유는 무엇입니까?

7. 세 번째 고린도 방문의 준비와 마지막 인사(12:14-13:4)

14 보라 내가 이제 세 번째 너희에게 가기를 준비하였으나 너희에게 폐를 끼치지 아니하리라 내가 구하는 것은 너희의 재물이 아니요 오직 너희니라 어린 아이가 부모를 위하여 재물을 저축하는 것이 아니요 부모가 어린 아이를 위하여 하느니라 15 내가 너희 영혼을 위하여 크게 기뻐하므로 재물을 사용하고 또 내

자신까지도 내어 주리니 너희를 더욱 사랑할수록 나는 사랑을 덜 받겠느냐 16 하여간 어떤 이의 말이 내가 너희에게 짐을 지우지는 아니하였을지라도 교활한 자가 되어 너희를 속임수로 취하였다 하니 17 내가 너희에게 보낸 자 중에 누구로 너희의 이득을 취하더냐 18 내가 디도를 권하고 함께 한 형제를 보내었으니 디도가 너희의 이득을 취하더냐 우리가 동일한 성령으로 행하지 아니하더냐 동일한 보조로 하지 아니하더냐 19 너희는 이 때까지 우리가 자기 변명을 하는 줄로 생각하는구나 우리는 그리스도 안에서 하나님 앞에 말하노라 사랑하는 자들아 이 모든 것은 너희의 덕을 세우기 위함이니라 20 내가 갈 때에 너희를 내가 원하는 것과 같이 보지 못하고 또 내가 너희에게 너희가 원하지 않는 것과 같이 보일까 두려워하며 또 다툼과 시기와 분냄과 당 짓는 것과 비방과 수군거림과 거만함과 혼란이 있을까 두려워하고 21 또 내가 다시 갈 때에 내 하나님이 나를 너희 앞에서 낮추실까 두려워하고 또 내가 전에 죄를 지은 여러 사람의 그 행한 바 더러움과 음란함과 호색함을 회개하지 아니함 때문에 슬퍼할까 두려워하노라

13:1 내가 이제 세 번째 너희에게 가리니 두세 증인의 입으로 말마다 확정하리라 2 내가 이미 말하였거니와 지금 떠나 있으나 두 번째 대면하였을 때와 같이 전에 죄 지은 자들과 그 남은 모든 사람에게 미리 말하노니 내가 다시 가면 용서하지 아니하리라 3 이는 그리스도께서 내 안에서 말씀하시는 증거를 너희가 구함이니 그는 너희에게 대하여 약하지 않고 도리어 너희 안에서 강하시니라 4 그리스도께서 약하심으로 십자가에 못 박히셨으나 하나님의 능력으로 살아 계시니 우리도 그 안에서 약하나 너희에게 대하여 하나님의 능력으로 그와 함께 살리라

바울은 AD 50년에 처음으로 고린도를 방문하여 고린도 교회를 설립하고 18개월 동안 그곳에 머물렀다. 그의 두 번째 "고통스러운" 방문은 54년 봄의

일로 보이는데, 여기에 대해서는 고린도후서 2:1-2에 그 기록이 남아 있다. 54
년에서 55년 사이에 기록된 이 서신 속에서 바울은 세 번째 고린도 방문 계획
을 밝히고 있다(12:14-15, 3:1). 이 세 번째 대면 방문에서 그는 아직 처리되지
않은 문제들을 바로잡을 수 있을 것으로 기대하고 있다. 계속 문제를 일으키고
있는 사람들에게 책임을 묻게 될 것이다. 바울은 그의 첫 번째 방문 후에 고린
도의 회심자들을 그의 영적 자녀들이라 부른다(고전4:14-15). 우리는 아버지와
자녀로 표현하는 방식이 카스텔리가 말하는 것과 같은 권위주의나 통제의 동
기와는 상관이 없다는 것을 이전 주석들에서 이야기한 바 있다. 오히려 이 언
어는 가족적 돌봄과 사랑을 나타내는 표현이다. 바울은 이를 고린도후서 6:13
과 12장에서 단언하고 있다.

바울은 다시 한 번 돈에 대해 이야기하지 않을 수 없는 상황을 만난다. 그
는 자기 사역의 대가를 받기를 일관되게 거부한다. 그는 고린도 교회의 후원자
가 아니라 영적 아버지다. 그는 "자기 동역자들을 통해 뒷문으로" 돈을 챙기는
사람이 아니라는 것을 또한 밝히고 있다.[112] "너희에게 폐를 끼치지 아니하리
라"(14절)라는 바울의 선언은 부모와 자녀의 관계에 대한 언급과 연결되어 있
다. 자녀들이 부모를 위해 돈을 마련하는 것이 아니라, 부모가 자녀들을 위해
그렇게 한다. 이런 원리는 그리스-로마 세계에 널리 퍼져 있던 자명한 이치an
axiom 중의 하나이다(예를 들어 세네카).

바울은 14절을 "보라"(헬, 이두)라는 말로 시작한다. 거스리는 이를 "주목하
라!"로 번역하며, NRSV는 "내가 여기 있다"로 번역하기도 한다.[113] 15절에서 바
울은 아버지의 사랑의 관점을 더 확대시킨다. 개인적 감정이 깊게 배어 있는
어조로 그는 "너희를 더욱 사랑할수록 나는 사랑을 덜 받겠느냐"라고 묻는다.

---

112. Barnett, *Second Corinthians*, 583.
113. Guthrie, *2 Corinthians*, 609.

그는 그들을 위해 "재물을 쓰고 그 자신이 온전히 소진될" 준비가 되어 있다(15절).

16-18절에서 바울은 대적들의 수치스러운 비방에 대해 답하고 있다. 그들은 바울이 디도와 같은 동역자들을 통해 교묘하게 뒤로 돈을 챙기려 한다고 비방한다. 이런 비방은 '높음'을 자처하는 사도들이 얼마나 저급한 처신을 하는지를 잘 보여준다. 바울은 에스토estō라는 헬라어 표현을 통해 '그렇게 두십시오' 또는 '그렇게 추정되게 두십시오'(NRSV)라는 정도의 뜻을 전달하고 있다개역개정의 "하여간 어떤 이의 말이"(16절)는 원문에 나오는 표현은 아니고, 헬라어 에스토를 의역한 것이다—역주.

"교활한 자"와 "속임수"에 해당하는 헬라어 파누르고스panourgos와 돌로dolō는 두 단어가 서로를 더 심화하는 방식으로 작용하여 바울이 조작적이고 교묘한 꾀나 사기 또는 속임수를 사용했다는 의혹을 증폭시키고 있다. 바울은 이에 대하여 "내가 너희에게 보낸 자 중에 누구로 너희의 이득을 취하더냐"라고 묻는다(17절). 바울은 자신이 디도에게 고린도 교회를 방문하라고 권하였다고 다시 밝힌다. 그러면서 그와 디도는 "동일한 성령으로" 행하노라고 말한다. 거스리를 포함하여 일부는 이곳의 프뉴마티pneumati를 '성령'으로 읽지만, 퍼니쉬를 포함하여 더 많은 사람들은 이를 인간론적 차원의 영, 곧 7:13에서와 같이 '마음'과 거의 같은 뜻으로 읽고 있다.[114]

12:19은 질문으로 읽을 수도 있고(NRSV, '자기변명을 한다고 생각합니까?') 서술문으로 읽을 수도 있다('자기변명을 하는 줄로 생각합니다'). NRSV에서 "여태all along"로 번역된 헬라어 팔라이palai는 흔히 '오랫동안for a long time'의 뜻으로 통용되는 단어이다. 고린도 교인들은 바울의 동기가 자신을 공적으로

---

114. Guthrie, *2 Corinthians*, 616; Furnish, *II Corinthians*, 560.

변호하려는 것이라고, 그래서 거의 자기 추천에 가까운 일을 하고 있다고 생각했던 것 같다. 그러나 바울의 관심은 하나님 앞에서의 책임과 정직함이다. 그는 "하나님 앞에" 서서 말한다.

고린도전서에서처럼, 바울은 자신이 행하는 모든 일이 "당신들을 세우기 위함"(헬, 휘페르 테스 휘몬 오이코도메스)이라고 밝힌다.[115] 바울이 하는 일은 그무엇이든 다 고린도 교인들이 그에게 귀하기 때문에 행한다. 하지만 20절에서 그는 세 번째 방문 때에 고린도 교인들을 "내가 원하는 것과 같이 보지 못"하게 되지 않을까 우려를 표한다. 바울과 고린도 교인들이 서로에 대하여 실망하는 일이 일어날 수 있으며(20상반절), 그 관계가 험악한 것이 될 수도 있다(20하반절). 교회 안에서 뻔뻔한 악행들이 계속될 때 바울은 그로 인해 다시금 수치스러움을 느낄 수도 있다(21절).

바울은 1:23-2:1에서 고린도 교인들을 "아끼려" 하였다고 말한 바 있다. 감정적인 소란을 일으키기를 원치 않는 것이다. 그는 또한 고린도 교회를 향하여 "눈물로" 편지를 쓰기도 하였다. 비록 디도의 방문에 고린도 교인들이 호의적인 반응을 보이기는 했지만, 바울과 그들의 관계가 순탄한 것만은 아니다. 20절에서 단순과거 가정법으로 쓰인 헬라어 휴로heurō는 '내가 발견할지I may find'와 같이 다소 불확실함을 표현한다개역개정에서는 "보지 못하고 …… 보일까"형태로 쓰였다—역주. 바울은 그들 속에서 "다툼과 시기와 분냄과 당 짓는 것NRSV에서는 "이기심(selfishness)"—역주과 비방과 수군거림과 거만함과 혼란"이 제거되기를 요청하고 있다. 이런 문제들은 그가 AD 54년에 고린도전서를 쓸 때 그 속에서 다루었던 문제들이다.[116] 이런 문제들이 고린도 교회 안에서 아직도 지속되고 있다면 이는 바울을 심히 부끄럽게 만드는 일일 수밖에 없다. 그의 사역이 헛

115. Mitchell, *Paul and the Rhetoric of Reconciliation*.
116. Thiselton, *1 Corinthians*, 1-28, 또한 Thiselton, *First Epistle*, 1-41.

것이 되고 마는 셈이기 때문이다.

바울은 또한 교회 안에서 더 큰 갈등이 일어날까 우려하고 있다. 그가 바라는 것은 죄지은 자들이 진심으로 슬퍼하고 회개하는 일이다. 특히 "음란함과 호색함"(21절)에 대해서는 더욱 그러해야 한다. 이런 표현은 고린도전서 5:1-8의 문제를 상기시킨다.[117] 바울은 이런 문제들에 대한 그의 관심을 13:1-4에서도 계속 이어간다. 휴즈는 죄지은 자들을 교회에서 쫓아내는 일도 고려되고 있다고 제시한다.[118]

13:1-10에서 바울은 그의 세 번째 방문이 엄한 질책을 위한 방문이 될 수도 있다고 밝힌다. AD 50년의 첫 방문과 AD 54년의 "고통스러운" 두 번째 방문에 이어 이 세 번째 방문에서는 특히 예루살렘을 위한 헌금을 종결짓고자 하는 목적이 크게 작용한다. 바울은 이 방문 시에 고린도 교회 안의 문제들을 깨끗이 정리하고 싶어 한다. 그는 신명기 19:15(LXX)의 말씀을 바탕으로 "두세 증인의 입으로 말마다 확증하리라"라고 밝힌다. 이스라엘의 법정에서는 죄의 확정을 위해 최소한 두 명의 증인이 있어야 한다는 것이 율법의 규례이다. "두세"라는 말은 최소한 두 명이 필요하다는 것을 함의한다. "확증하리라"로 번역한 동사 히스테미histēmi의 미래 수동태형은 '세워질 것이다', '성립될 것이다' 또는 심지어 '입증될 것이다'라는 의미가 있다.[119] 그렇다면 이 두 증인은 누구를 가리키는 것일까? 주석가들에 따라 하나님, 디모데, 디도, 교회 내 인물 등이 거론된다. 해리스와 거스리는 바울의 두 번의 경고가 하는 이중의 증언을 가리키는 것으로 보고 있다.[120] 휴즈는 이것이 바울의 두 번의 고린도 방문을

---

117. Thiselton, *First Epistle*, 384-408.

118. Hughes, *Second Epistle*, 472-73.

119. Danker, BDAG, 482.

120. Harris, *Second Corinthians*, 908; Guthrie, *2 Corinthians*, 631.

암시한다고 보는 크리소스토무스와 칼뱅의 견해를 지지하고 있다.[121]

13:2-3에서 바울은 그의 세 번째 방문 시에는 이전처럼 경고에 그치는 일은 없을 것이라고 밝힌다. 이번에는 회개하지 않고 버티는 자들을 용서하지 않을 것이다. 바울은 "자기들의 이전의 죄를 계속해 나가는 자들"을 향하여 단호한 자세를 취할 것이다.[122] 바울의 대적들은 그리스도께서 바울을 통해 말씀하신다는 증거를 요구한다. 십자가에 달린 그리스도가 "약하게" 보일지라도, 그분을 통해 하나님의 능력이 증명된다. 휴즈는 "임명된 사역자를 거역하는 일은 그 사람을 임명한 더 큰 능력을 거역하는 일"이라고 말한다.[123] 고린도전서 1-4장에서 보는 것처럼 약함과 능력은 하나님의 구원 역사의 두 축이다.

묵상을 위한 질문

① 하나님의 아버지다우심은 권위주의의 시각에서 이해되어서는 안 되고 깊은 애정과 사랑의 관점에서 이해될 필요가 있습니다. 우리는 때로 불행한 권위주의적 사례들로 손해를 당하지는 않습니까? 우리는 목회 지도자들에게 보살핌을 받을 준비가 되어 있습니까?

② 우리는 기독교 사역자의 "급여" 문제를 불편하게 생각하고 있지는 않습니까? 우리는 이런 문제를 하나님의 관대한 은혜의 관점에서 바라보고 있습니까?

③ 우리는 때로 동료 그리스도인의 행위를 숨은 꼼수가 있는 조작적 행위라고 너무 쉽게 단정하고 비난하지는 않습니까? 그들의 행위 뒤에 담긴 수고와 압박과 헌신을 먼저 이해하려는 자세를 가지고 있습니까?

121. Hughes, *Second Corinthians*, 474.
122. Furnish, *II Corinthians*, 570.
123. Hughes, *Second Corinthians*, 477.

④ 그리스도인들이 이전의 악행에 대하여 용서를 받았을 때, 그들이 행한 행위의 결과들에 대하여 책임을 져야 하는 일이 여전히 남아 있을 때가 있다고 보아야 할까요?

⑤ 우리는 누군가의 죄를 정하고자 할 때 최소한 두세 증인의 증언을 듣고자 하는 자세를 취하고 있습니까? 아니면 우리는 너무 성급하게 풍문에 귀를 내어주고 있지 않습니까?

8. 믿음의 확증, 서신의 목적, 마지막 인사와 축도(13:5-13)

5 너희는 믿음 안에 있는가 너희 자신을 시험하고 너희 자신을 확증하라 예수 그리스도께서 너희 안에 계신 줄을 너희가 스스로 알지 못하느냐 그렇지 않으면 너희는 버림 받은 자니라 6 우리가 버림 받은 자 되지 아니한 것을 너희가 알기를 내가 바라고 7 우리가 하나님께서 너희로 악을 조금도 행하지 않게 하시기를 구하노니 이는 우리가 옳은 자임을 나타내고자 함이 아니라 오직 우리는 버림 받은 자 같을지라도 너희는 선을 행하게 하고자 함이라 8 우리는 진리를 거슬러 아무 것도 할 수 없고 오직 진리를 위할 뿐이니 9 우리가 약할 때에 너희가 강한 것을 기뻐하고 또 이것을 위하여 구하니 곧 너희가 온전하게 되는 것이라 10 그러므로 내가 떠나 있을 때에 이렇게 쓰는 것은 대면할 때에 주께서 너희를 넘어뜨리려 하지 않고 세우려 하여 내게 주신 그 권한을 따라 엄하지 않게 하려 함이라 11 마지막으로 말하노니 형제들아 기뻐하라 온전하게 되며 위로를 받으며 마음을 같이하며 평안할지어다 또 사랑과 평강의 하나님이 너희와 함께 계시리라 거룩하게 입맞춤으로 서로 문안하라 12 모든 성도가 너희에게 문안하느니라 13 주 예수 그리스도의 은혜와 하나님의 사랑과 성령의 교통하심이 너희 무리와 함께 있을지어다

바울이 이 단락에서 다루는 문제와 관련하여 거스리는 이렇게 이야기한다. "고린도 교회의 일부 사람들은 바울의 사역과 메시지가 권위 있는 원천으로부터 나온다는 증거를 요구하였다. 이에 대해 사도는 우리가 본 것처럼 그들 가운데 있는 부활 능력의 현시를 그 증거로 지목하고 있다. 이제 바울은 질문의 방향을 고린도 교인들에게로 돌려 그들이 스스로를 검증해야 할 차례가 되었다고 이야기한다."[124] 먼저 5-6절에서 바울은 "너희는 믿음 안에 있는가 너희 자신을 시험하고 너희 자신을 확증하라"라고 요구한다. 만일 그들이 진정으로 그리스도인이라면, 그리스도께서 그들의 삶 속에 살아계신다는 사실이 분명하게 입증되어야 한다. 바울은 "우리가 버림 받은 자NRSV는 "실패자(failed)"-역주 되지 아니한 것"이 인정받기를 소망하고 있다(6절). 고린도 교인들의 경우도 그들의 진정성이 입증되려면 그들은 진정으로 "그리스도 안에" 거하여야만 한다. 바울은 이런 상황을 기회로 삼아 "약하심으로 십자가에 못 박히셨으나" 살아 계시고 그들 가운데서 능력이 있으신 그리스도를 가르치고 있다.[125] 고린도 교인들은 그리스도께서 고난 당하시고 죽으셨다는 사실을 잊어서는 안 된다. 6절의 표현은 "비관적 성격을 띠기보다는 역설의 성격을 띤다."[126] 과연 고린도인들이 그리스도 안에 있는지 스스로를 입증할 수 있을 것인가? 그렇다면 그들은 바울을 인정하게 될 것이다.

두 번째로 7절에서 바울은 그들이 악을 조금도 행하지 않고 오히려 선을 행하는 자들이 되도록 기도하노라고 밝힌다. 7절과 8절에서부터는 바울이 보다 적극적이고 낙관적인 태도를 취한다. 8절에서 그는 자신이 진리를 거슬러서는 아무것도 하지 못하고 오직 진리를 위하여 사는 사람이라고 밝힌다. 크리소스

---

124. Guthrie, *2 Corinthians*, 637.
125. Barnett, *Second Corinthians*, 604.
126. Barnett, *Second Corinthians*, 609.

토무스는 여기서 말하는 "진리"가 "고린도 상황과 관련된 사실들"을 가리키는 것으로 보지만, 대부분의 사람들은 이를 "복음의 진리"로 이해하고 있다.[127] 이어지는 절에서 바울은 "너희가 온전하게 되는 것"을 위하여 기도한다고 밝힌다. 이는 그들이 '고쳐지는 것' 또는 '다시 온전히 제자리를 찾는 것' 또는 '바르게 되는 것'을 의미한다. 바울은 '고치다'를 의미하는 헬라어 동사 카타르티조katartizō 대신 신약에서 오직 여기에서만 등장하는 명사형 카타르티시스katartisis를 사용하고 있다.[128] 여기서 이 말이 의미하는 바는 '그들이 합당한 기독교적 삶으로 회복되는 것'이다.

10절에서 바울은 자신이 편지를 쓰는 목적이 고린도 교회의 영적, 도덕적 회복을 위함이라고 다시 한 번 강조한다. 비록 그가 떠나 있는 형편 가운데서 편지로 그들과 소통하지만, 그는 그곳에 있는 것이나 다를 바 없다. 그는 교회를 허물지 않고 세우기 위하여 주님께서 그에게 주신 "권한"(헬, 엑수시아)을 가지고 있다. 바울은 이 권한을 엄하게 사용하지 않기를 바라고 있다.

세 번째로 11-13절에서 바울은 마지막 인사로 전환한다. "기뻐하라"로 번역된 헬라어 카이레테chairete는 "안녕히 계십시오."(NRSV, "farewell"), "잘 가세요."(NEB, NIV, KJV, Phillips, "good-bye") 등으로 번역되는데, 일부 번역은 그 원래 의미를 따라 "기뻐하라"로 번역하기도 한다(NJB, Furnish). 바울은 다시 한 번 그들에게 "온전하게 되라"는 당부를 주고 있다. 여기서는 동사 카타르티제스떼katartizesthe를 사용하는데, 이 단어는 '질서가 잡히다'나 '고쳐지다', 또는 '옳게 되다'라는 의미가 있다. 바울은 '권면하다'(헬, 파라칼레오)라는 동사를 사용하여 고린도 교인들이 "마음을 같이하며 평안"하기를 요청하고 있다. 이는 그가 고린도전서 1:10에서 권면했던 것과 동일한 권면이며, 이 두 구절 사이

---

127. Thrall, *Second Corinthians*, 896-97.
128. Thrall, *Second Corinthians*, 898-99; Guthrie, *2 Corinthians*, 644-45.

의 어구의 유사성도 매우 크다. "마음을 같이 하라"(헬, 토 아우토 프로네이테)라는 표현도 동일 어구에 해당되는데, 이는 그들이 한편에 같이 서거나 마음이 하나가 되는 것을 나타내는 표현이다. 그들은 베드로나 아볼로나 바울의 이름으로 편을 갈라서는 안 된다(이 이름들은 실제 이름일 수도 있고, 아니면 홀이 주장하는 것처럼 익명성을 위한 가설에서 사용하는 이름일 수도 있다). 바울은 "사랑과 평강의 하나님"께서 그들과 함께해 주시기를 기원한다.

바울은 11절 끝에서 "거룩하게 입맞춤으로 서로 문안하라"라는 말을 덧붙이고 있다. 트롤은 고대 세계에서 입맞춤은 "만날 때와 헤어질 때의 인사"로 사용되었다고 말한다. 다만 그리스도인들에게는 이것이 "거룩한 입맞춤"이어야 한다는 것이 특이한 점이다.[129] 그리스도인들에게 이런 입맞춤은 가족적 유대(그리스도 안에서의 형제자매다움)와 존중의 표시였다. 이는 성령의(곧 성령으로부터의) 교제를 외적으로 나타내는 표시의 기능을 한다.

마지막으로 13절에서 바울은 기독교 예배에서 너무나 익숙하게 사용되는 삼위일체식 축도로 이 서신을 마감한다. 그는 "은혜"(헬, 카리스)가 그리스도로부터, "사랑"(헬, 아가페)이 하나님으로부터, 그리고 "교통하심"(헬, 코이노니아) 혹은 공동체 유대와 공동체 의식이 성령으로부터 흘러나오기를 기원하고 있다. 거스리는 이렇게 말한다. "바울은 이 서신을 아름답고 균형 잡힌 삼중 형태의 축복으로 마무리하고 있다. 이는 신약에서 삼위일체의 조합을 가장 확고하게 명시한 표현으로 칭송받고 있다."[130] 라이오널 손턴Lionel S. Thornton은 "교통하심"으로 번역된 헬라어 코이노니아가 단순히 "동반자 관계"를 의미하는 것일 수는 없고, 오히려 기독교 공동체를 묶는 강한 유대를 가리키는데, 이는

---

129. Thrall, *Second Corinthians*, 912.
130. Guthrie, *2 Corinthians*, 652.

오직 성령만이 주실 수 있고 또 이루실 수 있는 관계라고 잘 해설한다.[131]

묵상을 위한 질문

① 그리스도인으로서 우리는 내가 어디에 서 있는지를 늘 점검해보아야 합니다. 우리는 사순절이나 신년예배와 같은 특별한 순간에만 자신을 점검하고 있지 않습니까? 우리의 자아 점검은 자주 이루어지고 있습니까? 아니면 우리는 얄팍한 자기 관조의 유혹이나 하나님께 대한 신뢰가 부족한 상태에 쉽게 빠져들고 있지 않습니까?

② 우리의 교회나 공동체 속에는 "온전하게 되어야 할 것", 다시 말해서 수리가 되어 고쳐지거나 바르게 되어야 할 그런 일들이 없습니까?

③ 우리는 그 동기가 무엇이든 간에 교회 안에서 전력 분투 모임sprinter-group을 권장하고 있습니까, 아니면 단념시키고 있습니까?

④ 우리의 예배나 친교에서 동료 그리스도인들을 애정과 존중으로 맞이하고 대하기 위해 어떤 특별한 방식을 취하고 있습니까?

⑤ 우리가 축도에서 은혜의 기원을 들을 때, 이것을 너무 습관적인 것으로 듣고 지나치는 일이 없습니까?

⑥ 우리는 성령님과의 교제의 친밀함을 위해 기도할 뿐만 아니라, 또한 성령님께서 우리 공동체 전체의 친교를 주도적으로 이루어주시고 그 유대를 강하게 해주시기를 위해 기도하고 있습니까?

---

131. Thornton, *The Common Life in the Body of Christ*, 66-9.

참고 문헌

Ashwin, Angela. *The Book of a Thousand Prayers*. Grand Rapids: Zondervan, 1996. Austin, John L. *How to Do Things with Words*. Oxford: Oxford University Press, 1962.

Barnett, Paul. *The Message of 2 Corinthians*. Leicester, UK: IVP, 1988.

_____. *The Second Epistle to the Corinthians*. New International Commentary. Grand Rapids: Eerdmans, 1997.

Barrett, C. K. *The Second Epistle to the Corinthians*. London: Black, 1973.

Barth, Karl. *The Resurrection of the Dead*. ET. London: Hodder, 1933.

Beale, G. K. "The Old Testament Background of Reconciliation in 2 Corinthians 5-7 and Its Bearing on the Literary Problem of 2 Corinthians 6:14-71." *New Testament Studies* 35 (1989) 550-81.

Beasley-Murray, George. "Introduction" In *The Second Epistle to the Corinthians*. The Interpreter's *Bible*, vol. 10. Nashville: Abingdon, 1953.

Best, Ernest. "Apostolic Authority?" *Journal for the Study of the New Testament* 27 (1986) 2-25.

Betz, Hans Dieter, and G. W. MacRae. *2 Corinthians 8 and 9: A Commentary on Two Administrative Letter of the Apostle Paul*. Philadelphia: Fortress, 1985.

Bjerkelund, C. J. *Parakalö: Form, Funktion und Sinn der Parakalö-Sätze in der paulinischen Briefen*. Oslo: Universitetsforlaget, 1967.

Bray, Gerald, ed. *1-2 Corinthians*. Ancient Christian Commentary on Scripture. Downers Grove, IL: IVP, 1999.

Brightman, Edgar. *A Philosophy of Religion*. London: Skeffington, n.d.

Brown, Francis, S. R. Driver, and Charles A. Briggs. *Hebrew and English Lexicon*. Lafayette, SIN: Associated Publishers, 1980.

Bruce, F. F. *The Pauline Circle*. Exeter, UK: Paternoster, 1985.

Brümmer, Vincent. *A Personal God*. Cambridge: Cambridge University Press, 1992.

_____. *What Are We Doing When We Pray?* Farnham, UK: Ashgate, 2008.

Bultmann, Rudolf. *Theology of the New Testament*, vol.1. ET. London: SCM, 1952.

Castelli, E. A. *Imitating Paul: A Discussion of Power*. Louisville: Westminster/John Knox, 1991.

Cerfaux, L. *The Church in the Theology of St Paul*. Freiburg: Herder, 1959.

Chrysostom, John. "Homilies in the Second Epistle to the Corinthians." In *Nicene and Post-Nicene Fathers*, First Series, vol. 12. Translated by Talbot Chambers; edited by Philip Schaff. Buffalo,

NY: CLC, 1889.

Clarke, Andrew D. *Secular and Christian Leadership in Corinth: A Socio-Historical da Exegetical Study of 1 Corinthians 1-6*. Leiden: Brill, 1993.

Collins, J. N. *Diakonia: Reinterpreting the Ancient Sources*. New York: Oxford University Press, 1990.

Collins, R. F. "Reflections on One Corinthians as a Hellenistic letter." In *The Corinthian Correspondence*, edited by R. Bieringer, 39-61. Leuven: Leuven University Press, 1996.

Crafton, Jeffrey A. *The Agency of the Apostle: A Dramatistic Analysis of Paul's Responses to Conflict in 2 Corinthians*. JSNTSup 51. Sheffield, UK: Sheffield Academic Press, 1991.

Cullmann, Oscar. *Christ and Time: The Primitive Christian Conception of Time and History*. London: SCM, 1951.

_____. *The Earliest Christian Confessions*. ET. London: Lutterworth, 1949.

Danker, F. W. "Paul's Debt to the De Corona of Demosthenes: A Study of Rhetorical Techniques in Second Corinthians." In *Persuasive Artistry*, edited by D. F. Watson, 262-80. Sheffield, UK: JSOT Press, 1991.

_____. *A Greek-English Lexicon of the New Testament and Other Early Christian Literature*. BADG, 3rd ed. Chicago: University of Chicago Press, 2000.

Davies, W. D. *Paul and Rabbinic Judaism*. London: SPCK, 1958.

Deissmann, Adolf. *Light from the Ancient East*. ET. London: Hodder, 1911.

Denney, James. *The Death of Christ: Its Place and Interpretation in the New Testament*. London: Hodder, 1922.

_____. *The Second Epistle to the Corinthians*. London: Hodder & Stoughton, 1894.

Dodd, C. H. "The Mind of Paul" In *New Testament Studies*, 67-128. Manchester: Manchester University Press, 1953.

Dumbrell, W. J. "The Newness of the New Covenant: The Logic of the Argument in 2 Corinthians 3." *Reformed Theological Review* 63 (2002) 61-84.

Dunn, James D. G. *The Theology of Paul the Apostle*. Edinburgh: T. & T. Clark, 1998.

Eckstein, H-J. *Der Begriff Syneidēsis bei Paulus*. Tübingen: Mohr, 1983.

Ellis, E. Earle. "II Corinthians V:1-10 in Pauline Eschatology." *New Testament Studies* 6 (1960) 211-24.

_____. "Paul and His Co-Workers." In *Prophecy and Hermeneutic in Early Christianity*, 3-22. Grand Rapids: Eerdmans, 1978.

Engels, Donald. *Roman Corinth: An Alternative Model for the Classical City*. Chicago: University of Chicago Press, 1990.

Evans, Donald D. *The Logic of Self-Involvement*. London: SCM, 1963.

Fitzgerald, J. T. *Cracks in an Earthen Vessel: An Examination of Catalogues of Hardships in the*

    Corinthian Correspondence. SBLDS, 99. Atalanta: Scholars, 1988.

Furnish, Victor P. *II Corinthians.* Anchor Bible. New York: Doubleday, 1984.

_____. "Corinthians, Second Letter to the" In *Dictionary of Biblical Interpretation*, edited by John H. Hayes, 223-27. Nashville: Abingdon, 1999.

Gale, Herbert M. *The Use of Analogy in the Letters of Paul.* Philadelphia: Westminster, 1964.

Garland, D. E. *2 Corinthians.* Nashville: Broadman, 1999.

Georgi, Dieter. *Die Geschichte der Kollekte des Paulus für Jerusalem.* Hamburg: Theologische Forschung, 1965.

_____. *Remembering the Poor: The History of Paul's Collection for Jerusalem.* ET. Nashville: Abingdon, 1992.

Gooch, Peter D. "Conscience in 1 Corinthians 8 and 10." *New Testament Studies* 33 (1987) 244-54.

Gunkel, Hermann. *The Influence of the Holy Spirit.* Minneapolis: Fortress, 2008.

Guthrie, George H. *2 Corinthians.* Grand Rapids: Baker Academic, 2015.

Guthrie, W. K. C. *The Sophists.* Cambridge: Cambridge University Press, 1971.

Hafemann, Scott J. *2 Corinthians.* Grand Rapids: Zondervan, 2000.

_____. "Self-Commendation' and Apostolic Legitimacy in 2 Corinthians: A Pauline Dialectic?" *New Testament Studies* 36 (1990) 66-88.

_____. *Suffering and the Spirit: An Exegetical Study of II Corinthians 2:14-33.* 1986. Reprint, Eugene, OR: Wipf and Stock, 2011.

Hendry, George. *The Holy Spirit in Christian Theology.* London: SCM, 1966.

Hodgson, R. "Paul the Apostle and First-Century Tribulation Lists." *Zeitschrift für die neutestamentliche Wissenschaft und die Kunde der älteren Kirche* 74 (1983) 59-80.

Hall, David R. *The Unity of the Corinthian Correspondence.* JSNTSup 251. London: T. & T. Clark, 2003.

Hamilton, Neil Q. *The Holy Spirit and Eschatology in Paul.* SJT Occasional Papers. Edinburgh: Oliver & Boyd, 1957.

Hanson, Anthony T. *Studies in Paul's Technique and Theology.* London: SPCK, 1974.

Harrington, D. J. "Paul and Collaborative Ministry." *New Theological Review* 3 (1990) 62-71.

Harris, Murray. "2 Corinthians 5:1-10: A Watershed in Paul's Eschatology." *Tyndale Bulletin* 22 (1971) 32-57.

_____. *The Second Epistle to the Corinthians.* NIGTC. Grand Rapids: Eerdmans, 2005.

Hodge, Charles. *The Second Epistle to the Corinthians.* London: Banner of Truth, 1959.

Hogg, A. G. *Redemption from This World.* Edinburgh: T. & T. Clark, 1924.

Holl, Karl. "Der Kirchenbegriff des Paulus in seinem Verhältnis zu dem der Urgemeinde." In

Gesammelte Aufsäotze zur Kirchengeschichte, II: Der Osten, edited by K. Holl, 44-67. Tübingen: Mohr, 1928.

Hughes, Philip E. Paul's Second Epistle to the Corinthians. London: Marshall, 1961.

Isaacs, Wilfrid H. The Second Epistle of Paul to the Corinthians: A Study in Translations and an Interpretation. Oxford: Oxford University Press, 1921.

Jewett, Robert. Paul's Anthropological Terms: A Study of Their Use in Conflict Settings. Leiden: Brill, 1971.

_____. Romans: A Commentary. Minneapolis: Fortress, 2007.

Judge, Edwin A. "Paul's Boasting in Relation to Contemporary Professional Practice." Australian Biblical Review 16 (1968) 37-48.

Keener, C. S. 1-2 Corinthians. New Cambridge Bible. Cambridge: Cambridge University Press, 2005.

Kent, J. H. Corinth. Results of Excavatiions ... Vol. VIII, Part III, The Inscriptions, 1926-1950. Princeton: American School of Classical Studies, 1966.

Kleinknecht, K. T. Der leidende Gerechtfertigte: Die alttestamentlich-jüdische Tradition vom 'leidenden Gerechten' und ihre Rezeption bei Paulus. WUNT 11. Tübingen: Mohr, 1984.

Knox, W. L. Paul and the Church of the Gentiles. Cambridge: Cambridge University Press, 1939.

Kruse, Colin. The Second Epistle of Paul to the Corinthians. Leicester, UK: IVP, 1987.

Kümmel, Werner G. Introduction to the New Testament. ET. London: SCM, 1966.

Lampe, G. W. H. The Seal of the Spirit. London: Longmans, 1951.

Lightfoot, J. B. Notes on the Epistles of St Paul. London: MacMillan, 1895.

Long, Frederick. "The God of This Age' (2 Cor. 4:4) and Paul's Empire-Resisting Gospel at Corinth." In The First Urban Churches, Vol. 1, edited by James R. Harrison and L. Welborn, 219-69. Atlanta: Scholars, 2016.

Lossky, Vladimir. The Mystical Theology of the Eastern Church. Cambridge: James Clarke, 1991.

Lowe, J. "An Attempt to Detect Developments in St. Paul's Eschatology." Journal of Theological Studies 42 (1941) 129-42.

Malherbe, A. J. "The Beasts at Ephesus." Journal of Biblical Literature 87 (1968) 71-80.

Martin, Ralph P. 2 Corinthians. WBC. Dallas: Word, 1991.

Metzger, Bruce. A Textual Commentary on the Greek New Testament. 4th ed. Stuttgart: United Bible Societies, 1992.

Meyer, H. A. W. Critical and Exegetical Handbook to the Epistles to the Corinthians. ET. New York: Funk & Wagnalls, 1890.

Mitchell, Margaret M. Paul and the Rhetoric of Reconciliation. Louisville: Westminster/John Knox, 1991.

Moltmann, Jürgen. The Coming of God. London: SCM, 1996.

Morris, Leon. *The Cross in the New Testament*. Grand Rapids: Eerdmans, 1965.

Murphy O'Connor, Jerome. *St Paul's Corinth: Texts and Archaeology*. Wilmington, DE: Glazier, 1995.

_____. *The Theology of the Second Letter to the Corinthians*. Cambridge: Cambridge University Press, 1991.

Neufeld, Vernon H. *The Earliest Christian Confessions*. Leiden: Brill, 1963.

Ollrog, W. H. *Paulus und seine Mitarbeter*. Neukirchen: Neukirchener, 1979.

Phillips, J. B. *Letters to Young Churches*. London: Bles, 1947.

Pierce, C. A. *Conscience in the New Testament*. London: SCM, 1955.

Plank, Karl A. *Paul and the Irony of Affliction*. Atalanta: Scholars, 1987.

Plummer, Alfred. *A Critical and Exegetical Commentary on the Second Epistle of St Paul to the Corinthians*. ICC. Edinburgh: T. & T. Clark, 1915.

Pogoloff, Stephen M. *Logos and Sophia: The Rhetorical Situation of 1 Corinthians*. Atlanta: Scholars, 1992.

Robertson, A. T. *Word Pictures in the New Testament*, Vol. 4. New York: Smith, 1931.

Robinson, John A. T. *The Body: A Study in Pauline Theology*. London: SCM, 1952.

Ryle, Gilbert. *Dilemmas*. Cambridge: Cambridge University Press, 1966.

Rupp, E. G., and B. Drewery. *Martin Luther*. London: Arnold, 1970.

Sampley, J. P. "Paul, His Opponents in 2 Corinthians 10-13, and the Rhetorical Handbooks." In *The Social World of Primitive Christianity and Judaism*, edited by J. Neusner et al., 37-48. Philadelphia: Fortress, 1988.

Savage, Timothy B. *Power through Weakness: Paul's Understanding of the Christian Ministry in 2 Corinthians*. SNTSMS 86. Cambridge: Cambridge University Press, 1996.

Schrage, W. "Leid, Kreuz und Eschaton. Die Peristasenkatalogge als Merkmale paulinischer theologia crucis and Eschatologie." *Evangelische Theologie* 34 (1974) 353-75.

Schweitzer, Albert. *The Mysticism of Paul the Apostle*. ET. London: Black, 1931.

Searle, John. *Expression and Meaning: Studies in the Theory of Speech Acts*. Cambridge: Cambridge University Press, 1979.

Spicq, C. *Theological Lexicon of the New Testament*. ET. Peabody, MA: Hendrickson, 1994.

Stowers, Stanley K. "Peri Men Gar and the Integrity of 2 Corinthians 8 and 9." *Novum Testamentum* 32 (1990) 340-48.

Strawson, P. F. An *Introduction to Logical Theory*. London: Methuen, 1963.

Swete, Henry B. *The Holy Spirit in the New Testament*. London: Macmillan, 1921.

Tasker, R. V. G. *The Second Epistle of Paul to the Corinthians*. London: Tyndale, 1958.

Taylor, Vincent. *The Person of Christ in New Testament Teaching*. London: Macmillan, 1958.

Theissen, Gerd. *The Social Setting of Pauline Christianity: Essays on Corinth*. 1982. Reprint, Eugene, OR: Wipf & Stock, 2004.

Thiselton, Anthony C. *1 Corinthians: A Shorter Exegetical & Pastoral Commentary*. Grand Rapids: Eerdmans, 2005.

_____. *Doubt, Faith and Certainty*. Grand Rapids: Eerdmans, 2017.

_____. *The First Epistle to the Corinthians*. NIGTC. Grand Rapids: Eerdmans, 2000.

_____. *The Holy Spirit: In Biblical Teaching, through the Centuries and Today*. London: SPCK, 2013

_____. *Systematic Theology*. Grand Rapids: Eerdmans, 2015.

_____. *Thiselton on Hermeneutics*. Grand Rapids: Eerdmans, 2006.

Thornton, Lionel S. *The Common Life in the Body of Christ*. London: Dacre, 1948.

Thrall, Margaret E. "The Pauline Use of suneidēsis." *New Testament Studies* 31 (1985) 161-88.

_____. *The Second Epistle to the Corinthians*. 2 vols. ICC. Edinburgh: T. & T. Clark, 1994, 2004.

Travis, Stephen. *Christ and the Judgement of God*. 2nd ed. Milton Keynes, UK: Paternoster, 2008.

_____. "Paul's Boasting in 2 Corinthians." *Studia Evangelica* 6 (1973) 527-32.

Watson, Francis. *Paul and the Hermeneutics of Faith*. London: T. & T. Clark, 2004.

Weiss, Johannes. *History of Primitive Christianity*. New York: Harper, 1937.

Welborn, L. L. Paul, *the Fool of Christ: A Study of 1 Corinthians 1-4 in the Comic Philosophical Tradition*. London: T. & T. Clark, 2005.

Windisch, Hans. *Der zweite Korintherbrief*. Göttingen: Vandenhoeck & Ruprecht, 1924.

Witherington, Ben. *Conflict and Community in Corinth: A Socio-Rhetorical Commentary on 1 and 2 Corinthians*. Grand Rapids: Eerdmans, 1995.

Yinger, Kent L. *Paul Judaism, and Judgement according to Deeds*. SNTSMS 105. Cambridge: Cambridge University Press, 1999.

Young, Frances M., and David F. Ford. *Meaning and Truth in 2 Corinthians*. 1987. Reprint, Eugene, OR: Wipf & Stock, 2008.

주제 색인

성경 색인

인명 색인